비판적 담화 분석과 국어교육

비판적 담화 분석과 국어교육

허선익 지음

Kyungjin Publishing co. 경진출판 Since 1999.

일 러 두 기

1. 이 책은 독자의 편의를 위해 참고문헌에 있는 문헌에 대해서는 각주를 달지 않고, '(지은이, 년도: 쪽수)', 또는 '지은이(년도: 쪽수)' 등으로 형식을 통일하였다.
2. 번역서의 경우 '페어클럽(Fairclough, 1989/2001; 김지홍 뒤침, 2011: 13)'의 형식으로 표기하였는데, 이는 페어클럽의 1989년도 책이 2001년도 두 번째 판으로 출간되었고, 2011에 국내에 번역되어 출간되었으며, 그 책의 13쪽을 인용하였음을 뜻한다.

이 책은 비판적 담화 분석을 자리매김하고 국어교육의 맥락에서 이를 활용하여 학생들의 글말 능력(literacy)을 드높이는 데 도움을 주려는 목적으로 쓴 책이다. 이론적 토대를 닦는 연구도 필요하지만 이를 활용하여 실용의 가치를 높여주는 일도 중요하다는 것을 이 책을 쓰면서 줄곧 생각하였다.

비판적 담화 분석은 1991년에 밴 다익(Teun van Dijk), 페어클럽 (Norman Fairclough), 크레스(Gunther Kress), 밴 리우벤(Theo van Leeuwen), 위댁(Ruth Wodak)이 암스테르담 대학에서 연구 공동체를 이루면서 본격적으로 시작되었다. 우리나라에는 페어클럽의 책이 2000년대 초반에 소개되었고, 이후 그의 책들이 우리말로 옮겨져서 여러 권의 책으로 소개되기에 이르렀다. 앞서 언급한 다섯 명의 학자들 가운데 페어클럽의 책이 국내에서는 눈에 띌 정도로 많이 소개되었는데, 이는 그의 이론이 반드시 나머지 학자들을 이끌 만한 앞자리에 있음을 의미하지는 않는다. 필자의 생각에 그의 책이 영어로 출간되었다는 점, 다른 학자들과 달리 가장 두드러지게 비판적 담화 분석에만 전념하고 있다는 점이 그의 책에 대한 접근성을 높이지 않았을까 생각한다. 이를테면 크레스나 밴 리우벤은 언어교육(연구)자로 알려져 있거나 혹은 언어 교육에 더 많이 힘을 쏟았고, 밴 다익은 인지언어학에 관련되는 연구로 더 많이 알려져 있다. 비판적 담화 분석을 위한 기존의 연구 공동체뿐만 아니라 새로운 연구자들이 힘을 보태면서 그 연구 얼개와 방법들이 넓혀지고, 다듬어졌지만 공통의 이론적인 기반과 전제를 가지고 있다는 것에 대해서는 대체로 동의를 하는 편이다. 그런 점에서 이 책이 페어클럽의 생각에 지나치게 기울어져 있다는 비판에 대해 어느 정도 위안을 삼고 싶다.

비판적 담화 분석은 담화에 대한 특정의 관점을 의미하는 것은 아니다. 담화가 상황 맥락에 영향을 받고 있다는 점, 힘(≒권력)의 생산과 재생산에 담화가 젤 수 없이 큰 영향을 미칠 뿐만 아니라 담화가 다시 그 힘을 만들어내고 있다는 생각은 이미 널리 퍼져 있다. 만약 그와 같은 전제가 이론적이든 실천적이든 설득력이 있게 논증이 된다면 그와 같은 상황 맥락이 무엇인지, 그리고 힘이 어떻게 작용하는지를 밝히고자 하는 논의로 나아갈 수밖에 없을 것이다. 그와 같은 논의의 하나가 비판적 담화 분석이라고 할 수 있다. 다만 비판적 담화 분석에서는 그 상황 맥락을 정치적, 사회문화적, 혹은 경제적 상황을 강조하고 있다. 또한 힘이 고르게 나누어져 있는 않는 사회에서 힘을 많이 가진 사람이나 기관에 더 많은 비판을 가하고 있다는 점이 도드라질 뿐이다. 필자뿐만 아니라 대부분의 비판적 담화 분석 연구자들은 『우리 본성의 선한 천사들』(S. Pinker)이 보이든, 보이지 않든 작동하고 있는 현실을 사랑하고 있을 것이다. 그리고 그런 선한 천사들이 본성대로 살 수 있는 세상을 만드는 데 이바지하고자 할 것이다.

책 내용을 간단히 살펴보기로 한다. 1장은 용어의 문제를 다루고 있다. 담화와 관련된 한자어 표기 문제와 국어학에서 널리 언급되고 있는 담화와 텍스트란 용어의 문제를 살펴보았다. 이와 같은 문제는 사소하다고 할 수 있지만 담화를 바라보는 관점과 이름을 붙이고 부르는 일이 어느 정도 관련이 있기 때문에 짚고 넘어가야 할 문제라고 생각한다. 2장은 이미 알려져 있는 담화의 속성에 더하여 비판적 담화 분석의 관점에 따라 담화의 의미를 보태었다(1절). 그리고 2절에서는 이 책에서 주로 비판적 담화 분석을 다루고 있지만, 담화에 다른 연구 분야와 비판적 담화 분석의 차이점을 도드라지게 하기 위해 담화 연구의 외연을 살펴보았다. 3장에서는 담화 연구의 역사를 살펴보았다. 담화 연구의 뿌리가 우리나라 안에 있지 않고 밖에 있기 때문에 나라 밖에서 이뤄진 담화 연구의 역사를 중심으로 살피고(1절), 2절에서는 그 범위를 더 좁혀서 비판적 담화 분석과 관련성이 높은 연구들을 중심으로 살펴보았다. 3절에서는 양적인 방법으로 나라 안에서 담화 연구가 어떤 모습으로 이뤄지고 있는지 훑어보고, 나라 안에서 비판적 담화 연구의 발전을 위해 몇 가지 제안을 하였다.

4장에서는 비판적 담화 분석을 자리매김하기 위한 논의를 하였다. 1절에서는 주로 비판적 담화 분석에서 해석이나 설명에서 중시하는 맥락을 담화와 관련하여 제시하였다. 말하자면 비판적 담화 분석이 존재하는 자리를 맥락을 중심으로 밝히고자 하였다. 2절에서는 비판적 담화 분석의 등장 배경을 언급하면서 다른 접근 방법과의 차이를 주로 논의하였다. 3절에서는 페어클럽을 중심으로 하여 대체로 방법에서 자잘한 차이들이 있지만 대부분 일치하는 비판적 담화 분석에서 위도슨과 같은 학자들이 제안한 방법을 언급하였다. 5장에서는 비판적 담화 분석에서 어느 정도 무게감이 있는 개념들을 담화와 관련하여 다루었다. 담화와 사회, 이념이 어떤 관계를 이루며, 서로 영향을 미치는지 살펴보았다(1절과 2절). 3절에서는 담화를 하나의 행위로 볼 때 비판적 담화 분석에서 전제로 하고 있는 담론 질서와 관련하여 언급하였다. 담화와 지식의 문제를 다룬 논의는 많지 않지만, 담화가 지식의 생산과 재생산에 관련된다는 점을 집중적으로 논의하였다(4절). 5절에서는 자본주의 사회와 그런 사회·시대에서 우리나라의 사회 구조에 초점을 맞추어 논의하였고, 사회변화 속에서 담화의 역할을 다루어보고자 하였다. 담화와 권력, 갈등의 문제를 구체적인 자료를 통해 살피면서 5장을 마무리하였다.

6장은 장의 제목 그대로 비판적 담화 분석의 방법을 다루었다. 대상과 목표, 분석의 층위를 차례대로 제시하였다. 그리고 3절과 4절에서는 방법 및 요소들을 살피고 있다. 비판적 담화 분석에서 방법 및 분석의 요소들은 열려 있다. 그리고 모든 방법을 끌어와서 모든 요소를 분석하는 것이 비판적 담화 분석의 목표도 아닐 것이다. 그런 점을 염두에 두고 우리나라 독자들이 쉽게 접근해 볼 수 있는 방법을 소개하고자 하였다. 다만 6절에서 언급한 핼리데이의 체계 기능 문법에서 방법을 세세하게 살피지 못하고 적용 방법을 성글게 제시한 점은 아쉬움으로 남는다.

7장은 국어교육에서 비판적 담화 분석을 적용하려는 논의들을 소개하고 필자 나름대로 의견을 덧붙였다. 비판적 담화 분석을 국어교육에 적용한 논의들이 그리 많지 않다. 그렇지만 우리 땅에서 태어나지 않은 이론들이 얼마나 국어교육에 적용되었는가를 생각해 보면 그 품질이나 양에서 밑도는 것은 아니라고 생각한다. 비판적 담화 분석이 필요한 이유에 대한 논의로부터 실제 활용 방안을 제안하였다. 비판적 담화 분석 방안이 완결되지 않은 채로 남아 있듯이 이를 국어교육에 적용하는 방안도 여전히 열려 있다. 시간이 흐르면서 더욱 가다듬어지고 넓혀지리라 생각한다.

〈부록 A〉는 본문에 인용된 자료들의 묶음이다. 신문기사와 학생들의 토의 토론 자료를 부분적으로 발췌하여 실었다. 〈부록 B〉는 필자가 국어교육학회에서 발간하는 『국어교육학연구』라는 학회지 영문판에 실었던 원고이다. 전체적으로 이 책에서 펼쳤던 논리를 뒷받침한다고 생각하고, 우리말로 되어 있지는 않지만 이 책에 싣기로 마음먹었다.

공부를 하고 이 책을 쓰기 위해 깨알같이 활자를 박아 넣은 영어 원서를 읽었다. 그러면서, 첫소리-중성-끝소리를 모아 음절로 표기하게 한글을 만드신 세종대왕의 혜안에 깊이 감사를 드리지 않을 수 없었다. 음소들을 늘어놓는 영어는 편집에서 이롭지 않다. 글자를 조금씩 키울 때마다 한 줄에 새겨 넣을 수 있는 낱말의 수가 줄어들기 때문에 글자를 눈에 잘 들어오도록 새기가 쉽지 않다. 그렇지만 음절 단위로 모아쓰기를 하는 한글은 그와 같은 제약에서 벗어날 수 있다. 글자의 크기를 키운다 해도 다음 줄로 넘어가는 낱말의 개수 제약을 많이 받지 않는다. 그에 따라 영어로 된 책에서와 비슷한 정보의 양을 담고 있으면서도 읽기에는 훨씬 더 편하게 편집할 수 있는 것이다.

필자는 30여 년 가까이 현장에서 국어교육을 실천해 오고 있다. 시대가 바뀌고 학생들이 바뀌는 현실에서 학기가 시작될 때마다 두근거림과 두려움이 오가지 않은 적이 한 해도 없었던 듯하다. 우리말을 잘 가르치기 위한 새로운 연모를 노력이 찾아내려는 노력이 언제나 필요하다고 생각한다. 경력이 쌓일수록 학생들이 현실의 문제를 스스로 인식하고 해결하는 주체로 설 수 있는 가르침이 필요하다는 생각이 더욱 깊어진다. 학문에는 지름길이 없지는 않다고 생각한다.

그렇지만 가르침에는 정말로 왕도가 없다고 생각한다. 여러 모로 학습자들을 생각하면서 여러 방법들을 적용해 보는 길밖에는 없다고 생각한다. 이 책에서 제안하고 있는 비판적 담화 분석 방법이 그런 방법들 가운데 하나로 자리잡기를 기대해 본다.

시간이 흐르면서 주위에 계시던 분들이 곁을 떠나고 있어 안타까움을 느낀다. 부모님을 여의면서 외롭다는 의미만으로 '고아'라는 낱말이 만들어지지는 않았음을 새삼 느꼈다. 학부시절부터 큰 가르침을 주시고, 혼례의 주례까지 해주셨던 빗방울 김수업 선생님. 선생님의 넓고 깊은 가르침을 미처 헤아리기도 전에 지난해에 돌아가셨다. 국어교육을 위해 선생님께서 남기신 큰 뜻을 실천에 옮기려는 마음을 다잡아 본다.

이 책을 쓰고자 하는 마음을 먹고, 공부를 해나가면서 모교의 은사이신 김지홍 선생님께서 뒤친 책들로부터 잴 수 없이 많은 혜택을 입었다. 부족하지만 선생님의 학문적 열정의 열 가운데 하나라도 갚음이 될 수 있기를 바라며 이 책의 머리글을 마무리하고자 한다.

언제나처럼 계절의 수레바퀴를 타고 번져나는 봄기운을
올해에도 창원 남산에서 느끼며

허선익 씀.

차례

제7장 비판적 담화 분석과 국어교육 ── 185

[부록 A] ── 231

[부록 B] Positioning of Discourse in Korean Education ___ 271

제1장 용어의 문제

1. 담화(談話 혹은 譚話)

이 책에서 담화 분석을 언급하고 있으므로 먼저 담화(談話)인가, 담화(譚話)인가 하는 문제부터 짚어보기로 한다. 네이버 국어사전에서 담화의 한자어 표기는 談話로만 검색이 된다. 거기에는 세 가지로 뜻풀이가 되어 있다.

1) 담화 뜻풀이(네이버 국어사전)
(가) 서로 이야기를 주고받음.
(나) 한 단체나 공적인 자리에 있는 사람이 어떤 문제에 대한 견해나 태도를 밝히는 말.
(다) 〈언어〉 둘 이상의 문장이 연속되어 이루어지는 말의 단위.

국어교육에서 일반적으로 언급되는 글말의 경우 한 편의 덩잇글을 주로 가리킨다. 따라서 1)의 (다)에서 제시된 뜻풀이를 따른다고 생각한다. 그리고 이를 바탕으로 책 제목에서 한자를 표기할 때 이와 같은 뜻으로 談話를 쓴다. 둘 이상의 담화 연속체가 언제나 담화로서 지위를 지니는가에 대해서 문제를 삼을 수 있다. 담화를 자리매김할 때 '둘 이상'의 연속체를 강조하지만 반드시 그러한가를 생각해 보아야 한다. 우선 둘 이상의 연속체의 연속체가 담화가 되지 않은 경우, 즉 의미 연결이나 통사결속이 이뤄지지 않은 경우도 있을 수 있다. 심지어 한 문장도 발화의 맥락이 이해되고 공유되는 담화 참여자들에게는 하나의 담화로 인식될 수 있다. 담화의 속성에 대해서는 2장 1절을 참고하기 바란다.

한편 페어클럽(Fairclogh, 1992; 김지홍 뒤침, 2017: 134)의 뒤친이 주석에 따르면 이 한자 용어는 알맞지 않다고 하면서 譚話라는 한자어가 더 적절하다고 보았다. 談과 譚에 대하여 허신이 쓴『설문 해자』의 풀이를 바탕으로 하였는데, 정리하면 다음과 같다.

  2) 談과 譚
  (가) 談 = 言(말씀 언) + 淡(맑을 담)
  (나) 譚 = 言(말씀 언) + 鹹(짤 함) + 厚(두터울 후)

 2)의 내용을 바탕으로 하면 談話는 간이 덜 배어들어 싱겁고 오래 갈 수 없는 음식처럼 짧은 이야기 정도로 풀어볼 수 있고, 譚話는 간이 알맞게 배어들어 짭짤하며 길고 오래도록 이어지는 이야기정도로 풀어볼 수 있다. 음식의 비유가 직접적인 관련성이 떨어지고 개인적인 기호의 차이가 있긴 하지만, 싱겁다는 것은 음식다운 맛이

나지 않음을 의미한다. 이는 '싱거운 소리'라는 익은말에서도 그런 느낌을 보여준다. 그에 비해서 음식이 짭짤하다는 것은 '수입이 짭짤하다'는 익은말에서 그러한 것처럼 들을만하다는 것을 의미한다. 이와 같은 한자의 뜻이나 쓰임에서 차이는 농담(弄談)과 민담(民譚)이란 낱말에도 반영되어 있다고 볼 수 있다. 가벼운 우스개를 농담으로 부르고, 인물이 등장하여 무엇인가 주제에 맞게 얽어 짠 이야기를 민담이라고 불렀던 것이다. 그렇다면 다음 장에서 다루게 될 담화의 속성들을 고려할 때 2)의 (나)에 나오는 譚자를 이용한 낱말인 譚話라는 한자어가 알맞다고 생각한다.

그러면 담론은 談論일까, 譚論일까? 담론은 개인 차원의 담화가 담화 동아리의 말싸움을 불러일으키고 되풀이되어 그와 직·간접적으로 관련 있는 사람들의 담화를 부추길 때 그리고 그와 같은 담화들이 일정한 얼개를 갖추면서 쟁점을 중심으로 말싸움이 일어날 때 그와 같은 주제 혹은 그 주제를 다룬 한 떼의 담화를 담론이라고 부른다. 논쟁은 논리를 갖추어 자신의 주장을 이치에 맞게 근거를 대어야 하기 이뤄지는 말하기이기 때문에 담화(譚話)이며, 그와 같은 담화의 무리들을 담론(譚論)으로 부르는 게 알맞다고 생각한다. 말하자면 담론의 부분 집합으로 담화가 있다.

2. 담화인가, 텍스트인가?

담화와 텍스트란 용어가 국어학계와 국어교육, 한국어교육에서 어지럽게 쓰이고 있는데, 여기서는 이 문제를 살펴보기로 한다. 이 용어의 사용에서 핵심적인 논란거리는 다음과 같다.

3) 담화와 텍스트 용어 사용에 관련되는 핵심적인 논란거리

(가) 매체의 특성에 관련된다.

(나) 언어활동에 관련된다.

(다) 이 용어들이 상하의 관계를 이룬다.

(가)의 문제를 좀 더 명시적으로 나타내면 담화는 입말에, 텍스트는 글말에 관련된다는 것이다. 영어의 discourse와 text를 둘러싼 뒤침의 문제라고도 할 수 있지만, 학문이 생겨난 배경과도 관련이 있으리라 생각한다. 영·미권에서는 주로 discourse라는 말을 즐겨 쓰고, 독일에서는 텍스트 언어학(textlinguistics)을 따라 text라는 용어가 널리 쓰이는 듯하다. 이 쟁점과 관련된 문제의 핵심은 기본적으로 국어교육이나 일상생활에서 입말과 글말의 특징이 두드러져 이들을 구별할 수 있는가 하는 문제가 제기된다. 실체는 명확하게 둘이 아니지만 이들을 따로 떨어져 실재하는 것으로 이름을 붙인다면 문제가 있을 것이다.

3)의 (나)와 관련된 문제를 좀 더 분명히 나타내면 담화는 산출에 관련되고 텍스트는 이해에 관련된다는 것이다. discourse는 클락(Clark, 1996; 김지홍 뒤침, 2009: 50~51)에서 뒤친이가 설명하고 있는 것처럼 어원(앞뒤로 이리저리 뛰어다님)에서 '여러 단계를 거친 추론'의 의미가 덧붙어 오늘날 쓰이게 되었다. text의 어원에 대한 설명(고영근, 1999: 5)을 통해 이 용어가 옷감을 짜얽다는 어원적 의미에서 옷감의 의미로 쓰이며 언어학에서 옷감과 같이 짜여 있는 연결체를 가리키고 있음을 알 수 있다. 실제로 언어학 일부에서 그리고 문학이나 기호학에서 이 용어는 폭넓게 쓰이고 있으며, 주로 해석의 대상으로서 완결된 단위체 혹은 문장 이상의 단위를 가리키고 있다. 현재의

쓰임을 고려할 때 discourse는 동사의 성격이 강하고, text는 행위가 끝난 결과물인 명사의 속성이 강함을 추론해 볼 수 있다. 영어의 경우도 text보다 discourse가 더 널리 쓰이고 있다. 명사가 추상적인 속성이 강하고 동사가 구체적인 성향을 띤다는 점을 고려한다면 이 책에서 다루고자 하는 분석과 관련하여 쓸 수 있는 용어로 담화(譚話)를 추천할 만하다. 담화라는 용어가 텍스트에 비해서 훨씬 더 움직임이 크고 소통의 속성을 더 반영할 것이라 생각하기 때문이다. 그리고 이에 대한 분석을 통해 훨씬 더 복잡다단한 활동들을 분석하고 소통이 이뤄지는 실제 모습을 붙들 수 있을 것이다. 다만 담화에 비해서 기호의 속성을 지닌 모든 대상이 텍스트에 속할 수 있다는 점에서 담화보다 훨씬 더 얼안이 넓다고 생각한다. 이 세상에 있는 거의 대부분의 텍스트가 담화의 수단이 되기 때문에 이렇게 자리매김하는 것은 무리가 없다고 생각한다.

실제로 독일을 중심으로 한 텍스트 언어학(혹은 텍스트 이론)에서는 (주로 글말로 쓰여서 마무리가 이뤄진) 텍스트의 구조에 대한 분석이 주로 이뤄지고 있는데, 이는 덩잇글에 기반(text-based)을 둔 분석이다. 인지의 측면에서 덩잇글에서 겉으로 드러난 정보를 있는 받아들이는 수준에서 표면구조에 나타난 정보들에 대한 삭제와 정보의 추가를 통해 덩잇글을 기반으로 하는 이해가 이뤄진다고 할 수 있다. 그리고 독자의 앞선 지식과 세상살이의 경험에 바탕을 둔, 자동적이고 무의식적이든 의식적인 추론의 과정을 거쳐 상황 모형이 이뤄진다. 텍스트 언어학에서는 이런 이해의 과정을 밝히고 그것에 도움을 줄 수 있는 분석이 텍스트를 통해 이뤄진다고 볼 수 있다. 그런 점에서 텍스트 언어학이 이해와 이해교육에 이바지한 바가 적지 않다고 생각한다. 다만 이와 같은 분석이 더 넓게 사회적 맥락과 연결되지 않은 점은 이 방법의 한계라고 생각한다. 언어는 사회적 맥락 속에서 사용됨으로써 의의가 있고, 특성이 드러나기 때문이다. 심지어 텍스트의 고유한 속성이라고 간주하는 의미 연결(coherence)과 통사결속(cohesion)마저도 그러하다.

텍스트란 용어를 고유어로 바꾸는 문제를 간단히 언급하기로 한다. 텍스트라는 용어를 우리말로 풀어쓰려는 노력이 있었다. 이정모·이재호 편(1998: 79)에서 처음으로 덩잇글이란 용어가 쓰였고, 글에 대응하여 덩잇말을 쓰자는 제안도 있었다. 북한에서는 본말이란 용어가 쓰인다. 그렇지만 덩잇글이나 덩잇말은 몇몇 사람들에게만 쓰이고 있으며 텍스트란 용어가 더 널리 쓰이고 있다. 이 용어를 쓰지 않는 이유 가운데 덩잇글말로 쓰면 번잡스럽다고 지적하는데, 덩잇말을 쓰면 그런 번잡함이 조금 줄어들 것이라 생각한다. 잘 알다시피 말이 매체에 따라 입말과 글말로 나뉜다. 그렇지만 입말이 고갱이이기 때문에 입말을 중심으로 정리를 한다면 굳이 덩잇글말 혹은 매체에 따라 따로 불러야 할 번잡함을 줄일 수 있으리라 생각한다. 텍스트를 덩잇말로 뒤쳐서 쓰는 일이 뿌리를 제대로 잡지 못하는데, 그 이유는 번잡스러움 때문이라고 한다면 우리말로 학문할 길은 영영 닫혀버릴 것이다. 이 책에서는 이제부터 텍스트란 말 대신에 덩잇말이라는 용어를 살려 쓰기로 한다. 이 단락에서 지금까지의 논의를 바탕으로 매듭을 짓자면 덩잇말은 덩잇글말과 덩이입말로 나뉜다. 담화(라는 용어)는, 1970년대 중반 이후 소통과 비판적 언어 사용을 강조하는 흐름이 두드러진 영국을 중심으로 담화 중심의 교육에 초점을 맞추고 있는 것과도 어느 정도 관련이 있을 듯하다. 실제 소통의 맥락에서 담화가 이뤄지는 상황을 고려하여 자신의 의도에 맞게 어떻게 소통이 이뤄지는지 밝혀내는 데 이바지한 바가 크다고 할 수 있다. 그런 점에서 모국어 교육뿐만 아니라 제2언어 교육에 미친 영향이 적지 않다고 생각한다.

3)의 (다)는 입장이 크게 둘로 갈라진다. 담화를 상의어로 보는 입장과 그 반대의 입장으로 나뉜다. 담화를 상의어로 보는 입장에서는 텍스트를 산출하고 이해하는 행위 자체가 담화라고 본다. 그에 비해 텍스트를 상의어로 보는 입장에서는 텍스트의 산출과 이해에 관련되는 정신작용이 구체적인 담화에 반영된다고 본다.

이와 같은 문제의 발단은 문장 이상의 언어 단위체를 학문의 성격에 따라 다르게 이름 붙인 데서 비롯되는 문제라고 생각한다. 그에 따라 대상뿐만 아니라 대상의 이해와 분석에 관련되는 방법이 서로 다르게 나타난다고 볼 수 있다.

4) 담화와 텍스트란 용어의 어지러움을 해결하는 방법

(가) 두 개의 용어를 그대로 인정한다.

(나) 제3의 상의어를 만들고 포함관계를 만든다.

(다) 단계를 짓거나 차례를 정한다.

용어 사용에서 어지러움을 해결하는 가장 소극적인 방법은 4)의 (가)에 제시한 방안을 좇아 두 용어를 인정하면서 연구자마다 연구를 할 때 뜻매김을 제시하는 것이다. 현재 국어학이나 국어교육학 분야에서 대체로 여러 근거를 대면서 여러 대안적인 용어들이 그대로 쓰이고 있다. 담화와 텍스트라는 용어의 경우에도 그와 같은 현상이 계속 이어져 오고 있다. 이를 하루아침에 고쳐나갈 수는 없지만 좀 더 바람직한 길을 찾아야 한다고 생각한다.

이제 이와 관련하여 다른 입장들을 좀 더 찬찬히 살펴보기로 한다.

먼저 4)의 (나)에서 제시한 해결방안에서 상의어를 만드는 일 자체가 간단하지 않다. 이미 있는 낱말들 가운데 상의어를 쓰는 경우에도 그 낱말에 담겨 있는 의미 때문에 의미가 투명하지 않아 쓸 수 없을 경우가 많으므로 문제가 있다. 4)의 (다)는 단계를 만들거나 차례를 짓기 위해 담화에서 덩잇말로 혹은 덩잇말에서 담화로 나아가는 이론적 근거를 마련해야 한다. 개념상으로 이 두 낱말은 '담화는 덩잇말로 이뤄진다.'나 '덩잇말은 담화로 이뤄진다.'는 진술 자체가 잘못이 없으므로 구별되지 않은 듯하다. 실제로 하나의 문장이 하나의 텍스트가 되며, 담화가 되기도 하는 경우도 없지 않다. 그렇지만 앞서 3)의 (나)에서 지적한 내용을 바탕으로 할 때, 담화가 덩잇말로 이뤄져 있다고 보는 것이 더 타당할 듯하다. 지금까지 사회적 맥락을 고려하는지 여부에 따라 텍스트 언어학과 담화 분석을 구분하여 왔던 전통에 따라 지금까지 써오던 용어의 관례를 어기지 않는다는 점에서 어느 정도 마땅하다. 텍스트 언어학의 전통에서는 대체로 사회적 맥락을 고려하지 않으면서 텍스트 안에서의 의미 연결이나 통사결속, 텍스트 유형이나 갈래를 다루었다. 비판적 담화 분석의 관점에서 그와 같은 연구는 텍스트에 대한 연구로서 기술 차원의 연구가 된다. 대화 분석도 이와 같은 차원의 연구라고 볼 수 있다. 담화 분석은 텍스트와 사회 구조와의 관련성을 사회적 맥락 속에서 해석하는 경우에 쓴다. 담화의 기능을 문장 이상의 차원에서 다루는 화행론이 이와 비슷한 차원의 연구이다.

그렇지만 비판적 담화 분석은 기술과 해석 차원의 담화 연구에서 한 걸음 더 나아가 사회적 실천 행위로서 담화를 분석한다. 따라서 여기서는 잠정적으로 담화, 즉 언어의 산출과 이해에 사용한 거리들을 덩잇말(≒텍스트)로 간주하기로 한다. 그에 따라 한 문장으로 된 덩잇말이라도 상황이라는 맥락과 이어질 때 하나의 담화가 될 수 있다. 좀 더 일반적인 수준에서는 여러 문장들이 모여 덩잇말을 이루고 그것이 담화로서 기능을 한다. 그리고 같은 주제나 사회문제를 다룬 여러 담화가 사회적으로 찬반의 말싸움을 불러올 때 담론(譚論)을 형성한다고 간주한다. 이상의 논의들을 바탕으로 결론적으로 이야기한다면 '담화는 문장 이상의 언어 단위로서 입말과 글말을 모두 아우르는 개념으로 간주하고, 이를 표상한 것이 바로 텍스트', 즉 덩잇말이라는 브라운과 율(Brown & Yule, 1983), 김병건(2016나, 2017)의 입장과도 상통한다. 이와 같은 뜻매김은 페어클럽의 입장에서 볼 때 담화는 사회–정치적 이념들이 해석과 설명에 관여하는 덩잇말이라고 볼 수 있는 여지를 열어둔다. 아울러 이와 같은 뜻매김은 3장의 2)에서 제시한 것과 같은 비판적 담화 분석을 위한 맥락의 세 가지 차원을 아우를 수 있다. 4장의 1)에서 제시한 것과 같은 담화의 속성도 뚜렷한 의미를 가지게 된다.

이 입장을 좀 더 얼안을 넓혀 이야기한다면 다음과 같다. 사람은 날 때부터 언어를 습득할 수 있는 슬기와 재주를 갖고 태어난다. 변형생성문법에서는 이론적인 구성물로 언어 습득 장치를 갖고 있다고 가정한다. 이와 같은 슬기와 재주 혹은 사람에게 내재되어 있는 언어 습득 장치(LAD: language acquisition device)는 사람에게 보편적이다. 다만 언어에 따라 차이가 있는데, 그것은 언어마다 지니고 있는 본디의 성격에 따라 다르게 마련되어 있는 매개변인(parameter) 때문이다. 언어를 습득하고 제대로 익히는 과정은 이런 매개변인을 습득하는 과정이라고 할 수 있다. 그렇지만 언어의 보편성과 매개변인을 깨우치는 것으로 어떤 언어를 사용할 수 있는 것은 아니다. 예컨대, 우리말을 깨우친 금성인과 우리는 소통이 가능할지를 생각해 보면 그런 점은 쉽게 납득이 되리라 생각한다. 말하자면 지금까지 말한 것들은 언어를 사용할 준비가 되어 있다고 할 수 있다. 그리고 구조주의 언어학에서 생성문법에 이르는 문법 연구에서 밝히고자 한 주요한 업적들(랑그 혹은 언어 능력)이다. 그렇지만 이것만으로 인간의 언어를 온전히 설명할 수 없다는 한계에 이르렀고, 1960년대부터 인간의 언어 사용에 대한 연구를 통해 언어의 비밀을 밝히고자 하였다. 언어 사용까지를 고려하여야 인간의 언어에 묻혀 있는 수수께끼를 풀 수 있다는 생각에 이르렀다. 일상언어학파와 화용론 등의 연구 업적들이 이를 밝히고자 한 연구들인 것이다. 이 책에서 다루고자 하는 비판적 담화 분석은 여기서 한걸음 더 나아가 언어 사용에서 이념과 사회적 실천의 문제를 다루고자 한다.

이 책에서 다루고 있는 이념의 문제는 인간의 언어 사용 의도와 관련된 가치 체계의 일부이다. 언어의 실제 사용에 대한 여러 갈래의 자료를 살피고 있는 여러 연구들, 좀 더 구체적으로 클락(Clark, 1996; 김지홍 뒤침, 2009), 르펠트, 킨취 등의 연구들에서 사람이 말을 부려 쓰는 밑바닥에 가치나 신념이 있으며 이것이 소통의 의도로 작용하여 언어로 구체화된다고 하였다(김지홍, 2009 참고). 따라서 언어는 두 가지 형태로 있다고 할 수 있는데, 이상적이며 내재되어 있는 잠재형태로서 언어가 있고, 현실에서 실제로 사용되는 언어가 있다. 밖으로 표현되는 이런 언어는 구체적인 상황 맥락과 산출 의도에 따라 좀 더 구체적인 의미를 지닌다. 이를 여기서는 담화, 즉 덩잇말이라고 부른다. 이는 기호로서 사람의 행위 혹은 행위의 산물에도 그대로 적용된다. 이를테면 사람이 살아갈 목적으로 지은 집은 잠재적으로 그 목적에 이바지한다. 그렇지만 집을 지은 목적이나 주변의 상황에 따라 여러 가지 다른 용도 혹은 목적을 지니고 구체적으로 그렇게 사람들에게 받아들여진다. 이때 원래 목적, 즉 주거의 공간으로서 집은 잠재형태이며, 현실에서 구체적으로 지니고 있는 여러 다른 목적은 발현태가 되는 것이다.

지금까지 말한 내용을 다음과 같이 〈그림 1〉(Fairclough, 2003; 김지홍 뒤침, 2012가: 615, 뒤친이 해제)로 정리할 수 있을 것이다. 그림에서 가운데 부분은 소통 의도의 밑바탕에 가치나 신념이 있음을 의미한다.

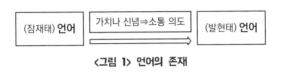

〈그림 1〉 언어의 존재

가치나 신념은 개인적일 수도 있지만 이것이 특정의 공동체 안에서 공유될 때 이념이 된다. 그리고 이 이념은 일관되어 나타나는 태도나 가치로서 체계를 이룰 수도 있지만 5장 2절에서 논의한 것처럼 개인에게 나타날 때에는 다소 비일관된 모습을 띠기도 한다. 언어에서 소통 의도는 문장의 갈래를 선택하거나 선어말어미의 선택 등을 통해 구체화된다. 그리고 이념에 따라 선택되는 어휘 등도 차별화되어 나타난다.

이 책에서는 의사소통이라는 말 대신에 소통이라는 말을 쓰기로 한다. 말을 통해 이뤄지는 교환활동이 의사, 즉 생각 혹은 뜻만을 주고받는 것은 아니기 때문이다. 의사소통이라는 말이 소통이 되는 대상을 좀 더 또렷하게 붙들어내는 이점이 있다. 하지만 소통의 상황에서 의사에 더하여 감정이나 분위기, 언어로 표현할 수 없는 태도 등이 오고 가는 점을 놓치고 있다. 그렇기 때문에 좀 더 넓은 용어로 소통이라는 낱말을 쓰는 것이 더 알맞다고 생각한다.

제2장 담화의 속성

1. 담화의 의미

담화는 앞 장에서 언급한 대로 여러 덩잇말로 이뤄진 연결체이다. 연결체란 의미는 여러 개의 덩잇말이 일정한 질서와 관례에 따라 연결되어 있음을 의미한다. 여기서 질서는 일차적으로 언어학적 차원에서 통사결속(cohesion)과 의미 연결(coherence)이 이뤄졌음을 의미한다. 이는 보그란데와 드레슬러(de Beaugrande & Dressler, 1980; 김태옥·이현호 옮김, 1990)에서 텍스트다움의 기준 가운데 담화를 구성하는 언어적 요인 또는 표면적으로 드러난 언어 내용과 관련된다.

연결체의 의미는 맥락과 관련하여 좀 더 넓혀져야 할 필요가 있다. 상황 맥락과 잘 매개되어 있을 때 한 문장이나 하나의 단어만으로도 연결체가 될 수 있다. 이를테면 다음과 같은 담화를 보기로 한다.

1) 연결체로서 담화 본보기

(가) "불이야!"

(나) 물

    통사결속과 의미 연결은 일련의 글말로 이뤄진 연결체 혹은 입말로 이뤄진 연결체, 즉 담화의 연결성을 보여주는 속성이다. 또한 이와 같은 속성들은 언어 표현에 대한 인지적 처리와 관련하여 경제성과 효과성을 꾀하는 방법이다. 통사결속의 기제로 널리 알려진 반복과 생략, 대치는 통사구조와 관련지어 설명될 수 있다. 그렇지만 의미 연결은 담화 참여자의 함께 지니고 있는 배경지식 혹은 정보와 관련된다. 이와 같은 의미 연결에 대한 인식은 거시구조의 구성에도 관련된다(van Dijk, 1980; 서종훈 옮김, 2017). 1)의 (가)와 (나)의 연결체가 담화의 속성에 대해 알려주는 바는 이와 같이 연결체의 길이가 짧을수록 담화 참여자들 사이에 알려진 상황이나 맥락에 의존하는 정도가 더 커진다는 것이다.

    담화가 짜이는 방식에 대해서 간단하게 언급하기로 한다. 담화의 가장 작은 단위는 1)에서 제시된 것과 같은 구나 절이고 이들이 문장을 구성하게 된다. 구나 절은 기본적으로 인간이 사건을 인식하는 방식을 반영하는 논항 구조의 얼개를 지닌다. 실제 문장의 발화에서는 구나 절의 형태로 나타나는 단위는 심리언어학의 용어를 따라 명제나 억양 단위라고 부를 수 있다. 위의 (가)와 (나)와 같은 짧은 담화에서도 기본적으로 인간의 사고 방식과 언어가 산출되는 방식, 즉 메시지를 구성하는 과정을 통해 조음으로 외현되지만 표현되는 방식에 따라 다른 방식으로 포장된다. 즉 동사를 중심으로 온전한 논항 구조를 갖춘 문장의 형태가 되기도 하고, 맥락에 따라 해석이 가능할 경우 필수적인 정보만 제시하는 구나 낱말의 형태로 외현된다. 듣는 이가 인식하는 것은 다만 밖으로 드러난 음성 기호나[입말의 경우] 철자법[글말의 경우]을 거쳐 나타난 시각 부호만을 인식할 뿐이다. 한편 같은 논항 구조를 지닐지라도 문장 안에서 정보 구조와 관점이나 의도에 따라 문장의 구조가 달라지기도 한다.

의도를 담은 인간의 행위가 단 한 번으로 마무리되지 않듯이 담화에서도 여러 가지 방식으로 이런 구절들을 묶어 주어야 한다[표현]. 이해에서는 이런 구절들을 또한 묶어서 인식한다. 이런 묶음 장치들을 통사결속 장치라고 할 수 있는데, 여기에 대해서는 언어학에서 일찍이 관심을 가져 왔고, 그 구성요소들과 방법들이 지적되어 왔다. 가장 잘 알려진 언어적 기제로 이어주기(접속)와 안김(내포)이 있다. 이어주기의 경우에는 이어짐의 관계를 명시적으로 보여주는 접속 부사를 사용하기도 한다. 다른 방식으로 지시표현들을 이용하는 방법이 있다. 지시표현은 앞에 나오는 지시대상을 가리키기 위해 사용되기도 하고, 뒤에 나오는 지시대상을 가리키기 위해 사용되기도 한다. 이밖에도 대체와 생략하기 등도 문장과 문장을 결속하는 기제로 알려져 있다. 최근에는 관련되는 어휘들이 사슬을 이루고 있다는 점을 관련되는 어휘들의 연결 강도를 통해 논증하고 있으며(Hoey, 1991), 국어교육에서 이를 활용하는 방안도 제안되기도 하였다(허선익, 2009).

이와 같은 문장들은 일정한 의미 덩이를 이루고 있는데, 이를 문단이라고 부른다. 이런 문단과 문단이 모여 전체 덩잇말[≒담화]을 이루는데, 그 크기에는 제한이 없다. 문단과 문단, 즉 작은 문단들이 모여서 전체 덩잇말을 이루는 과정에서는 지금까지 알려진 바에 따르면 추론이 작용한다는 것이다. 추론은 두 가지 방향으로 문단의 구성에 작용하는데, 하나는 정보를 덜어내면서 정보를 간추리는 방향으로 작용한다. 산출의 과정에서 자신이 쓰거나 말한 정보들을 간추리면서 정보의 위계를 정하기도 하고, 정보의 순위나 적합성, 관련성을 파악한다. 이해의 과정에서는 정보의 중요도를 파악하면서 단락 안에서 정보를 간추리도록 해준다. 추론은 그 반대 방향으로 작용하기도 하는데, 정보를 더하는 방향으로 작용하기도 한다. 산출에서는 새로운 정보를 보태기 위해서 정보를 추가하도록 하며 이해에서는 표면구조로부터 상황에 적합한 정보를 바탕으로 장기 기억에 정보를 저장하는 토대(상황 모형)가 된다. 단락과 단락 사이의 관계를 이어주기 위해 여러 가지 담화 표지를 사용하기도 하지만, 이는 생략이 가능하기 때문에 순수하게 접속 부사와 같은 담화 표지를 단락과 단락을 연결하는 언어적 장치로 보기는 힘들다. 그런 면에서 단락과 단락의 의미 연결은 비언어적인 기제로서 추론을 바탕으로 정보의 보태기와 정보 덜어내기의 과정을 지배하고 있다고 보는 것이 타당하다.

담화의 이해와 산출에 간여하는 추론은 일반적으로 자동적으로 이뤄지는 추론과 의식적인 통제 추론으로 구분한다(Kintsch, 1998; 김지홍·문선모 뒤침, 2010(II): 127). 입말로 이뤄지는 담화에서 추론은 대부분 상황과 맥락, 청자가 알고 있으리라는 정보와 메시지 전달의 성공 여부에 대해 거의 무의식인 추론이 이뤄진다. 글말로 이뤄지는 담화에서 특히 이해의 경우에는 교량 추론을 통해 정교화가 이뤄진다. 어떤 과정에서든 추론은 이미 알고 있는 정보, 즉 배경지식과 의식적이든 무의식적이든 논리적 사고 경험이 필요하다.

지금까지 담화 조직에 대해 언급한 내용을 다음과 같이 그림으로 나타낼 수 있다.

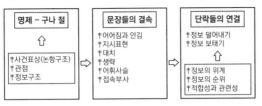

외현된 언어 형식: 구나 절 ⇒ 문장(들) ⇒ 단락(들) ⇒ 전체 덩잇말

| 명제 - 구나 절 | 문장들의 결속 | 단락들의 연결 |

명제 - 구나 절
⇑
✝사건표상(논항구조)
✝관점
✝정보구조

문장들의 결속
✝어어짐과 안김
✝지시표현
✝대치
✝생략
✝어휘사슬
✝접속부사

단락들의 연결
✝정보 덜어내기
✝정보 보태기

✝정보의 위계
✝정보의 순위
✝적합성과 관련성

〈그림 1〉 담화 조직의 원리

한편 담화의 속성을 비판적 담화 분석과 관련하여 다른 차원에서 접근해 볼 필요가 있다. 〈부록 3~4〉에 소개된 박지원의 『양반전』과 마키아벨리의 『군주론』의 일부를 바탕으로 살펴보기로 한다. 박지원의 『양반전』에서 생각해 볼 수 있는 담화의 속성은 의미의 이중성이다. 굳이 담화의 속성이라고 이름붙일 필요가 없을 정도로 언어가 다의적이고 그래서 의미가 이중성을 지닌다는 것은 당연하기 때문에 새삼 덧붙일 필요가 없을지 모른다. 그렇지만 이를 좀 더 명시적으로 살펴봄으로써 비판적 담화 분석의 근거로 삼도록 하려고 한다.

담화는 기본적으로 담화 생산자의 의도에 따른 의미가 있다. 또한 독자가 읽어내는 의미, 소설과 같은 갈래에서 등장인물이 읽어내는 의미, 담화 참여자들이 읽어내는 의미가 여러 겹으로 안겨 있다. 이를 연암의 소설 『양반전』을 통해서 읽어낼 수 있다. 이 소설의 마지막 부분에서 군수는 〈부록 3〉에서 제시한 것과 같은 양반을 위한 2차 증서를 제시하는데, 여기에 담긴 의미는 여러 겹을 이루고 있다. 우선 군수의 입장에서는 1차 증서에서 제시한 양반의 규범과는 달리 '양반이란 지위를 갖게 되면서 생기는 여러 가지 이득'을 제시함으로써 양반을 설득하려 한다. 그렇지만 양반의 입장에서 볼 때 그것은 양반이 부도덕함, 악랄함의 전형을 보여주는 것으로 해석되고 있다.

그렇다면 박지원의 의도는 어디에 있을까? 소설에 등장하는 인물인 양반은 작가의 대리인으로 박지원의 입장을 표현하고 있듯이, 양반의 위선과 타락에 대한 풍자와 비판이 될 것이다. 독자는 5장 5절에서 언급하고 있듯이 여러 층위로 설정이 가능하지만 이 작품에 대해서는 지배층과 피지배층으로 설정해서『양반전』의 의미를 생각해볼 수 있을 듯하다. 지배층의 입장에서는 필자의 태도나 등장인물의 태도가 자신들의 이념, 즉 삶에 대한 태도나 사회를 바라보는 관점에서 맞지 않을 것이다. 피지배층의 입장에서 보면 필자의 태도나 양반자리를 박차고 나가는 등장인물의 태도가 마음에 들 것이다. 그렇지만 조선시대 전체의 사회 구조와 이념이 이와 같은 필자의 입장이나 등장인물의 태도를 수용하기는 쉽지 않았을 것이다. 다른 한편으로 피지배층의 이념에 들어맞는다 하더라도 매체가 한문인 점은 이 소설에 가까이 다가서게 하는 데는 문제가 있었을 것이다. 이 소설에 대한 비판적 담화 분석은 이런 이중적인 의미의 발견을 학습자들에게 이끌어 주어야 할 뿐만 아니라, 왜 양반 사회에 대한 이런 비판을 담고 있는 글을 연암이 백성들이 접근할 수 없는 한문으로 썼는가를 물어보게 함으로써 작가의 근본적인 의도를 캐물을 수 있고, 비판해 볼 수 있다. 작가는 적어도 조선사회 전체의 근본적인 개혁, 즉 반상의 구별이 없는 고른 사회로 바꿈을 염두에 두지 않았던 것이다. 이런 점에서 비판의 여지가 있을 것이다.

이와 비슷한 문제는 허균의『홍길동전』에서도 읽어낼 수 있을 것인데, 홍길동은 조선의 사회에 비판적이고, 서자와 적자의 차별이 있는 사회 자체를 부정하고 있다. 그 결과 율도국이라는 새로운 나라를 세웠다. 그리고 그는 그 나라의 왕이 된다. 왕이 존재한다는 것은 적어도 차별이 있는 신분제도가 있게 된다는 것이고, 자신이 받았던 차별을 다른 사람들도 겪게 된다는 것이다. 이는 과연 작가로서 혹은 당대의 혁명가로서 허균이 꿈꾸던 세계였을까 하는 의문을 가지게 한다. 이 소설에서도 주인공 홍길동은 이야기 구조를 따라가면 차별, 즉 반상과 성별, 적서에 따른 차별이 있는 사회를 부정하고 있다. 그렇지만 결국 홍길동 혹은 허균이 이상적으로 생각하는 사회는 여전히 그런 차별이 있다는 것이고, 이것이 『홍길동전』에 담긴 의미의 이중성이라고 할 수 있을 것이다. 결국 이와 같은 이중성은 작가의 한계이고, 시대의 한계일 수 있겠지만 홍길동의 이상, 즉 적서차별이 없는 고른 세상을 만들고자 하는 꿈과 모순을 빚는다고 할 수 있다. 이와 같은 모순 혹은 이중성에 대한 인식은 개인적인 해석에서 비롯될 수 있다. 그렇지만 비판적 담화 분석의 맥락에서 더 중요한 것은 담화 동아리의 마음에 담겨 있는 이념이나 가치에 의해 인식되고 공유되는 경향이 강하다는 것이다.

다른 한편으로 이런 이중성 혹은 자기모순의 경우는 조지 오웰 (1903~1950)에서도 찾을 수 있다. 잘 알려져 있다시피 그는 『동물농장』을 통해서 신랄하게 전체주의를 풍자하였다. 그리고 『코끼리를 쏘다』 (1936)라는 단편소설을 통해 식민주의 혹은 제국주의의 억압과 폭력을 드러내었다. 그렇지만 허균이나 박지원이 자신이 살고 있는 모순에서 벗어날 수 없듯이, 오웰도 자신이 살고 있는 시대의 한계, 즉 서구중심적인 시각, 혹은 오리엔탈리즘에서 벗어날 수 없는 자가당착에 빠져 있는 이중성을 보여준다. 말하자면 코끼리를 쏠 수밖에 없는 영국 경찰을 통해서 제국주의의 불합리한 점을 드러내었지만, 이에 맞서는 적극적인 태도를 보이기보다는 개인주의의 범주에 갇혀서 식민주의에 저항하지 못하는 인간을 형상화하였다. 그리고 소설의 부분부분에서 인도 사람이나 환경을 묘사하는 부분에서 알 수 있듯이, 서술자(≒작가)의 시각 자체도 인종차별주의에 머무르고 마는 한계를 드러내었다.

이와 같은 담화의 이중성은 소설이라는 문학 갈래의 특징에서 나온 문제라고 지적할 수 있을 것이다. 문학의 본디 속성(고유성)은 문학 연구의 몫으로 남겨두더라도 비판적 담화 분석에서 위도슨(Widdowson, 2004; 김지홍 뒤침, 2018: 313~351)에서 지적한 것처럼 사회-정치적 이념에 따라 분석의 대상이 될 수 있다는 점을 고려한다면 문학도 담화이다. 동양의 문학적 전통에서도 서사문학 특히 소설을 평가 절하하기는 하였지만, 서정문학 특히 시경이나 두시를 통해 정서를 가다듬고, 삶을 위한 문학 활동을 해왔던 전통이 이어져 왔다는 점을 고려해 볼 때 문학을 비판적 담화 분석의 대상 밖으로 내칠 필요는 없을 것이다. 아울러 여러 형태의 엮어 읽기를 통해, 문학과 다른 갈래의 글들이 어우러지는 활동을 함으로써 비판적 담화 분석(교육)의 방법과 내용을 기름지게 할 수 있는 방안을 찾아볼 수 있다는 점에서도 그러하다.

더 나아가서 일상적인 담화에서도 이와 같은 다층적인 의미들이 간접적이며 숨겨져 있고 여러 겹으로 안겨 있다는 것이다. 비판적 담화 분석의 대상으로 삼은 일상의 담화에서도 다양한 제도(개인의 차원을 넘어선 권위(van Leeuwen, 2005))들의 담화 유형에 영향을 미치는 사회적 요인들이 분명하지 않다. 뿐만 아니라 비교적 사회제도, 계층과 담화 사이의 연관성이 뚜렷해 보이는 수업담화(〈부록 1〉 참조)의 경우에도 담화 참여자들에게 그 효과가 인지되지 않을 수 있다. 그와 같은 불명확성(Fairclough, 2001; 김지홍 뒤침, 2011: 92의 용어를 따르면 불투명성)이 담화에 함축되어 있는 의미의 다층성과 밀접한 관련이 있을 것이라 생각한다.

다음은 담화의 의미가 고정되어 있지 않고 변화하고 시대에 따라 다르게 읽힐 수 있음을 마키아벨리의 『군주론』을 통해서 보도록 한다. 마키아벨리의 『군주론』은 표면적으로 보면 군주, 즉 참주가 권력을 유지하고 백성들을 지배하기 위해 어떻게 억압하고 참주가 되기 위해 어떤 권모술수를 써야 하는지 보여주는 책으로 비판을 받을 수 있다. 그러나 이 책이 나온 뒤 250년이 지나 루소는 "『군주론』은 공화주의자의 교과서이다."라고 평가하였다. 이때 "공화주의는 민주적 또는 민중적이라는 범주에서 해석하는 학자들이 늘고 있다. 이는 이 책이 군주를 위한 책이 아니라 '지배받지 않으려는 욕구에 충실한 인민과 이들의 욕구를 실현시키려는 군주로부터 건강한 사회의 초석을 발견하고자 하는 노력"(곽준혁, 마키아벨리 〈군주론〉, 네이버 문화재단, 「열린 강의」 원고 참고)으로 해석될 수 있음을 의미한다. 이처럼 『군주론』에서 제시한 덕목들에 담긴 의미가 시대에 따라 다르게 해석될 수 있음을 의미한다.

이상에서 제시한 담화의 속성 특히 비판적 담화 분석의 목적과 부합하는 속성을 다음과 같이 정리하기로 한다.

2) 비판적 담화 분석을 위한 담화의 속성
(가) 의미 연결과 통사결속
(나) 담화 의미의 다중성
(다) 담화 의미의 가변성

2)에서 제시한 담화의 속성 특히 (나)와 (다)에 비추어 볼 때 다양한 맥락에서 분석되고 해석되며 설명되어야 함을 의미한다. 그런 점에서 담화를 둘러싼 다양한 맥락(context)을 고려할 필요가 있다.

다양한 맥락들은 또한 페어클럽의 일련의 저작에서 취하고 있는 관점에서 볼 수 있듯이 학제적 연구의 필요성과도 관련이 있다고 생각한다. 한편 2)-(가)와 관련된 속성은 언어 단위로서 담화의 자율성과 관련되어 고려해야 하는 속성이다.

2. 담화 연구의 여러 분야

여기서는 앞서 널리 살펴본 담화의 의미와 관련하여 담화 연구의 여러 분야를 살펴보기로 한다. 먼저 담화 문법(discourse grammar), 문체론, 수사학, 담화의 초구조, 담화 화용론, 대화 분석, 갈래 분석, 응용담화 연구 등으로 갈래를 나누어 살펴보기로 한다.

형식 문법(formal grammar)의 오랜 전통을 생각해 보면 담화에 대한 접근도 애초에 이와 같은 문법의 틀 안에서 연구되었음직하다. 담화 연구에서 담화 문법 분야는 이와 같은 인식을 보여주는 사례가 될 것이다. 그리고 밴 다익 엮음(van Dijk ed., 2007)의 머릿글에서 지적하고 있듯이 형식 문법은 담화 연구의 발전에 이바지하였다. 그리고 이런 연장에서 담화 통사론이나 담화의 음성 구조 등에 대한 연구가 있다.

이전의 언어학에서 핵심적인 대상으로 삼지 않은 언어 사용의 문제를 다룬 화용론은 비판적 담화 분석의 전제, 즉 담화는 사회적 실천 사례라는 주장과 비슷하다. 화용론에서 언어는 행위의 한 형태로 간주된다. 그와 같은 행위는 대표적인 화용론자인 오스틴(1911~1960)의 입장에서는 세 층위를 이루는데, 그것은 언표 행위, 속뜻으로 깔린 행위, 실천 행위이다. 써얼(1932~)은 인간의 언어 사용을 지향성의 관점에서 다룬다. 이들은 언어 사용을 중점적으로 다루었다는 점에서 의의가 있지만, 페어클럽(Fairclough, 2001; 김지홍 뒤침, 2011)에 따르면 화용론에서 다루는 덩잇말이 주로 만들어진 단일 발화를 참고하면서 발전되었다는 점에서 한계가 있다. 또한 협력을 통해 상호작용하는 개인들에 초점을 맞춤으로써 비판적 언어 연구에서 제시된 그림과는 완전히 대조가 되는 관념화된 이상향의 그림을 그렸다는 비판을 받을 수 있다.

인지심리학에서 담화 연구는 담화를 모의 가능한 대상으로 보고 이를 실험실에서 상황을 꾸리고, 이해와 산출에 대한 연구를 하고자 하였다. 인공지능에서 담화 연구는 인간의 소통 행위를 모의하고자 할 때 나타날 수 있는 제약들이 무엇인지 살피고자 하면서 시작되었다. 그 결과 낱말이 사용되는 모습이나 구조, 특정한 대화 맥락이나 상황에서 미리 짐작되는 발화의 유형(연결체) 등이 기본적인 제약이 되며, 이들이 인간의 언어 처리(이해)와 산출에서 중요한 변수가 됨을 보여주었다. 그리고 이런 변수들 가운데 유형화가 가능한 기억 자원들을 각본이나 개념틀(schema)이라고 불렀다. 이와 같은 실험 연구 혹은 모의 연구들은 이런 자원들을 언어 사용 주체가 능동적으로 끌어 씀으로써 가능하다는 점을 밝혀내었다는 점에서 의미가 있다. 특히 인간의 기억에 대한 연구를 통해 인간의 언어 사용을 비유적으로 이해할 수 있는 방법과 용어들을 제안해 주었다는 점에서도 의미가 있다고 할 것이다. 그러나 기본적인 혹은 원형적인 기억 자원들이 있으며 어떤 측면에서는 무의식적으로 혹은 늘 고정되어 있는 방식으로 처리되는 측면이 있다(van Dijk, 1980; 서종훈 옮김, 2017 참고)고 가정하더라도 연구의 출발에서부터 가정되는 문제점을 지니고 있다. 비판적 담화 분석의 관점에서 볼 때, 원형적인 기억 자원들이 관련되는 사회적 매개변인들에 의해 결정되는 측면이 있으며 이념과 관련되는 측면을 짚어내는 데에는 한계를 지닐 수밖에 없는 점을 출발점으로 삼았다는 비판에서 벗어날 수 없다.

담화에 대한 인지심리학과 인공지능의 연구들이 여러 학문을 아우르는 성격을 띠고 있듯이, 뒤이어 나타나는 중요한 흐름 중의 하나인 대화 분석도 통합학문의 성격을 지닌다. 대화 분석이 등장하게 된 배경과 관련지어 보면 그런 성격을 지닐 수밖에 없음을 이해하게 된다. 이와 같은 대화 분석은 분석의 대상이 제한되어 있다는 한계를 지니고 있으며, 분석의 방법 자체도 전사된 기록물의 틀 안에서 이뤄지는 상호작용에 국한되어 있다는 점에서 비판적 담화 분석의 입장에서는 비판의 여지가 있다고 생각한다. 이들 대화 분석 방법은 널리 퍼지면서 (언어) 교육에서 응용되면서 교실 수업에서 이뤄지는 학생과 학생, 학생과 교사 사이의 상호작용을 분석하는 도구를 바쳤다는 점에서 가외의 공헌을 하였다. 아울러 고프만(Goffman, 1981)의 연구는 대화에 투영된 사회적 자아의 관계를 체면이라는 개념으로 붙들어냄으로써 사회적 행위로서 대화를 바라볼 수 있게 하여 주었다. 그렇지만 사회 구조와 대화 분석을 연결하지 못하였고 그런 점에서 비판적 담화 분석가들에 의해 사회언어학에서와 마찬가지로 설명이 아니라 기술의 차원에 머물렀다는 비판을 받게 될 것이다. 다만 담화를 통해 나타나는 상호작용을 통해 사회 현상을 이해하고 기술하는 단초를 제공하였다는 점에서 여러 형태의 대화 분석은 의의를 지닌다.

제3장 담화 분석 연구의 흐름

여기서는 비판적 담화 분석이 본격적으로 등장하기 전에 언어 혹은 담화에 대한 접근법들을 살펴봄으로써 비판적 담화 분석이 오늘날 자리잡게 된 배경을 간략히 훑어보기로 한다. 비판적 담화 분석의 입장에서 볼 때 이전의 담화 연구가 지닌 한계는 뚜렷한 듯하다. 이런 한계를 살펴봄으로써 한편으로는 기존의 언어 연구를 비판하고 다른 한편으로는 비판적 담화 분석의 필요성을 읽어낼 수 있으리라 생각한다. 아울러 학제적 연구로서 비판적 담화 분석이 자리잡게 된 과정을 훑어봄으로써 비판적 담화 분석의 자리, 즉 역할과 방향을 넌지시 비추어줄 수 있으리라 생각한다.

1. 담화 분석 연구의 개략적인 흐름

언어학은 언어에 대한 체계적인 분석을 제공하였기 때문에 인문학 전반에 영향을 미쳤다. 그리고 촘스키와 같은 언어학에 깊은 영향을 미친 인물들은 사회에 대한 비판을 통해 학문의 영역에 제약을 받지 않고 국가 권력이 개인의 삶에 알 수 없이 큰 영향을 미친다는 점을 드러내기도 하였다. 그렇지만 언어학 그 자체만을 두고 본다면 언어학에서 이룬 크고 작은 업적들은 연구대상을 너무 좁게 잡음으로써 가능한 일이었다. 가장 잘 알려져 있다시피 구조주의 언어학의 출발이 음성이었고, 변형생성문법에 이르러 문장의 단위로까지 확장되었지만 문장을 넘어서 문장과 문장들의 관계나 문장들이 모여서 이룬 더 큰 덩잇말에까지 눈길을 돌리지 못하였다. 변형생성문법의 기반을 이루고 있는 촘스키의 경우도 말을 통해 사람을 들여다보려는 결과 내재주의 언어관을 통해 일정 부분 업적을 쌓았지만 언어 사용의 문제를 해결하지는 못하였다(김지홍, 2009). "언어학에서는 현실의 언어 실천 사례들을 기술하려고 시도하지 않았다."(Fairclough, 2001; 김지홍 뒤침, 2011: 31) 이는 한편으로 언어 능력과 언어 수행, 랑그와 빠롤의 개념을 구별하면서 언어 능력과 랑그의 개념을 중시하였으며, 언어 변화와 사회 변화의 관련성과 같은 변화의 개념을 거의 고려하지 않은 데서 말미암은 것이다.

이와 같은 언어학에 반발하여 1970년대에 사회 이론이나 인류학, 사회심리학과 연관을 지으면서 사회언어학(sociolingusitics)이 등장하였다. 사회언어학은 언어의 변화와 사회의 변화 사이의 관련성을 들여다보려고 하였다(Hudson, 1980). 즉 다양한 언어 변이형태가 등장하고 있음을 눈여겨보고 이를 연구의 대상으로 삼으려 한 것이다.

이와 같은 사회언어학의 관점은 "사회적으로 구성된 언어 실천 사례에 대한 성격에 대한 연구가 비판적인 언어 연구의 일반적인 전제로 간주될 수 있는 것은 사회언어학의 덕택이었다"(Fairclough, 2001; 김지홍 뒤침, 2011: 33). 그렇지만 사회언어학은 구조주의 언어학 등 당대의 언어학에서 중시하는 기술의 단계에 머물러 있었다. 이런 점은 의미의 본질이나 문법에서 교체의 분석을 언어 구조에 대한 이론에 맞추려 한 데서 잘 드러난다(Hudson, 1980: 3장 2절, 5장 5절 등). 사실의 기술, 즉 언어 변이형태를 사회언어학적 현상으로 포함하여 기술하려 하였던 것이다. 그렇지만 페어클럽(Fairclough, 2001; 김지홍 뒤침, 2011: 34)에서 지적하였듯이 "왜 그런 사실들이 존재하는가? 권력의 사회적 관련성에 대한 연구의 발전에 비추어 기존의 사회언어학 질서가 어떻게 도입되어 존재하는가? 그것이 어떻게 유지되는가? 그리고 그런 질서에 의해 지배당하는 사람들의 이익에 대하여 그것이 어떻게 변경될 수 있을 것인가?"라는 물음에 적절히 답을 제공할 수 없다는 한계를 지닌다. 무엇보다 덩잇말 전체에 가려져 있는 이념의 문제나 권력의 부당성(혹은 부당한 행사)이 사회 곳곳에 퍼져 있음에도 불구하고 이에 관심을 두지 않았다.

2. 비판적 담화 분석의 등장과 그 배경으로서 담화 분석 연구

담화 연구의 역사는 출발에서부터 학제적 연구로서의 성격이 강하였다. 여기서는 두 시기로 나누어 1960년대에서부터 1970년대까지를 담화 연구의 출발기로 자리매김하고, 1980년대 이후의 시기를 담화 연구에서 본격적인 학제적 연구의 시기로 구분하여 그 흐름을 살펴보고자 한다.

순수 언어학의 역사와 달리 담화 연구는 출발에서부터 학제적 연구의 성격을 지니고 있다. 이와 같은 학제적 경향은 1960년대부터 사회과학 방법론이 다듬어지면서 1970년대에 더 속도를 내었다. 이를 다음과 같이 정리해 볼 수 있다. 이 그림에서 오른쪽은 대표적인 학자와 논저를 가리킨다.

인류학	델 하임즈(1972), 듀란티(2001)
언어학	페퇴피(1971), 드레슬러(1972), 반 다익(1972, 1977), 그라이스(1975), 기본(1979), 핼리데이와 핫산(1976)
형식 문법	한스 캠프(1981)
화용론	오스틴(1962), 서얼(1969), 그라이스(1975), 브라운과 레빈슨(1987)
기호학	움베르토 에코(1976), 롤랑 바르트(1964), 건터 크레스와 벤 리우벤(1990)
대화 분석	색스, 쉬갈로프와 제퍼슨(1974), 애트킨슨과 헤리티지(1984), 드류와 헤리티지(1992)
사회언어학	레이보프(1972), 검퍼즈와 하임즈(1972), 트립(1972)
텍스트 처리와 인공지능	킨취(1972, 1993), 밴 다익(1972, 1977, 1980), 밴 다익과 킨취(1983), 존슨-레어드(1983), 쉥크와 아벨슨(1977)

〈그림 1〉 담화에 대한 학제적 연구(van Dijk ed., 2007 참고)

〈그림 1〉에서 눈여겨 볼 만한 분야는 대화 분석인데, 비록 비판적 담화 분석가들에 의해 비판을 받기는 하였지만 비판적 담화 분석이 본격적으로 출발하는 계기가 되었다는 점에서 의의가 있다(이 책의 3장 뒷부분 참조). 즉 대화가 사회적 현상이라는 점을 인식하고, 그 속에 함의되어 있는 사회적 상호작용의 의미를 기술하여 줌으로써 대화를 좀 더 넓은 맥락 속에 자리매김하였다는 의의가 있다.

최초의 사회언어학자로 간주되고 있는 하임즈(Hymes, 1972)는 이전의 연구(Hymes, 1966)에서 제안한 '의사소통 능력'이란 개념을 좀 더 심화 발전시킨 논의로서 학습과 교육에 관하여 이와 관련된 이후의 논의를 불러일으키는 데 큰 몫을 하였다. 잘 알려져 있듯이 촘스키가 언어 능력과 언어 수행을 구분하면서 언어학의 연구 범위를 통사론에 국한시킨 점에 대한 반발로 하임즈(Hymes, 1972)는 인간의 언어 사용이 이뤄지는 구체적인 모습에 대해서도 연구하여야 한다고 제안하였다. 하임즈(Hymes, 1972)를 인류학적 연구의 부류에 포함시킨 이유는 언어 산출과 사용과 관련하여 전통적인 사회 안에서 민족의 특성이나에 따른 이야기 전달(narrative) 방식을 언급하고 있기 때문이다. 그리고 그는 이런 자신의 연구가 민속학이나 인류학, 문학의 중요한 토대가 될 수 있다고 강조하였다. 듀란티(Duranti, 2001)은 인류학적 바탕에서 화행의 여러 측면들에 대해 살피고 있는 논문 묶음집이다. 대표적인 논문으로 그는 결국 화행을 일련의 의도가 깔린 연속체로서 볼 수 있으며 이는 우리가 살고 있는 문화에 의해 형성된 방식에 영향을 받는 것으로 간주하였다. 이런 그의 결론에 인류학적 연구, 특히 재즈나 문화 일반, 서사모아 어에 대한 연구가 깔려 있다.

〈그림 1〉에서 언어학은 문장 이상의 차원에서 이뤄진 문법 연구를 가리킨다. 페퇴피(János Petöfi, 1931~2013), 드레슬러(Wolfgang Dressler, 1972), 밴 다익(van Dijk, 1972, 1977)은 유럽에서 그와 같은 연구를 하였다. 그라임스(Joseph Grimes, 1975), 기본(Tom Givón, 1979) 등은 미국에서 텍스트 언어학의 연구를 하였다. 이런 연구들은 문학 연구와 러시아의 형식주의, 프랑스와 체코의 구조주의로 넓혀질 만큼 다양하다. 영국에서는 핼리데이와 핫산(Halliday & Hasan, 1976)이 체계 기능 문

법을 주창하여 사람들의 눈길을 끌었다(van Dijk ed., 2007). 페퇴피(Petöfi, 1971)의 연구는 텍스트와 담화의 연결성에 초점을 맞춘 최초의 업적으로서 의의가 있다. 오랫동안 비엔나 대학에 몸을 담았던 드레슬러(1939~)는 보그란데(R. de Beaugrande)와 공저한『텍스트 언어학』이 국내에 소개되면서 많이 알려져 있다. 그의 학문적 관심은 자연 음운론과 형태론, 언어 발달분야이지만 텍스트다움의 일곱 가지 조건을 제안하였는데, 그 가운데 특히 의미 연결(coherence)과 통사 결속(cohesion)은 널리 알려져 있다. 밴 다익(1943~)은 〈그림 1〉의 맨 아래에 있는 텍스트 처리와 인공지능에 대한 연구로도 알려져 있는데, 비판적 담화 분석에 관심을 갖고 담화와 이념, 담화와 지식에 대한 거시적인 문제뿐만 아니라 담화와 민족주의와 같은 미시적인 문제에도 관심을 기울였다. 기본(T. Givón, 1936~)은 언어 유형론에 관심을 가졌으며, 언어 사용에 대한 사용 기반 모형, 즉 기능주의적 관점을 주창한 사람들 가운데 한 명이다. 핼리데이와 핫산(Halliday & Hasan, 1976)은 책 제목에서 알 수 있듯이 통사결속에 주로 관심을 두었다. 텍스트에서 통사결속을 위한 장치로 대체, 생략, 지시표현 등을 제안하였고, 그의 연구는 국내외 연구에 잴 수 없이 큰 영향을 미쳤다. 특히 1990년대 국어교육에서 읽기 교육과 쓰기 교육에서 기본적인 가르침의 내용으로서 여기서 언급한 언어학의 영향이 컸다.

  1970년대부터 시작된 형식 문법(formal grammar)은 언어학자에 의해 여러 문장에 걸친 동지시표현(coreference)이나 맥락 중심 지시표현(deictic expression)이나 상황 중심의 지시표현의 문제를 해결하는 데 골몰하였다. 뿐만 철학자, 수학자들이나 논리학자들뿐만 아니라 문장 혹은 명제의 진위를 다루기도 하였는데, 한스 캄프(Hans Kamp, 1940~)의 영향이 컸다. 그(Kamp, 1981)는 담화 표상이론(discourse representation theory)을 제안하고 문장 수준의 의미를 담화 차원에서 다루고자 하였다. 담화 표상구조라는 개념을 도입하여 담화 표상의 참과 거짓을 구분하였다. 이와 같은 그의 접근법은 전통적인 형식 의미론을 넘어 담화차원에서 언어 표현의 진릿값을 파악하고자 하는 것으로 화자와 청자, 상황과 맥락을 종합적으로 고려하는 의미론으로 발전하는 길을 열어 주었다.

화용론은 영국의 분석철학에 힘입어 1960년대에 나타난 연구 경향이다(van Dijk ed., 2007). 화용론은 잘 알려져 있듯이 문장을 넘어서 언어사용에서 나타나는 대화 규범이나 화행의 비언어적 수행력, 함의와 같은 문제들을 다루었다. 특히 오스틴(J. L. Austin, 1911~1960)은 화행이 언표 행위와 언어에 깔린 행위, 이행완료 행위로 보았다. 이와 같은 오스틴(Austin, 1962)의 업적은 학파를 이루어 일상언어철학이라는 연구 경향을 보이는데, 그라이스(H. P. Grice, 1913~1988)에서 더욱 발전되었다. 그(Grice, 1975)는 양과 품질, 관련성, 방식에 관련된 대화 규범들(maxims)로 우리나라에 알려져 있다. 한편 대화에서 브라운과 레빈슨(Brown & Levinson, 1987)은 공손성 원리를 제안하였는데, 듣는 이에 대한 체면 위협 행위를 누그러뜨리려는 화자의 의도가 표현된 것이라고 보았다. 이는 현재 2015 국어과 교육과정에서 성취수준의 하나로 선정되어 실제로 교과서에서도 반영되었다. 이들이 지나치게 일상언어에 초점을 맞춘 점 그리고 소통 행위에서 화자에만 초점을 맞춘 점 때문에 비판을 받기도 하지만 일상언어학파는 언어를 일상의 행위와 같은 수준에서 조망하는 길을 열어주었고, 발화 행위의 속에 깔린 화자의 의도를 속속들이 드러내주었다는 점에서 의의가 있다. 즉 비판적 담화 분석에서 담화의 이면에 작용하는 숨은 권력에 대해 주의를 기울이는 점이 낯설지 않게 느껴지도록 해주었다.

1960년대 중반 움베르토 에코와 롤랑 바르트의 저작물들이 인기를 얻으며 기호학이 관심을 받기 시작하였다. 기호학을 연 사람인 퍼스(C. S. Pierce, 1839~1914)와 소쉬르를 비롯한 프랑스 구조주의가 바탕에 깔린 기호학은 언어를 포함하여 말 그대로 세상에 존재하는 모든 기호를 연구의 대상으로 삼을 수 있다. 기호학은 기본적으로 인간의 정신 작용이 겉으로 드러난 매체를 기호로 보고 사람의 마음을 이해하기 위해 언어를 포함한 기호에 접근하였다. 특히 크레스와 밴 리우벤(Kress & van Leeuwen, 1990)은 의사소통의 수단으로서 언어와 다른 기호 이를테면 사진, 광고, 영화의 상호작용에 의해 어떻게 의미가 만들어지는가를 설명하고자 하였다. 이와 같은 업적은 밴 리우벤(van Leeuwen, 2005)에서 사회기호학(social semiotics)으로 더 발전하였다. 덩잇말에서 이어진 텍스트(줄글 텍스트)와 다른 기호들 사이의 관계를 좀 더 촘촘하게 살피고, 구체적인 사례들을 통해 자신의 주장에 증거가 있음을 밝히고 있다. 이 책은 뒤에서 조금 더 자세하게 언급할 것이다.

대화 분석은 상호작용이 이뤄지는 담화 연쇄에서 발언권 교체나, 끼어듦, 쉼과 웃음과 같은 반(半)언어적 혹은 비언어적 표현에 관심을 기울였다. 이와 같은 대화 분석은 미국의 학자들, 즉 어빙 고프만(Goffman, 1959; Goffman, 1983)과 해럴드 가핑켈(Garfinkel, 1967)의 업적에서 사회언어학적인 뿌리를 찾을 수 있다. 고프만은 대화에서 상호작용이 개인적인 체면과 정체성뿐만 아니라 거시적인 사회 맥락에 연결되어 있음을 보여준다고 하였다. 가핑켈은 대화에 참여하고 있는 일에 대한 이해나 분석을 보여주는 행위와 그와 같은 분석에 터하여 서로 이바지하는 재귀적 행위를 통해 대화가 전개된다고 하였다.

어빙 트립(Ervin-Tripp, 1927~2018)의 연구(Ervin-Tripp, 1972)는 중국의 누리그물 이야기방에서 이어지는 소통에서 동시에 일어나는 발화와 교체에 초점을 맞추었는데, 브라운과 레빈슨(Brown & Levinson, 1878/1987)의 체면 이론에 바탕을 두고 공손성 전략을 탐구한 연구이다. 이 연구는 사회적 맥락에 따라 다양하게 나타날 수 있는 공손성 전략을 밝혀내었다는 점에서 의의가 있다.

대화 분석의 개척자로 색스(Harvey Sacks), 쉬글로프(Emanuel Schegloff), 제퍼슨(Gail Jefferson)을 들 수 있다. 그들(Sacks, Schegloff, & Jefferson, 1974)의 연구는 면접이나, 회의, 토론, 의식과 대화 등등에서 일어난 발언권 교체와 역할을 실제 언어 사용 상황에서 이뤄지는 대화를 전사하여 그 체계를 실증적으로 밝힌 연구이다. 14개의 발언권 교체의 기제를 설정하여, 대화가 전개되는 자세한 모습을 드러냈다는 의의뿐만 아니라 실제로 일어나는 발화(자연스러운 발화: naturally occurring conversation)를 연구의 대상으로 선정해야 할 필요성을 처음으로 강조한 연구로서 의의도 있다.

애트킨슨과 헤리티지(Atkinson & Heritage, 1984)와 드류와 헤리티지(Drew & Heritage, 1992)는 대화 분석에 관련되는 여러 업적들을 모아 놓은 논문집이다. 앞의 책은 대화 분석뿐만 아니라 다른 연관되는 학문과 연관성을 드러내는 논문들의 묶음이라는 점에서 두드러진 특징을 지니고 있다. 즉 화용론이나 언어 형식과 대화 분석과의 연관성을 제시하고 있는 6장의 레빈슨(Levinson) 연구들이 포함되어 있다. 1부에 소개된 쉬글로프(Schegloff)의 연구는 기억과 상상의 사용에 대한 중요성을 지적하고 있다. 뒤의 책은 1960년대 이후 이뤄진 대화 분석 연구들을 모은 논문묶음으로 4권으로 묶여져 있다. 엮은이들의 서문에도 지적되어 있듯이 일상적인 대화뿐만 아니라 의료, 교육,

대중매체, 사법의 맥락에서부터 강의나 연설, 누리그물에서 나타나는 여러 사람 사이의 소통에서 대화 분석은 이용될 수 있다. 그와 같은 맥락에서 논문집에 등장하는 다양한 논문들은 대화 분석의 연구나 가르침을 위해 쓸모가 많을 것이라 생각한다. 대화 분석은 이처럼 상호작용을 위한 행위, 즉 발언권 교체, 대화 연쇄의 조직, 고치기, 스토리텔링과 이야기 전달, 운율과 몸을 통한 행위들에 초점을 맞추는데, 이들은 다른 사람들과의 사회생활과 사회성에 대한 감각을 구성하는 토대이기 때문이다.

사회언어학의 비조로 레이보프(William Labov, 1927~)를 꼽는 데 주저하는 사람은 없을 것이다. 그는 언어 구조 연구가 반드시 언어공동체의 사회적 맥락 속에서 이뤄져야 한다고 강조하였다. 그의 획기적인 연구(Labov, 1966; Social Stratification of English in New York City)에서 언어의 변이가 사회적 맥락 속에서 어떻게 나타나는지 실증적인 연구를 통해 밝혔고, 그의 연구(Labov, 1972)에서는 이전의 연구들을 종합하여 언어의 본질과 언어 변화를 바라볼 수 있는 관점을 제시하였다. 어떤 학문 분야를 가릴 것 없이 처음 시작하는 사람들은 기존의 연구 방법이나 연구의 이념이라는 장벽을 만날 수밖에 없다. 사회언어학의 첫걸음을 내디딘 그의 입장에서 언어 변화에 대한 구조주의적인 관점인 소쉬르학파의 이념을 넘어서야 했다. 그의 이론적 얼개를 대표하는 논의로 8장과 함께 9장은 사회언어학이 넘어서야 할 문제들, 사회언어학의 관점에서 새롭게 발견한 사실들, 사회언어학의 전망들을 제시하고 있어서 반드시 읽어보아야 할 장이라고 생각한다. 한편 페어클럽(Fairclough, 1992; 김지홍 뒤침, 2017)에서는 레이보프와 푄셀(Labov & Fanshel, 1977)의 공저인 『*Therapeutic Discourse*』(Academic Press)를 평가하면서 담화가 겉과 속의 모순성을 띤다는 점,

담화가 참여자들 사이에 당연시되는 암묵적인 명제들 위에 구성되어 있고 이것이 담화 전체의 일관성을 떠받쳐 준다는 통찰을 제공하고 있다고 평가하고 있다. 그렇지만 페어클럽의 입장에서 볼 때 분석의 과정에서 명제에 담겨 있는 이념적 성격에 전혀 주의를 기울이지 않은 점은 아쉽다고 하였다.

검퍼즈와 하임즈(Gumperz & Hymes, 1972)는 소집단 관찰 기록 방법(ethnography)을 바탕으로 한 사회언어학의 논의들을 묶은 책이다. 3부로 나누어진 이 책의 첫 부분은 소집단 관찰 기록의 기술과 설명에 대한 논의들이 있으며, 두 번째 부분은 발화에서 드러나는 구조에 대한 논의들로 이뤄져 있다. 세 번째 부분은 언어의 발생과 유지, 변화에 대한 논의들로 이뤄져 있다. 어린이의 발화에서부터 교육적인 맥락에 이르는 다양한 발화들을 대상으로 하고 있다는 점에서 주목을 받을 만한 가치가 있는 논의들이 많다. 다만 비판적 담화 분석의 입장에서 볼 때 이와 같은 소집단 관찰 기록법은 대화의 전개에서 사회적 상호작용이 나타난다는 통찰력을 제공해 주었음에도 불구하고, 근본적으로 사회적 지향점, 즉 사회 구조와 사회적 실천 관례로서 담화의 비판적인 측면에 눈길을 돌리고 있다는 비판을 피할 수는 없을 것이다. 그렇기 때문에 이를테면 발언권 교체에서 나타나는 권력 배분의 불균형과 같은 사회 구조적인 측면을 중립적인 관점에서 볼 수밖에 없는 한계를 지니고 있다.

킨취(Walter Kintsch)는 밴 다익(Teun A. van Dijk)과 함께 담화와 관련된 인지처리에서 앞자리에 있는 연구자이다. 킨취(Kintsch, 1972)에서는 의미 기억에 대한 앞선 연구들에 터하여 일반적인 기억 모형을 발견하고자 하였고, 밴 다익의 여러 연구들은 지엽적 의미 연결과 거시적 의미 연결, 거시구조, 초구조와 같은 다양한 덩잇글 구조를 제시하였다는 의의가 있다. 이들이 각자 발표한 논문들, 즉 킨취(Kintsch, 1972), 밴 다익(van Dijk, 1972, 1977, 1980)의 연구들이 밴 다익과 킨취(van Dijk & Kintsch, 1983)에서 집성되고 더욱 발전하였다. 킨취(Kintsch, 1993)는 제목에서 암시하고 있듯이 이해 주체의 정보 처리가 두 가지 방향으로 작용함을 모의한 논의이다. 이해 주체는 덩잇말을 읽으면서 정보를 줄여나가는 방향과 정보를 더해 가는 방향으로 정보를 처리한다고 가정하였는데, 이는 각각 요약하기와 구성하기에서 정보 처리가 이뤄지는 모습이라는 점을 실증적인 연구를 통해 밝히고자 한 논의이다. 결국 이러한 정보 처리의 밑바탕에 추론이 작용하며 이를 네 갈래로 나누어 그 특성에 따른 실험 결과들을 덧붙이고 있다. 이는 뒤에 킨취(Kintsch, 1998; 김지홍·문선모 뒤침, 2010)에서 덩잇글 이해 모형, 즉 상황 모형을 구성하는 중요한 기제로 설명한다. 킨취가 행한 일련의 연구들이 비판적 담화 분석에 던지는 암시는, 이해 주체가 덩잇글을 이해하는 과정에서 구성한 상황 모형 혹은 결과로서 이해 주체의 장기기억 속에 저장되는 상황 모형이 여러 자원을 필요로 하는 자동적 과정 혹은 통제적 과정을 거친다는 점이다. 자동적 과정은 자동적으로 이뤄지는 추론에 기반을 두고 있는데, 자동적이면 자동적일수록 이해 주체의 세계 지식에 많이 기대어 상황 모형이 구성된다는 것이다. 이는 세계 지식의 구성에 이해 주체가 갖고 있는 이념적 성향이나 태도, 사회적 정체성에 영향을 많이 받게 됨을 의미하므로 비판적 담화 분석을 통한 접근의 필요성을 강조할 수밖에 없으리라 생각한다.

책 제목에서 알 수 있듯이 밴 다익과 킨취(van Dijk & Kintsch, 1983)는 담화를 어떻게 이해하는가에 대한 모형을 제시한다. 이를 위해 먼저 덩잇글의 구조에 기반을 둔 이해 모형을 제시하고자 하였다. 이들의 논의가 의미를 지니는 것은 단순히 문장 이하의 수준에 맞는 연구나 분석에 그치는 것이 아니라, 문장을 넘어서 담화에 이르기까지 수준에 맞도록 이해하는 모습을 설명하고자 한다는 데 있다. 이 과정에서 단순히 밖으로부터 입력되는 자료뿐만 아니라 이해 주체의 내적 상태 이를테면 기억과의 관련성이나 의미구성의 모습을 밝혀내고자 하였다. 그들이 내세운 이해 모형(뒤에 Kintsch, 1998에서는 상황 모형(situation model)을 좀 더 구체적으로 제시함)에서는 글쓴이가 다양한 방식으로 알려준 덩잇글 혹은 맥락으로부터 나온 신호로 글쓴이가 의도한 의미뿐만 아니라 이해 주체 자신의 목적이나 관심거리에 가장 알맞은 의미를 구성하려고 노력한다(p. 11)는 것을 전제로 한다. 이와 같은 점은 비판적 담화 분석에서 이해 주체의 이념적·사회적 정체성을 중시하는 점과 관련된다고 볼 수 있다. 아울러 비판적 담화 분석을 위해 필자가 제시한 3장의 〈그림 1〉에서 제일 오른쪽 그림의 단락들의 연결과 관련된 중요한 실마리를 바치고 있다는 점에서도 의의가 있다.

존슨-레어드(Johnson-Laird, 1983)는 이성을 지닌 인간으로서 세계를 이해하는 방법으로 추론이나 인지, 의사결정이 정신 모형(mental models)에서 어떻게 일어나는가를 모의한 논의이다. 그는 추론이 논리적 형식으로 이뤄지는 것이 아니라 건축가의 모형 구조물이나 물리학자의 도식에 더 가깝다고 주장하였다. 정신 모형은 정신 표상(mental representation)으로도 생각할 수 있는데, 세계와 수행하고자 하는 과제, 배우고자 하는 주제에 대한 개념화의 과정 혹은 그 결과와 관련이 있기 때문이다. 정신 모형이 비판적 담화 분석에 시사하는 바는 사람들이 관심을 갖고 있는 대상이나 사건들 가운데서 내적인 정신 표상에 부합하는 모형을 수립함으로써 세계를 이해한다는 것, 그리고 그런 모형은 선택적 지각에 바탕을 두고 있다는 것이다. 이는 비판적 담화 분석의 입장에서 볼 때, 숨은 권력이 정보를 제시하고 다루는 방식에 따라 얼마든지 같은 사실을 이념에 따라 다르게 받아들이게 할 수 있음을 의미한다.

쉥크와 아벨슨(Roger C. Schank and Robert P. Abelson)은 세계와 그와 관련된 언어를 이해하는 데 필요한 지식의 유형으로 각본(script)을 제시하였다. 지나치게 고정화 혹은 유형화되어 있다는 점에서 비판을 받을 만하지만, 비인간적이고 도식적인 절차에 깃들어 있는 이념들은 비판적 담화 분석에서도 눈여겨 볼 만하다고 생각한다.

학제적 연구가 이뤄지면서 담화 연구에 대해 목적과 초점이나 대상, 방법이 조금씩 다르지만 몇 가지 공통점이나 공통이 되는 전제를 가정하고 있는데, 이는 다음과 같다(van Dijk ed., 2007). 이는 비판적 담화 분석의 토대나 기본적인 전제가 되었을 뿐만 아니라 오늘날 언어학 연구의 주류를 이루는 담화 연구에서 기본적인 가정이라는 점에서 눈여겨 볼 필요가 있다.

1) 담화에 대한 학제적인 연구에서 공통점
(가) 자연스러운 입말을 대상으로 함.
(나) 문장 이상의 단위를 대상으로 함.
(다) 언어학을 넘어서 사람과 사회의 상호작용이나 관계, 언어 행위 (혹은 화행)에 초점을 맞춤.
(라) 상호작용과 소통의 측면을 파악하기 위해 비언어적인 요소들에 관심을 가짐.
(마) 인지와 상호작용, 전략의 사용에 관련되는 요소의 발견에 관심을 가짐.
(바) 언어 사용에 관련되는 여러 맥락에 관심을 가짐.

(사) 언어 사용과 관련된 관심의 영역이 확대됨.

1)-(가), (나)는 연구의 대상과 초점이 바뀌었음을 드러내는 특징이다. 언어학자가 문법 체계 안에서 설명하기 위해 실생활과 동떨어져 있는 추상적인, 혹은 있을 법한 문장들을 중심으로 체계 안에서 일관성 있는 설명에 초점을 맞추었지만 학제적인 담화 연구에서는 비문법적인 문장이나 온전하게 마무리되지 않은 발화까지도 연구의 대상으로 삼는다. 아울러 문장 이상의 단위를 대상으로 삼음으로써 이전의 언어학 연구보다 그 대상이 넓혀졌음을 알 수 있다. 문장 이상의 단위로 연구 대상을 확장함으로써 대화나 덩잇말(text)을 연구할 수 있게 됨에 따라 대화를 통한 상호작용이 구체적으로 실현되는 모습도 연구할 수 있게 되었다. 말하자면 언어는 사회적 현상이다(1)-(다)). 그에 따라 언어를 사용한 상호작용과 소통이 언어적 표현뿐만 아니라 언어에 딸려 있는 여러 속성들에 관심을 갖게 되었다(1)-(라)). 다매체(multimedia)의 발전에 따라 다양한 매체들이 소통에 미치는 영향도 무시할 수 없게 되었다. 그리고 언어 사용과 관련하여 막연하게 연구되어 왔던 영역들에 관심을 갖게 되고 인지심리학과 언어심리학의 연구가 쌓여감에 따라 언어 산출과 이해에서 인지 과학뿐만 아니라 심리학과의 학제적 연구도 이뤄졌다. 언어 사용에서 사회적 맥락과 정치적·문화적 맥락에 더하여 인지적 맥락에 대한 관심도 점점 높아지고 있다(1)-(마)). 이와 같은 관심의 변화는 독자/청자가 덩잇말과의 관계에서 수동적인 수용자가 아니라는 생각을 반영하고 있다. 상호작용에서 발언권 교체, 거시구조, 의미 연결(coherence)과 같은 다양한 언어 현상에 대한 관심도 높아지게 되었다. 1970년대 중반 이후 미국에서 시민권 운동, 여권신장 운동(feminist movement), 미국과 유럽의 학생 운동과 같은 사회 변화를 이끌기 위한 여러 움직임에 더하여 학문에서도 전통적인 방식과 스승이 제시하였던 이론과 방법에 대한 반대가 일어나긴 하였지만 담화 연구로 이어지진 않았으며, 프랑크푸르트학파의 '비판 이론' 특히 아도르노와 벤자민의 이론들은 담화 이론에 통합되지는 않았다(van Dijk ed., 2007). 언어 사용에 대한 관심의 확대는 자연과학의 언어뿐만 아니라 기관 맥락에서 사용되는 여러 언어들에 대한 관심으로 뻗어나갔다.

담화에 대해 본격적으로 학제적인 연구, 즉 통합적인 연구가 본격적으로 이뤄진 시기는 1980년대 이후 최근의 수십 년 동안이다. 이 시기부터 사회의 변화에 대한 담화 연구의 몫을 자리매김하면서 학제적 연구를 위한 융합과 통합이 좀 더 적극적으로 이뤄졌다(아래에서 출간 연도가 굵은 글씨로 표시된 책은 관련되는 여러 편의 논문이 묶여 있음).

담화심리학	Potter & Wetherell(1987), Billig(1987, 1988), Potter(1996), Edwards(1997)
상호작용과 인지	Lakoff & Johnson(1980/2003)
비판적 담화 분석	Fowler, Kress, Hodge & Trew(1979), Mey(1985), Fairclough(1989, 1992, 1993, 1995, 2003), Wodak(**1989**), van Dijk(1993, 2007, 201), Wodak & van Dijk(**2000**), Wodak & Meyer(**2001/2009**), Toolan(**2002**), Widdoson(2004), Leeuwen(2005)

〈그림 2〉 담화에 대한 학제적 연구: 통합과 융합(van Dijk ed., 2007 참고)

〈그림 2〉만을 보면 1980년대 이후 담화에 대한 학제적 연구 분위기가 앞 시대에 비해 식었다고 할 수 있겠지만, 그 안을 들여다보면 오히려 좀 더 깊고 넓게 담화의 본질에 접근하고 있음을 알 수 있다.

예를 들면 담화심리학에서는 개인의 인지적 측면이나 실험실에 갇혀 있던 실험 연구에서 벗어나 사회구성주의의 흐름과도 관련을 맺게 되었다. 담화 연구와 인지 연구도 좀 더 거리가 가까워졌는데, 담화 연구에서 행위나 상호작용이라는 개념이 계획, 목표, 목적, 조정과 점검 등등의 인지적 개념과 결합되었다(van Dijk ed., 2007). 그렇게 함으로써 담화 산출과 이해에 대해 자세하게 밝혀진 정신 전략(그리고 신경학적 토대)에 대한 통찰은 상호작용을 통한 진행과 상호작용을 위한 전략들을 이미 밝혀진 것들과 연결할 수 있도록 해주었다.

담화심리학은 사회심리학의 얼개 안에서 담화를 끌어들인 통합 학문이라는 성격을 지닌다. 포터와 웨더렐(Potter & Wetherell, 1987)은 언어학과 철학, 인류학, 기호학에 바탕을 두고 담화 분석에 대한 관점과 태도의 연구에서 그 유용성을 훑어보고 있다. 사회심리학의 중심 개념, 즉 설명이나 규칙, 자아, 범주와 사회적 표상(이 개념은 담화에서 사람들이 구성하는 담화의 목표임)에 대한 논의뿐만 아니라 신문기사, 과학자의 학회 발표자료, 일상적인 대화, 인종 차별에 대한 일상적인 대화를 폭넓게 다루고 있다는 점에서 이전 시대와 다르게 분석 대상의 폭을 넓혔다는 의의가 있다. 이는 비판적 담화 분석에서 연구의 대상으로 삼고 있는 자료의 범주에 대한 외연을 보여준다. 비판적 담화 분석에서와 마찬가지로 이들의 연구에서도 언어의 변이형태, 즉 실제 언어 사용 방식과 모습에 관심을 보여주는데, 앞 시대의 연구 방법이나 대상에서 이와 같은 차이는 언어 사용에 대한 기술 모형과 이들이 선호하는 구성주의적 모형을 구별하고자 하는 입장에서도 드러난다. 페어클럽(Fairclough, 1992; 김지홍 뒤침, 2017: 59~62)에서는 담화에 대한 비판의식이 조금 모자란 방법론의 사례로 이들의 방법을 들면서 이들의 방법이 담화에 대한 사회적인 방향에서 충분히 여물지 않은 채로 남아 있음을 비판하고 있다.

빌리그(Billig, 1987)는 인간의 모든 정신적 처리가 양자택일의 대안들 사이의 대화, 즉 논쟁에 묻혀 있다는 전제로부터 시작한다. 이에 대한 근거를 고대 수사학에서 발견하였다. 이를 바탕으로 현대의 설득을 위한 심리학에서 실험을 좋아하는 경향이 사회 심리적 지식에 대한 한계에 이르렀기 때문이라고 지적하였다. 이를테면 태도와 같은 개념도 논쟁의 맥락에서 자리매김되어야 한다고 주장한다(p. 38). 이와 같은 빌리그의 지적은 비판적 담화 분석에서도 유효하리라 생각한다. 퀸틸리아누스(Quintilianus, 35~97)의 연설이나 혹은 탈무드와 같은 고전적인 자료에서 논쟁적인 거리를 찾을 필요는 없지만, 다양한 형태의 논쟁적인 담화를 분석함으로써 비판적 담화 분석의 목적에 이를 수 있다고 생각한다. 빌리그 외(Billig et al., 1988)는 제목과 부제에서 암시하듯이 이념적인 진퇴양난을 보여주는 일상적인 생각들을 교육과 의료, 인종과 성차별이라는 맥락에서 사람들이 주고받는 말을 통해 분석하였다. 비판적 담화 분석에서도 중요한 논제인 평등과 권위, 자유와 의무, 개인주의와 집단주의와 같이 대립하면서 다투고 있는 문제들을 다루고 있다는 점에서 의의가 있다.

포터(Potter, 1996)는 구성주의적 논의에서 구성되는 것이 무엇이며, 어떻게 구성되는지 그리고 구성주의가 무엇인가에 대한 핵심적인 문제를 다루고 있다. 담화심리학이 일반적으로 그렇듯이 이 책에서도 여러 학문, 즉 과학 지식의 사회학, 대화 분석, 소집단 관찰 기록법 등 다양한 학문을 바탕으로 하며 후기 구조주의, 후기 모더니즘 등의 다양한 철학적 기반을 가진 연구이다. 또한 초자연적인 현상에 대한 설명, 신문, 프로그램 제작자들 사이의 비격식적인 대화나 일상적인 대화, 정치적인 논쟁 등을 근거 자료로 활용하고 있다는 점도 특징이라고 할 수 있다.

에드워즈(Edwards, 1997)는 담화에 기반을 두고 언어와 인지를 다루고 있다. 마음과 세계의 관계가 담화를 통해 어떻게 구성되는지 살피기 위해 나날의 대화와 자연과학적 담화를 이용하였으며(2장~3장), 사회적 행위로서 일상의 대화가 어떻게 이루어지는가를 살피기 위해 담화 분석을 하기도 한다(4장). 5장에서는 담화에서 실제로 관리되는 공유 지식(shared knowledge)이 무엇인지 광고 문구(copy)와 같은 구체적인 자료를 통해 논의하였으며, 6장에서는 정해진 관례를 따르는 사례들과 예외적인 사례들이 대화에서 어떻게 작동하고 인성이나 행위 주체의 마음 상태에 대한 추론을 위한 토대로 어떻게 사용되는지 살피고 있다. 7장에서는 인지주의와 달리 담화적 접근을 통해 감정이라는 개념을 살핀다. 8장과 9장은 언어 표현의 범주에 대한 인지적, 담화적 토대를 논의한다. 이런 논의를 통해 담화는 경험을 언어로 표현하고 마음들 사이에 메시지를 전송하는 것이라는 점을 강조하였다. 10장에서는 이야기 전달에 접근하는 세 가지 방식을 제시한다. 세계나 마음에 초점을 맞추기는 접근보다는 행위의 수행이라는 접근법이 이들을 아우를 수 있는 담화적 접근법을 옹호한다. 11장에서는 담화 분석이나 과학적 지식의 지위에 대한 논의, 소집단 관찰법과 같은 방법들을 통해 언어 사용 주체로서 인간의 경계를 언어와 사고뿐만 아니라 인권, 민족, 성차 등과 관련하여 언급한다.

인지의 문제는 1980년대 인지 과학의 발전과 함께 언어 특히 언어 사용과 담화와 관련하여 연구되기 시작하였다. 말하자면 인지는 언어학 본래의 관심사는 아니었던 것이다. 언어를 통한 상호작용, 즉 담화의 영역에 대해서도 인지와 관련된 문제는 인지 과학에서 먼저 이뤄졌다. 이를 대표하는 논의가 레이코프와 존슨(Lakoff & Johnson,

1980/2003)인데, 이 연구는 (비판적) 담화 분석에 응용할 수 있는 토대를 제공하였다는 점에서 의의가 있다. 저자들은 "은유가 셀 수 없이 많은 주제들에 대한 이해를 할 수 있도록 물리적이고 사회적인 경험에 대해 우리가 알고 있는 것을 이용하게 해주는 마음의 기본적인 기제라고 설명한다. 왜냐하면 은유는 우리가 경험하는 것들에 대한 기본적인 이해를 구성하고, 지각하지 않더라도 은유가 인식과 행위를 형상화하기 때문이다."(Lakoff & Johnson, 2003년 두 번째 판, 후기) 이들의 연구는 이 책에서 뒤(5장 6절)에서 언급하였듯이 레이코프가 제시한 프레임(frame: 틀)의 분석으로 이어진다. 이와 같은 분석의 틀이 넓어지는 실마리를 이미 이들의 연구(Lakoff & Johnson, 1980/2003)에서 발견할 수 있다.

밴 다익 엮음(van Dijk ed., 2007)의 머릿글에서 지적하고 있듯이 대화에서 이뤄지는 상호작용에 대한 연구와 인지 연구는 밀접한 관련이 있다. 즉 상호작용을 설명하기 위해 사용되는 대부분의 개념들, 즉 계획, 목적, 목표, 의도, 조정과 점검 등등뿐만 아니라 의미 연결이나 주제, 추론, 전제 등의 담화와 관련되는 개념들이 인지적 토대를 갖고 있기 때문이다. 따라서 앞으로 더욱더 상호작용에 대한 연구와 인지에 대한 연구가 손을 맞잡을 필요성이 더 커진다고 생각한다.

비판적 담화 분석은 미시적 차원의 상호작용을 다루는 차원에서 벗어나 거시적 차원의 문제를 담화 연구의 결과들과 연결하기 위해 (사회적) 상호작용, 성차별, 권력과 권력 남용의 문제, 사회 구조적인 불평등과 민족주의라는 측면에서 바라보기 시작하였다. 이는 부분적으로 사회학과 인문학에서 방법론의 변화와도 관련이 있다. 담화 분석을 통해 민족주의나 성별에 따른 차별과 불평등, 권력 남용의 문제가 제기되고, 이들이 끊임없이 남성 중심의 선민계층에 의해 확대 재생산된다는 점을 뚜렷하게 드러낼 수 있게 된 것이다. 그리고 담화 분석, 즉 덩잇말 분석뿐만 아니라 광고나 이미지 분석을 통해 이들이 조작되는 측면도 드러나기 시작하면서 담화 분석의 영역도 넓혀지게 되었다.

담화 분석에서 이와 같은 연구의 결과와 영역의 확대에 관해서는 앞서 언급하였던 담화심리학뿐만 아니라 인지, 사회 이론과의 통합의 필요성이 더욱 두드러지게 나타나게 되었다. 즉 인지적 접근과 상호작용에 바탕을 둔 접근법에 사회 이론의 개입이 더욱 필요하게 되었다(van Dijk ed., 2007). 말하자면 1960년대부터 여기저기 흩어져 있던 비판적 언어학의 흐름이 1980년대 후반에 이르러 비판적 담화 분석이라는 얼개를 통해 나타나기 시작하였다. 그 가운데 성평등주의자(feminist)의 언어 연구와 언어 분석이 두드러졌다. 특히 최근에 이르러서는 교육 분야에 관련된 여러 이론들이 교육정책에 대한 논의뿐만 아니라 교육과정에 대한 논의에서 교재, 교실수업에서 상호작용에 이르기까지 담화 분석이 확장되었고, 대중매체와 정기 혹은 부정기적인 대중잡지에 대한 담화 분석이 본격화되었다.

파울러, 크레스, 호지와 트류(Fowler, Hodge, Kress & Trew, 1979)는 사회적 실천 관례와 정치적 실천 관례에서 언어가 작용하는 방식에 대한 세 가지 문제를 다룬다. 첫째로 특정의 관점으로 이끄는 언어 사용의 측면을 다룬다. 이와 같은 언어 사용의 측면은 실제로 우리가 접하는 여러 정치적인 상황이나, 취업 등에서 맞닥뜨리는 구체적인 사건과 관련이 된다. 두 번째로 사회·경제적인 요인과 떼려야 뗄 수 없는 담화 유형이 있으며, 이는 담화의 변이와 관련이 있다. 담화 유형의 변이는 사회·경제적 계층이나 매체 등에 따라 다양할 수밖에 없다. 세 번째 문제는 사회에 미치는 영향에 관련된 문제이다. 기본적으로 언어는 기존의 사회 구조를 강화하고 재확인하는 역할을 한다. 언어가 이념을 명시적으로든 암시적으로든 붙들고 전파하기 때문이다. 이후에 이어지는 파울러의 논의에서는 문학 작품으로 외연을 넓혔으며, 이른 시기에 시작되었지만 오늘날의 비판적 담화 분석에서 목표가 그러한 것처럼 "체계적인 문법적인 장치들이 어떻게 사회적 계층 구조를 확립하고, 조정하며, 당연시하는지"(Wodak & Mayer, 2001: 6)를 논증하고자 하였다.

메이(Mey, 1985)는 언어와 사회, 언어와 경제의 문제를 다룬 논의로 비교적 이른 시기에 비판적 담화 분석이 이뤄지고 발전되는 모습을 읽어낼 수 있는 논의로서 의의가 있다. 화용론이란 부제가 붙기는 했지만, 언어 사용을 사회 경제적 구조의 문제, 언어 사용에서 지배 구조 등과 연관지어 논의하였기 때문에 비판적 담화 분석과 관련이 있는 연구라고 할 수 있다. 특히 성차별주의나 식민주의에 관련된 문제, 입국이민자의 문제 등을 언어와 관련하여 논의하고 있다는 점이 주목할 만하다. 그리고 이후에 나오는 여러 비판적 담화 분석에서 제기하는 문제 이를테면 언어학을 사회를 변화시키는 데 활용할 수 있을까, 사회언어학을 포함한 다른 전통적인 언어학의 운명은 어떻게 될 것인가와 같은 근본적인 물음들을 제기하고 답변을 마련하고자 노력하고 있다는 점도 염두에 둘 만하다.

페어클럽(Fairclough, 1989/2001; 김지홍 뒤침, 2011)은 초판(1989)이 나온 뒤 10년쯤 뒤에 나온 개정판이다. 개정판 서문에서 저자가 밝히고 있듯이 10장을 새로 썼고, 1~9장은 앞의 책과 실질적으로 같은 내용이다. 이 책은 현대사회에서 권력 관계를 유지하고 바꾸는데, 언어가 어떤 노릇을 하고 있는지 밝힌 책이다. 즉 언어와 권력, 이념 사이의 숨겨진 연결고리를 분석하고자 하였다. 그가 강조하고자 하는 바는 크게 두 가지인데, 하나는 비판적 담화 분석과 같은 사회적 실천을 위한 논의에서 언어의 중요성을 붙들지 못하고 있기 때문에 이를 바로잡으려고 하며, 다른 하나는 이런 연구들을 통하여 어떤 사람들이 다른 사람들을 지배하도록 언어가 어떻게 이바지하는지 자각을 크게 일깨워주려는 것이다. 그런 면에서 비판적 담화 교육은 민주시민교육의 하나로 교육현장에서 강조되어야 한다는 속뜻을 읽어낼 수 있다.

이 책의 뒤를 이어 페어클럽(Fairclough, 1992; 김지홍 뒤침, 2017)이 출간되었다. 그렇기 때문에 페어클럽은 페어클럽(Fairclough, 1989; 김지홍 뒤침, 2011)의 논의를 좀 더 구체적으로 발전시켜 나간 논의라고 할 수 있다. 특히 뒤에 이어지는 책에서도 그러하듯이, 비판적 담화 분석의 방법을 구체적으로 제시하려고 많은 공을 들였는데, 이런 점이 8장에서 눈에 띈다. 1장에서는 기존의 담화 분석 혹은 대화 분석을 저자의 입장에서 비판적으로 수용하면서 이론적 전제를 제시하고 특히 2장에서는 푸코의 여러 저작물을 대상으로 비판하면서 저자의 입지를 두텁게 한다. 3장은 저자의 일련의 저작에서 나타나는 이론적 전제를 제시하고 4장~7장에서는 담화 분석의 구체적인 사례를 제시하였다. 8장에서는 3장에서 7장에 이르기까지 논의한 내용들을 근거로 삼아 자료·분석·결과 검토의 측면에서 담화 분석을 실행하는 목표와 방법들을 제시하고 있다. 대체로 분석의 차례는 거시 층위에서 담화 실천 방식들에 대한 분석으로 시작하여 미시적 층위들에 대한 분석을 거쳐 담화가 실천되는 방식에 대한 분석으로 이어진다.

페어클럽(Fairclough, 1995; 이원표 옮김, 2004)은 그의 다른 책들에 비해 비교적 이른 시기에 우리나라에 소개되었다. 페어클럽의 책 가운데 가장 먼저 우리말로 뒤친 책이라고 할 수 있다. 페어클럽의 다른 책들과 달리 이 책은 대중매체에 대한 비판적 담화 분석에 초점을 맞추고 있다. 비판적 담화 분석을 위해 바탕에 깔고 있는 전체적인 전제나 대중매체를 포함한 덩잇말에 대한 접근이나 분석 방법은 비슷하지만 특정의 경로(channel)를 따르는 매체에 초점을 맞추고 있다는 점에서 다른 책들과 구분된다. 이 책이 우리나라에 소개되는 시점을 앞뒤로 대중매체에 대한 분석이 활발하게 이뤄지고 있었지만 비판적 담화 분석이라는 큰 틀 안에서 본격적이고 구체적인 분석의 사례들을 보여주고 있다는 점에서 의의가 있다.

페어클럽(Fairclough, 2003; 김지홍 뒤침, 2012가)는 그의 저작들 가운데 마지막으로 우리나라에 소개되었다. 페어클럽(Fairclough, 1992; 김지홍 뒤침, 2017)보다 좀 더 구체적으로 비판적 담화 분석의 절차들을 소개하고 있다는 점에서 실제분석의 실행뿐만 아니라 국어교육 현장에서 실천에 많은 도움을 줄 수 있는 책이라 생각한다. 물론 국어교육 현장에서 적용할 때는 어느 정도 가리고 버리는 일을 잘 해야 할 것이다. 11장에서 그 책 전체를 통해 다루었던 문제들을 한 눈에 볼 수 있도록 모아놓았으며, 〈부록〉에서 그의 책을 처음 만나는 독자들에게 친절하게도 용어 풀이, 영향을 받은 학자들에 대한 소개도 덧붙여 놓았다. 비판적 담화 분석에서 텍스트(≒덩잇말) 분석을 위해 12개의 측면에 초점을 모을 수 있음을 볼 수 있다. 특히 서로 얽힌 텍스트 속성(3장), 가정(3장), 사회적 사건에 대한 표상(8장), 정체성 모습(9장), 양태와 평가(10장)의 문제들은 국어교육에서도 실천해 볼 수 있는 중요한 요소들이라고 생각한다. 이 책에서 아쉬운 점은 본문의 여기저기에서 시각 자료를 제시하고 실제로 본문 속에서도 언급하고 있지만 페어클럽은 여기에 대한 주의를 많이 기울이지는 않은 듯하다. 페어클럽이 이 책을 쓸 당시보다 훨씬 다매체의 경향이 짙어지고 있으므로 여기에는 별도의 관심이 필요하리라 생각한다.

위댁(Wodak ed., 1989)은 비판적 담화 분석에 관련되는 여러 주제들의 논문을 엮은 책이다. 이 책에서 저자들은 매체나, 신문, 교재, 작은 책, 이야기 쇼 등에 대해 여러 학문의 관점에서 이념이라는 개념을 명시적으로 논의하였다. 그리고 복잡다단한 사회의 여러 현상들 이를테면 민족주의자나 성 평등주의자, 녹색 운동에서 나온 발언이나 연설을 분석 대상으로 삼아서 분석을 보여주고 있다는 점도 특징적이다. 이 책은 크게 세 부분으로 나누어 관련되는 주제를 다룬 논문들을 모았다. Ⅰ부는 언어와 전체주의, Ⅱ부는 정치가와 정치학에서의 언어, Ⅲ부는 기관과 통제이다. Ⅰ부의 논문들이 전체주의와 관련하여 이탈리아나 독일의 전체주의나 파시즘을 주로 다루고 있다면 Ⅱ부에서는 1970년대와 1980년대에서 눈길을 끌었던 사회 운동 이를테면 녹색 운동이나 국회 연설과 같은 주로 입말 자료를 대상으로 삼아서 분석하는 논문들이 있다. Ⅲ부에서는 여성인권주의, 가부장제나 민족주의와 같이 특정의 입장을 겨냥하여 분석하고 있지만 신문과 같은 대중매체를 중심으로 거기에서 나타나는 이념의 재생산과 통제의 문제를 다루고 있다.

밴 다익(van Dijk, 1993)은 담화를 통해 수행되거나 합법화되는 기관이나 선민 집단이 주도하는 관계에 초점을 맞추어 비판적 담화 분석의 원리를 논의한다. 담화 분석에 관련되는 기본적인 질문을 제기하고, 그에 대한 답을 찾으려고 한다. '비판적 담화 분석이란 무엇인가, 비판적 담화 분석의 목표는 무엇이며, 특별한 방법 특히 이론적 토대는 무엇인가'와 관련된 문제와 좀 더 실천적인 문제로 '담화에 대한 비판적 분석은 어떻게 하는 것일까'와 관련된 문제를 다루었다. 저자는 주도권(dominance)에 대한 도전과 주도권의 (재)창출에서 담화의 역할에 초점을 맞추어 이 문제들을 살펴보았다. 주도권의 문제는 정치적, 문화적, 인종적, 민족적, 성별 불평등의 토대이고 여기에 담화와 권력은 명시적이든 암시적 관여한다고 전제하기 때문이다. 저자가 이 논의를 통해서 뚜렷이 드러내고자 하는 바는 담화와 사회를 관련짓기 위해 그리고 담화와 주도권, 불평등의 문제를 관련짓기 위해 사회 주체들의 마음에서 갖추어지는 사회적 표상의 역할을 자세하게 검토해 볼 필요가 있다는 것이다(p. 251).

밴 다익(van Dijk ed., 2007)은 모두 다섯 권으로 되어 있는데, 79마리의 논문이 실려 있다. 엮은이가 담화 분석의 과거와 현재, 앞으로의 전망에 대한 머릿글을 썼다. 머릿글 그 자체로 충분히 읽을거리가 될 뿐만 아니라, 담화 분석에 관련된 중요한 논의들을 싣고 있다. 다만 아쉬운 점은 79마리의 논문들이 어떤 기준에 따라 선택되었으며, 어떤 기준에 따라 5권의 책으로 나뉘었는지 밝히지 않았다는 점이다. 이 책에서도 비판적 담화 분석과 관련이 있으리라 생각하는 논문들을 필자의 자의적인 판단에 따라 논문들을 골랐다. 먼저 그와 관련되는 논문 목록과 출처를 제시하기로 한다.

2) 밴 다익 엮음(van Dijk ed., 2007)에서 비판적 담화 분석 관련 논문 목록

(가) de Beaugrande, R. (1999), 담화 연구와 '자유주의' 이념, *Discourse Studies* 1(3), pp. 259~295.

(나) Bhatia, V. K. (1997), 권력과 갈래의 정치학, *World English* 16(3), pp. 359~371.

(다) Blommaert, J. (2001), 이야기 전달에서 불평등 탐구, *Discourse & Society* 12(4), pp. 413~449.

(라) Bolívar, A. (2005), 베네수엘라의 정치 상호작용에서 대화와 맞섬, *AILA Review* 18, pp. 3~17.

(마) Fairclough, N. (2000), 담화와 사회 이론, 사회 연구, *Journal of Sociolinguistics* 4(2), pp. 163~195.

(마) Graham, P. (2001), 공간, *Discourse & Society* 12(6), pp. 761~788.

(바) Cameron, D. (2005), 상대성과 그에 대한 불만, *Intercultural Pragmatics* 2(3), pp. 321~334.

(사) Holmes, J. (2000), 공손성과 권력, 도발, *Discourse Studies* 2(2), pp. 159~185.

(아) Jäger, S. (1995), 정치 담화: 독일에서 좌익과 우익의 언어, In Stevenson, P. (1995) (ed.), *The German Language and the Real World: Sociolinguistic, cultural, and Pragmatic Perspectives on Contemporary German*, pp. 231~255.

(자) Johnstone, B. (1995), 사회언어학적 자원과 텍사스 여성들의 개인적 정체성, 공적인 발화 스타일, *Journal of Linguistics Anthropology* 5(2), pp. 183~202.

(차) Kress, G. (1993), 독단에 맞섬, *Discourse & Society* 4(2), pp. 169~191.

(카) Lazar, M.(2000), 성별, 담화와 기호학, *Discourse & Society* 11(3), pp. 373~400.

(타) Phillips, S. (2004), 담화에서 이념적 다양성 구성, *American Ethnologist* 31(2), pp. 231~250.

(파) Tannen, D. (1994), 언어 전략의 상대성, *Gender and Discourse*, pp. 19~52.

(하) van Dijk (1992), 담화와 민족주의 부정, *Discourse & Society* 3(1), pp. 87~118.

(거) van Leeuwen, T. (1996), 사회적 행위의 표상, in Carmen Rosa Coulthard and Malcolm Coulthard (eds.), *Text and Practices-Reading in Critical Discourse Analysis*, pp. 32~70.

필자의 판단에 따라 특별히 눈길을 줄 만한 논문 몇 편을 거시구조와 거시명제(≒주제)를 중심으로 살펴보기로 한다. 첫 번째로 살펴볼 논문은 보그란데(de Beaugrande, 1999)의 논문인데, 1권(pp. 21~58)에 실려 있다. 이념과 관련된 페어클럽을 포함한 주류를 이루고 있는 비판적 담화 분석가들의 견해와 위도슨의 견해를 비교하고, 말뭉치에서 자유주의가 어떻게 쓰이고 있는지 살핀 논문이다. 페어클럽과 위도슨이 서로 맞서는 견해는 덩잇말에 대한 분석, 즉 담화 분석을 언어 체계 안에서 이뤄져야 하는지, 아니면 다른 정치나 사회·문화적인 맥락도 고려해야 하는지 여부에 있다고 볼 수 있다. 보그란데의 입장은 후자, 즉 비판적 담화 분석의 주류를 이루는 분석가들이 더 정당하다는 쪽에 서 있다고 본다. 이를 뒷받침하기 위해 영국과 미국, 남아프리카의 매체에서 자유주의의 쓰임을 살피고 있다(말뭉치 언어학적 접근). 이와 같은 접근을 위도슨과 페어클럽의 오래된 맞섬을 해결할 수 있는 방안으로 보고 있다. 아마도 미시적 접근법 혹은 텍스트 요소 중심의 접근법(내재적 방법)으로서 말뭉치에 대한 분석과 이를 해석하기 위한 거시적 접근법 혹은 사회학이나 정치학을 이용한 접근법(외재적 방법)을 활용함으로써 위도슨과 페어클럽의 요구를 충족시킬 수 있을 것으로 본 듯하다.

2)의 (다)에서 제시한 블롬마에트(Blommaert, 2001)의 논문은 벨기에에서 아프리카 출신의 망명자들의 담화를 분석한 논의이다. 망명

신청에 관련된 복잡한 담화 관례와 언어에 깔린 이념들이 있으며 이들이 참이거나 신뢰할 만한 가치로서 그리고 의미 연결과 일관성의 기준으로 사용되고 있음을 지적하였다. 실제 망명자들의 담화를 분석하면서 이런 요건에 비추어 볼 때 망명지원자들의 담화는 그것에 훨씬 미치지 못하는 소통 자원들을 지니고 있으며 이것이 이야기 전달에서 불평등한 제약으로 작용할 수 있음을 전제로 하고 실제 발화를 중심으로 이와 같은 전제를 살핀 논의이다. 실제 담화를 살펴본 결과 사회적으로 혹은 문화적으로 권력의 비대칭성은 없었다. 이에 대한 이유를 제시하는 것이 이 논의의 핵심이다. 그 이유를 두 가지로 제시하는데, 하나는 민주화이며 다른 하나는 널리 공유되고 있는 이념 때문이라고 지적하였다. 저자가 충분히 다루지는 못하였다고 지적하였듯이 익숙하지 못한 언어로 발화를 할 때 이용할 수 있는 자원 자체가 맥락이라는 점, 담화 구성과 사회-정치적 과정에 대한 자각을 놓치지 말아야 한다는 점이 중요하다.

워댁과 밴 다익(Wodak and van Dijk, 2000)은 민족주의와 관련된 담화를 분석한 논문들의 모음이다. 특히 밴 다익(pp. 33~49)은 신문 매체에서 사회 주도층이라고 할 수 있는 선민집단(elites)에 의해 어떻게 백인들에 의해 민족주의가 이념으로 작동하고 있는지 분석한 논문이다. 이와 같은 민족주의 이념은 이중적이고 편견과 같이 사회적으로 공유되는 표상에 의해 차별적인 사회적 관례로 자리잡고 있음을 지적하였다. 밴 다익이 지적한 민족주의의 특징은 자신의 대한 긍정적 표상과 다른 이(타자: other)에 대한 부정적 표상이라는 특징을 지니는데, 신문매체에서 신뢰도와 사실성을 끌어올리기 위해 숫자로 매긴 값과 통계 자료를 자주 사용한다고 지적하였다. 그리고 이와 같은 경향들을 이전의 민족주의, 즉 주로 폭력으로 나타나는 민족주의와 구별하기 위하여 새로운 민족주의(new racism)라는 이름을 붙였다. 밴 다익의 논의가 다른 비판적 담화 분석과 다른 점은 사회적 실천 관례로서 담화에 대한 분석뿐만 아니라 인지적 기반을 담화 분석에 끌어들인다는 것이다. 이는 밴 다익(van Dijk, 2014)에서도 일관되게 이런 관점을 유지하고 있는데, 사람들이 있는 지식과, 태도, 이념이나 규범, 가치 등이 담화에서 나타난다는 것이다.

한편 이 책에서 주로 비판적 담화 분석의 이론적 토대가 되는 페어클럽의 이론들은 페어클럽(Fairclough, 2001; 김지홍 뒤침, 2011: 43~44)에서 밝히고 있듯이, 세 가지 사회 이론에 기대고 있다. 하나는 이념에 대한 사회 이론, 다른 하나는 미셸 푸코(1926~1984)의 업적들이다. 이들은 현대 사회의 권력기제로서 이념의 생산과 재생산 확장에 대한 이론적인 논의의 근거를 제공하였다는 점에서 비판적 담화 분석에 이바지하였다. 마지막으로 위르겐 하버마스(1927~)의 업적으로 담화와 담화 혹은 담론과 담론 사이에서 이뤄지는 관계에 대한 안목을 제공해 주었으리라 생각한다. 이들 세 가지 사회 이론은 현대 사회에서 권력의 행사·유지·변화에 언어를 거멀못으로 하고 있다. 미셸 푸코(1926~1984. Foucault, 1971; 이정우 옮김, 2012)나 하버마스(1929~ . Habermas, J., 1973; 임재진 옮김, 1983) 등의 연구들이 이와 관련된 영역에서 언어적 토대를 깔아주었음에도 불구하고 좀 더 명시적으로 권력과 관련한 토대를 마련하고자 하는 의지를 페어클럽의 일련의 저작에서 읽을 수 있다. 이를테면 푸코와는 달리 좀 더 분명하게 권력의 기제를 붙들어내고 이를 주도적인 자본주의 계층의 언어 사용을 분석함으로써 밝혀내고자 하였다. 페어클럽이 이념, 국가, 제도 등에 언어를 통해 접근하는 방법은 권력의 기능에 초점을 맞추고 있고 이 권력이 사회의 구조와 제도에 미치는 영향을 밝히려

한 반면 푸코는 역사와 지식을 대상으로 권력의 작용을 다루었다는 점에서 구별된다(정희모, 2017: 165~166). 이 책에서는 지식과 권력의 문제를 밴 다익(van Dijk, 2014)의 논의에 기대어 부분적으로 살피고자 한다(5장 4절 '라'항 참고).

워댁과 메이어 엮음(Wodak & Meyer eds., 2001/2009)은 『비판적 담화 분석 방법들(*Methods of Critical Discourse Methods*)』은 질적 조사 연구 방법을 안내하는 연속 기획물(series)의 일부로 출간되었다(두 번째 판이 2009년도에 출간됨). 이 책에서 워댁은 비판적 담화 분석의 흐름과 중요한 개념들, 발전 방향들을 개괄적으로 소개하고 비판적 담화 분석의 기본적인 문젯거리를 제시하고 있다. 메이어는 비판적 담화 분석 방법을 정치 분야를 중심으로 자리매김하고 있다. 메이어의 논문은 주로 비판적 담화 분석 방법을 질적인 조사 연구 방법으로 소개하는 데 초점을 맞추고 있다. 질적 조사 연구 방법으로서 해석에 주로 초점을 맞추고 있는데, 이론 수립을 위한 질적 연구 방법(Grounded theory)에서 강조하고 있듯이(허선익, 2019 참고), 비판적 담화 분석의 방법으로서 이론과 자료, 해석에서의 순환적 과정을 강조하고 있다. 예가(S. Jäger)는 담화에서 지식의 문제를 다루고 있으며, 워댁은 역사적인 방법의 적용을 통해 비판적 담화 분석의 타당성을 점검하고 있다. 밴 다익(van Dijk)은 비판적 담화 분석이 학제적 성격을 띨 수밖에 없음을 논의하면서 사회 인지적 측면을 부각시켰다. 이를 위해 담화와 인지, 사회 사이의 관계에 초점을 맞추었다. 페어클럽은 사회학의 조사 연구 방법으로서 비판적 담화 분석의 의미와 가치에 의의를 부여하고 있다. 스콜른(Scollon)은 사회적 행위로서 텍스트에 대한 통합적 이해를 위해 미시사회학의 관점에서 이론적 기반을 제시하고 있다. 스콜른의 방법은 밴 다익의 사회 인지적 접근 방법뿐만 아니라 이 책에 실린 다른 연구자와 구별된다.

툴란(Toolan, 2002)이 엮은 『비판적 담화 분석(*Critical Discourse Analysis*)』에는 57마리의 논문이 실려 있다. 비판적 담화 분석의 범위를 넓게 잡고, 시간의 흐름에 따라서 이 분야의 연구를 조망할 수 있도록 엮은 책이다. 비판적 담화 분석의 배경을 제공하는 부르디외와 바흐찐의 논문들, 이론적 토대가 되는 핼리데이뿐만 아니라 오늘날 비판적 담화 분석을 이끌고 있는 페어클럽, 파울러, 밴 다익, 밴 리우벤, 워댁의 논의들까지 포함하고 있다. 페어클럽의 논문들이 많은 점은 한쪽으로 치우친 감이 없지 않지만 그가 이 분야에서 이룬 이론적 업적에 따른 것이라는 점에서 어느 정도 이해가 된다. 이 책에서 필자가 이들 논의들을 알뜰히 읽고 이론적 얼개뿐만 아니라 비판적 담화 분석의 실천을 구체적으로 제시하지 못한 점은 아쉬움으로 남는다. 이 책을 출발로 하여 좀 더 정치한 논의를 위한 얼개로 삼아 좀 더 깊이 있는 논의를 해볼 기회를 마련하였으면 하는 바람을 챙겨본다.

위도슨(Widdowson, 2004; 김지홍 뒤침, 2018)의 뒤친이 해제에서 내용을 잘 정리해 놓았듯이 저자의 두 가지 목적, 즉 담화 분석에 필요한 이론적 기반을 다지는 일과 저자와 다르게 비판적 담화 분석에 접근하는 학자들의 입장과 방법을 비판하고자 하는 데 충실한 저작이다. 그는 해석을 텍스트·상황 맥락·숨겨진 의도 사이에 있는 관련성의 함수로 보았고, 이들 함수가 작동하는 방식을 탐구할 필요가 있다고 지적한다. 문제는 이와 같은 지적이 타당하다고 할지라도 기존의 비판적 담화 분석가들에 대한 비판으로부터 실현될 수 없으며, 더구나 언어 혹은 텍스트에 대한 내적인 분석만을 통해 온전한 해석이나 분석이 이뤄질 수 없다는 데 있다. 위도슨이 제안한 탐구 방법은 한편으로는 비판적 담화 분석의 실제적인 절차를 충실히 따르면서 구체화할 필요가 있다. 다른 한편으로 담화(≒덩잇말)가 존재하는 사회 구조적인 층위와도 관련지으려는 관점과 방법도 필요가 있다. 결국 언어는 그 자체로 존재하는 것이 아니라 세계 지식과 관련을 맺고 있기 때문이다. 아울러 어떤 텍스트도 같은 의도를 지니고 있는 텍스트가 없다는 점도 염두에 둘 필요가 있다. 이와 관련하여 페어클럽의 여러 저작들을 참고할 필요가 있으리라 생각한다.

밴 리우벤(van Leeuwen, 2005)은 언어에 대한 비판적 담화 분석이 그러하듯이 기호에 대한 비판적 분석을 하고자 한다(p. 3). 기호의 내적인 체계나 법칙들에 대한 기술보다는 사회적인 실천 관례와 기관이라는 맥락, 조정 등에 초점을 맞추었을 뿐만 아니라 사회 변화와 매체 변화에서 기호들이 어떻게 활용되고 새로운 의미를 지니게 되는가를 살피고자 한다는 점에서 그러하다. 비판적 담화 분석에서도 잠재태(≒잠재적 의미)와 구현된 의미를 구분하듯이 일차적으로 사회 기호학에서는 매체에서 시각적 장치들의 잠재적 의미를 분석하는 데에 관심을 기울인다. 그의 주된 관심사 가운데 하나는 영화와 텔레비전 프로그램과 시각을 통한 소통(이를테면 옷차림이나 집의 꾸밈), 음악에 대한 기호학이었다.

여러 연구 업적들 가운데 비판적 담화 분석은 좀 더 직접적으로 핼리데이(Halliday, 1988; Halliday, 2004)의 체계 기능 문법(SFG: Systemic Functional Grammar)과 관련성이 높다(비판적 담화 분석의 입장에서 이를 적극 수용하여 적용하고 있는 모범 사례는 페어클럽(Fairclough, 1992; 김지홍 뒤침, 2017: 3장)을 참고하기 바람). 이는 앞에서 언급한 것처럼 페어클럽의 일련의 저작들에서 직접적으로 언급하고 있는 사항이기도 하다. 핼리데이는 언어를 상호 연관된 선택의 내용묶음(interrelated sets of options)으로 자리매김하고 문법도 인간의 경험과 상호 작용하고 있는 인간들 사이의 다층적인 성격을 반영하는 구조로 이해한다. 기능주의적 관점에서 볼 때 기능은 두 가지 측면을 지니고 있다. 하나는 언어 단위체에서 각각의 구성 성분들이 이바지하고 있는 기능을 가리킨다. 다른 하나는 사회적 기능인데, 언어의 무제한에 가까운 기능을 개념적 기능, 대인적 기능, 텍스트적 기능으로 일반화하였다. 여기서 개념적 기능은 담화 산출 주체, 즉 화자와 필자가 실제 세계 현상에 대한 자신의 경험을 언어로 구현하는 기능이며, 대인적 기능은 화자 자신의 논평이나 태도, 화자와 청자와의 관계를 표현하는 기능이고, 텍스트적 기능은 지식이나 정보가 배열되고 조직되며, 제시되는 방법과 관련된 기능이다. 한편 이와 같은 접근 방법에 대해서는, 위도슨(Widdowson, 2004; 김지홍 뒤침, 2018: 2장)에 의해, 페어클럽의 비판적 담화 분석을 비판하는 맥락에서 반박되고 있다. 즉 핼리데이의 체계 기능 문법을 비판함으로써 그것을 토대로 하고 있는 페어클럽의 논의의 부당성을 반박하고 있다.

한편 이와 같은 핼리데이의 체계 기능 문법은 비판적 담화 분석과 공통의 목적을 지니고 있는 사회기호학(social semiotics)에도 영향을 미쳤다(van Leeuwen, 2005: 77).

3. 나라 안의 담화 분석 연구 흐름

국내에서 담화 분석 연구는 2000년을 기점으로 시작되었다고 할 수 있다. 김병건(2017)에서는 2000년부터 2016년까지 언어학 관련 학술지 논문을 중심으로 연구 경향을 살피고 있다. 담화 분석에 대하여 국내외의 연구를 검토한 뒤 "사회적 맥락에서 사회적 활동으로서의 언어사용에 대한 분석으로 그 속에 담긴 현실 인식이나 추구하는 가치를 밝히는 연구"(김병건, 2017: 35)로 뜻매김하고, 텍스트 분석이나 대화 분석, 화용론과 구별하였다. 누리그물 검색(RISS)을 통해 90편의 논문을 담화 분석에 관련되는 논문으로 간주하고 이들을 '연구 자료, 연구 방법, 연구 주제'로 분류하여 연구 성과를 살피고 있다. 여기서는 2017년~2018년까지 학술지에 발표된 논문을 김병건(2017)에서 제시한 분류체계에 따라 분류하였다. 다음 〈표 1〉은 김병건(2017)에서 연구 업적들을 분류 제시하였다. 아울러 최근 2년(2017~2018년) 동안의 연구들을 살피기 위해 2018년 11월 14에 RISS(학술연구정보서비스)에서 '담화'를 열쇳말로 검색한 후 분류한 결과를 덧붙였다.

먼저 김병건(2017)의 분류 기준에 대하여 언급하고, 2016년 이전의 연구와 최근 2년 동안의 연구에서 두드러지게 차이가 드러나는 부분이 무엇인지 살펴보기로 한다. 그 다음에 2018년까지의 연구 업적들을 살피면서 이런 경향이 전체적으로 담화 분석 연구에서 지니는 속뜻이 무엇인지 살펴보기로 한다.

〈표 1〉 나라 안의 담화 분석 연구 현황

1차 분류	2차 분류	2000년~2016년	2017년~2018년	합계
연구 자료	기존 연구	5	2	7
	광고	9	2	11
	방송 프로그램	10	5	15
	신문	49	11	60
	정치담화	12	8	20
	기타 텍스트	6	10	16

1차 분류	2차 분류	2000년~2016년			2017년~2018년			합계		
연구 방법 (분석대상)	어휘	51	계량적 분석	22	16	계량적 분석	3	67	계량적 분석	25
			호칭/지칭	16		호칭/지칭	7		호칭/지칭	23
			효과	13		효과	6		효과	19
	문장/문법	19			4			23		
	텍스트 내용	26			9			35		
	텍스트 구조	13			6			19		
	텍스트 외적 요인	3			4			7		
	메타 연구				1			1		
연구 주제	담화 전략	19			8			27		
	이념	46			13			59		
	분석방법론 개발/제안	11			9			20		
	기타	14			8			22		

　〈표 1〉에서 제시한 분류 기준에 대해서 김병건(2017)의 논문에서 자세히 다루지 않았기 때문에 이를 정확하게 알 수는 없다. 연구 자료라고 분류한 기준이 연구의 대상이 되는 덩잇말(텍스트)의 형식이나 내용인지 아니면 담화의 주체인지 분명하지 않다. 이를테면 '정치담화'와 '방송프로그램'이 그와 같은 경우이다. 주로 내용보다는 형식이나 유형을 중심으로 2차 분류 항목을 설정하고 있는 듯하다. 연구 방법이라는 분류 항목은 담화 분석의 대상이 무엇인지를 밝히고 있으므로 여기서는 분석대상으로 간주하기로 한다.

　지금까지 분석한 연구를 바탕으로 앞으로의 비판적 담화 분석에 던지는 시사점을 간추려 보기로 한다. 먼저 김병건(2017)의 연구에서 받은 시사점을 지적한다면 연구 자료(1차 분류)에 대한 2차 분류는 좀 더 세분화할 필요가 있다. 이를테면 박선우(2017)의 연구와 같이 사회 연결망 서비스에 나타나는 담화 연구는 위의 표에서 '기타' 항목에 들어갈 수밖에 없다. 유튜브(Youtube)나 수업담화, 교재분석에 대한 연구도 마찬가지이다. 앞으로의 연구에서는 매체의 변화뿐만 아니라 담화의 실제적인 활용의 폭도 늘어나고 있다는 점을 적극적으로 고려하여 재분류할 필요가 있다. 실제로 〈표 1〉에서 알 수 있듯이 최근 2년 사이에 연구 자료 항목에서 '기타' 항목이 늘어난 것은 그만큼 연구 자료의 다변화가 일어난 것으로 해석할 수 있다. 또한 비록 최근에 나타나는 연구 경향으로 대상 논문의 수가 많지 않지만, 담화 분석에 대한 메타 연구가 분류될 항목이 존재하지 않으므로 이에 분류 항목을 마련해야 할 필요가 있다. 이 연구에서는 이런 점을 고려하여 이 항목을 설정하기로 하였다.

최근 2년 동안 '담화 분석'에 해당하는 연구 업적은 모두 38마리로 집계되었다. 앞서 잠깐 지적하였듯이 연구 자료에서 다변화가 일어나고 있다. 이는 다른 한편으로 담화 분석의 범위를 넓힐 필요가 있음을 함의한다. 그에 따라 여기서 이뤄지고 있는 메타 연구, 즉 담화 분석 연구에 대한 연구에서는 김병건(2017)에서와 같이 언어학과 관련되는 학술지뿐만 아니라, 다른 인문·사회 분야뿐만 아니라 자연과학이나 의료에 관련되는 학술지도 고려하여야 한다는 것을 의미한다.

다음으로 담화 분석 전반에 나타나는 흐름을 중심으로 앞으로 비판적 담화 분석이 나아가야 할 방향을 생각해 보기로 한다. 분석의 대상이 되는 2000~2016년까지 연구에서 어휘의 비중이 높았던 만큼 최근 2년 동안의 연구에서도 그와 같은 경향은 유지되고 있다. 다만 어휘에서 계량적 연구는 줄어들고 있으며, 호칭/지칭에 대한 연구가 불어나고 있다는 점은 특징적이다. 연구 주제의 측면에서 담화 분석이 담화를 통해 이념이나 가치의 지향을 탐색한다는 점에서 어느 정도 예상되는 바이듯이, 이념에 대한 분석이 절대 다수를 차지하고 있다. 그 다음으로 담화 전략에 대한 연구가 높은 비중을 차지하고 있다. 이런 경향 자체가 문제인 것은 아니라고 생각한다. 그러나 분석의 방법 등은 대부분 페어클럽이나, 밴 다익(van Dijk), 핼리데이(Halliday)에 기대고 있다는 점은 문제가 되리라 생각한다. 지나친 바람일 수 있으나, 우리나라 학자에 의해 우리말의 특성에 맞는 담화 분석 연구, 더 나아가서는 비판적 담화 분석이 더 많이 이뤄져야 한다고 생각한다.

김병건(2017)에서 지적하고 있듯이, 담화 분석 연구가 전체 언어 연구에서 차지하는 무게가 그리 무겁지 않다는 점은 여전히 문제일 수 있다. 이는 담화 분석 연구자의 분포가 넓지 않은 점과도 관련이 있겠지만, 담화 분석을 통해 언어에 대한 가치 지향적 탐구가 계속되어야 한다. 이때 중요한 점은 푸코나 그레마스, 하버마스의 철학적 담론에 기대지 않고 언어학 고유의 방법을 이용하려는 태도이다. 핼리데이(Halliday, 2004)의 지적대로 언어 이론에 기초하지 않은 담화 분석은 담화 분석이 아니라 '텍스트에 대한 중계방송일 뿐'(김병건, 2017: 51 재인용)이라는 지적을 곰씹어 볼 필요가 있다.

여기에 덧붙여 이념적인 성향이 양분되어 있고, 정치적·이념적 성향이 비교적 뚜렷하기 때문에 담화 분석이 필요 없다고 주장할 수도 있다는 점은 이 분야의 연구에 위협이 되고 있다. 그렇지만 사람살이에서 정작 필요한 것은 그 정체를 드러내지 않는다는 점에서 담화 분석 연구의 필요성이 있다고 생각한다. 덩잇말에 감춰진 이념과 여기에 작용하는 숨은 권력을 사회 구조적인 측면에서 드러내고 파헤치려는 노력도 필요하다.

우리말에서 다양하게 나타나는 어미는 서법을 결정할 뿐만 아니라 명제에 대한 서술 주체의 평가나 태도를 결정하는 데 중요한 요소로 작용한다. 그렇기 때문에 어휘와 같은 요소뿐만 아니라 여러 층위의 문법요소에 대한 분석을 통해서 이와 같은 언어사용의 측면을 좀더 입체적으로 다루어 나가는 방법도 필요하리라 생각한다. 이는 비판적 담화 분석에서 사회학이나 정치학의 개념들을 끌어들이는 일 못지않게 중요한 일이라 생각한다.

지금까지 담화 (분석) 연구는 주로 이해의 측면에서 어떻게 비판적으로 수용할 것인가에 초점을 맞추었다. 그리고 담화 분석 교육도 마찬가지이지만 담화 산출 교육에 대한 연구들이 많지 않았다. 이는 비판적 담화 분석이 덩잇말의 수용을 넘어서 창조에 이를 때 완성된다는 점을 고려하지 않은 결과라고 생각한다. 앞으로는 국어교육에서 힘을 쏟아야 할 부분이기도 하지만, 민주시민교육의 일부분으로 강조되어야 할 부분일 것이다. 담화의 생산 주체로서 어떻게 담화를 산출하도록 할 것인가 하는 점도 고려해야 할 중요한 분야라고 생각한다.

연구의 대상으로서 매체의 문제도 고려해 보아야 하리라 생각한다. 지금도 그렇지만 앞으로 매체는 훨씬 더 복잡하고 다차원적으로 이용될 가능성이 높다. 말 그대로 우리는 다매체(멀티미디어) 시대를 살고 있는 것이다. 비판적 담화 분석과 함께 이런 다매체라는 기호가 주는 의미도 분석할 필요가 있다. 컴퓨터를 이용한 소통이 그 중에서도 가장 두드러질 것인데, 컴퓨터 매체와 관련된 소통의 방법도 비판적인 접근이 필요할 것이다.

담화 분석 연구에 대한 유형화가 이뤄질 정도로 연구의 양이 많지는 않지만 메타 연구도 지속적으로 이뤄질 필요가 있다. 앞서 언급한 것처럼 메타 연구는 연구에 대한 연구이다. 따라서 담화 분석 연구에 대한 메타 연구는 지금까지의 담화 분석 연구에 대한 연구이다. 이를

위해서 분류 체계를 엄격하게 수립하는 논의도 필요할 뿐만 아니라
다루는 연구의 범위도 넓힐 필요가 있다.

제4장 비판적 담화 분석이란?

1. 넓게 보기

언어학에서 처음 '비판적'이란 말이 등장하게 된 배경은 연구 주체의 자기 성찰적 태도를 가리키는 말이었다. 이런 점은 툴란 엮음(Toolan ed., 2007)에서 잘 드러나 있다. 앞서 지적한 것처럼 그 책에서 비판적이란 말은 여러 갈래의 의미를 지니고 있다. 이런 점들은 워댁과 메이어 엮음(Wodak & Meyer eds., 2001: 9~10)에서 비판적이란 낱말이 여러 갈래의 의미를 지닐 수 있음을 볼 수 있다.

담화 분석에 비판적이란 수식어의 꾸밈을 받을 경우는 다른 의미를 지닌다. 이 용어에서 담화를 바라보는 중요한 특징은 비판적이란 말의 사용에 있다. 담화 분석은 담화 자체가 언어의 속성을 지닌다는 점에서 순수 언어학의 관심 대상이 될 수 있다. 이와 같은 속뜻이 하루아침에 자리 잡은 것은 아니지만 '비판적'이란 수식어의 꾸밈을 받는 순간 담화는 담화가 존재하는 사회적·정치적 존재로 바라보게 됨을 의미한다. 곧 언어와 권력, 이념 사이의 연결고리 그 중에서 속에 감춰진 연결모습을 드러내기 위한 목적으로 담화를 이용한다는 의미이다(Fairclough, 2001; 김지홍 뒤침, 2011: 28~29).

일차적으로 담화란 사회 속에 존재한다. 그런 점에서 담화는 사회적이다. 텍스트들의 연쇄로 묶인 담화는 개인적인 발화와 구별되는 측면이 강하다. 그가 존재하는 사회와 결코 떨어질 수 없지만 별도로 있는 것처럼 묘사되는 로빈슨 크루소의 경우, 자신의 발화행위는 발화되는 상황과 묶일 필요가 없다. 자신을 듣는 이로 설정하고 있기 때문에 청자에 대한 고려가 필요하지 않다. 심지어 그와 함께 지내는 프라이데이와 나누는 혼잣말과 같은 대화도 그런 점에서 그의 개인 발화에 속하므로 담화가 아니다. 그렇지만 이 소설이 발표되는 순간 다음과 같은 맥락을 통해서 담화가 된다. 작품의 의미는 적어도 다음과 같은 맥락에서 독자와 연결되어 해석되거나 설명되고 구성되기 때문이다.

1) 담화와 관련된 맥락(context)
(가) 언어적인 맥락: 통사결속(cohesion)과 의미 연결(coherence)
(나) 사회문화적인 맥락: 사회의 지배적인 이념과 관례
(다) 역사적인 맥락: 사회 변화
(라) 개인적인 맥락: 본디의 말투와 사회문화 정체성

비판적 담화 분석의 역사는 1940년대 초반으로까지 거슬러 올라가지만 지금 주목을 많이 받고 있는 학자들 가운데 페어클럽(Norman Fariclough, 1941~)을 들 수 있다. 그는 물론 언어학자이기도 하지만,

사회학의 연구방법론으로 담화 분석을 이용하고 있다는 점에서 그의 이론만이 비판적 담화 분석에 대한 이론의 전부라고 일반화하지 않아야 한다. 말하자면 담화에 대한 (한)국어교육적 접근은 1)에서 제시한 네 가지 맥락이나 차원을 골고루 고려하여야 한다는 점을 잊지 말아야 한다. 개인적인 맥락은 특히 창조적인 결합을 통한 확대·재생산의 문제와 관련하여 좀 더 관련하여 강조되어야 할 여지를 남겨두었다. 좀 더 구체적으로 언급한다면 (한)국어교육에서 힘을 주어 실천할 수 있는 가능성을 일깨워준다는 점에서도 강조될 필요가 있다.

앞에서 언급한 『로빈슨 크루소』의 경우에 1)에서 제시한 담화 맥락과 관련지어 설명할 수 있다. 먼저 사회문화적인 맥락에서 왕당파와 비국교도(청교도)의 대립으로 읽어낼 수 있다. 혹은 주인공의 독백에 눈길을 줄 때 왕당파를 옹호하거나 혹은 그 반대로 풍자적인 의미로도 읽을 수 있다. 역사적인 맥락에서 사회 변화의 측면과 관련지어 보면 로빈슨 크루소가 보여주는 일련의 행위는 18세기 후반부터 20세기 초반에 이르기까지 이어지는 식민주의로 이어진다. 원주민을 노예로 만들기, 식민지 영토 확보, 원주민 노동력 착취, 주인의 언어(영어)와 종교(기독교) 보급을 통한 패권의 행사 등이 그대로 나타나고 있다. 이는 오늘날의 관점에서 비판의 대상이 될 수 있다. 이 소설을 작가인 디포(Daniel Defoe, 1660~1731)의 생애 경험을 투영한 것으로 읽을 때 사회문화적 정체성에 초점을 맞출 수 있다(개인적 맥락). 다시 말해 주인공인 로빈슨 크루소와 작가인 디포를 동일시할 때, 주인공의 난파나 섬 생활에서 고립은 청교도인 작가의 삶을 비유하는 것으로 읽을 수도 있다.

담화와 관련된 논의에서 오랫동안 논란이 되어 왔던 거리는 담화 분석에서 언어 이론에 바탕을 둔 분석 및 사회 이론에 바탕을 둔 분석의 균형 혹은 조율점을 찾는 것이었다. 간단히 말하자면 1)에서 제시한 맥락의 요소들 가운데 (가)와 (나) 사이에 조율점을 찾는 것이었다. (다)는 페어클럽(Fairclough, 1992; 김지홍 뒤침, 2017)에서 특히 강조하고 있는 점이다. 즉 담화에서 변화가 사회문화적 변화와 맞물려 있다는 생각에 바탕을 두고, 사회문화적 변화를 언어의 변화를 통해서 파악하고 하였다. 필자는 여기에 맥락 가운데 하나를 더 추가하고자 한다. 그것이 (라)이다.

1)에서 제시한 담화와 관련된 복합적인 맥락을 고려할 때 (비판적) 담화 분석은 학제적인 성격을 띤다. 언어학과 다른 학문과의 관련성은 일찍이 사피어(Sapir, 1929)에서 지적되었다. 그는 인류학과 문화사, 사회학, 심리학, 철학, 물리학과 생리학과 관심사를 공유할 수 있다고 하였다. 이와 같은 점은 보그란데(de Beaugrande, 1980; 김태옥·이현호 옮김, 1990: 제10장)에서 인지 과학, 사회학, 인류학, 상담 심리학, 독해작문, 문학 연구, 비교언어학, 외국어 교육, 기호학, 컴퓨터 과학 등이 담화 연구와 관련이 있다는 지적에서도 뒷받침되고 있다. 페어클럽(Fairclough, 1992; 김지홍 뒤침, 2017: 13)에서도 비판적 담화 분석이 '담화 분석'뿐만 아니라 안토니오 그롬씨(이탈리아 사회주의자, 1891~1937), 루이 알튀세르(프랑스 맑스주의자, 1918~1990), 미셸 푸코 (1926~1984), 위르겐 하버마스(1929~), 앤쏘니 기든즈(영국의 사회학자, 1938~)의 업적을 통합하려 한다고 밝히고 있다. 예컨대 하버마스 (1973)는 권력 관계들의 합법화가 명시적으로 표현되지 않는 한에서 언어는 이념적이라고 보는 주장에서 이런 단초를 읽어낼 수 있다.

(나)는 비판적 담화 분석에서 강조하고 있는 맥락이다. 페어클럽 (Fairclough, 2001; 김지홍 뒤침, 2011: 67)에서는 사회적 맥락을 다음과

같이 서로 다른 층위로 구분하고 있다.

  2) 담화의 해석과 산출에 영향을 미치는 사회적 맥락의 층위(Fairclough,
     2001; 김지홍 뒤침, 2011)
     (가) 사회상황의 층위, 또는 담화가 발생하는 즉각적인 사회환경
     (나) 담화를 위하여 더 광범위한 기반을 구성하는 사회제도 층위
     (다) 하나의 전체로서 그 사회 구조의 층위

  페어클럽(Fairclough, 2001; 김지홍 뒤침, 2011)에서는 지적하지 않았
지만 (가) → (다)로 올수록 그 층위들이 포괄적이고 추상화된다.
이전의 담화에 대한 연구들이 주로 (가) 층위의 사회적 맥락을 염두
에 두고 비판을 하고 있지만, 비판적 담화 분석에서는 (나), (다)의
층위도 마땅히 고려되어야 한다고 강조하고 있다. 이는 사람들이
담화의 이해와 산출에 끌어들이는 기억 자원이 인지적인 속성뿐만
아니라 사회적 기원을 가진다고 보기 때문이다. 즉 텍스트의 산출과
해석 과정에서 형성된 기억 자원은 다시 텍스트가 산출되고 해석되
는 방식을 형성한다고 보았다. 이와 같은 점은 아래 그림에서 '상호
작용'이라는 용어가 담고 있는 의미이다. 위의 내용들을 다음과 같은
그림으로 나타낼 수 있을 것이다(Fairclough, 2001; 김지홍 뒤침, 2011:
67). 여기서 강조되고 있는 점은 비판적 담화 분석에서 산출이나 해
석의 과정에 사회적 조건을 고려한다는 것이다. 그렇기 때문에 사회
적 조건 아래에서 산출 과정을 거친 결과물로서 담화(텍스트)는 동시
에 사회적 조건 아래에서 해석되어야 한다고 간주한다. 그런 전제를
바탕으로 하여 비판적 담화 분석에서 사회적 조건은 텍스트(담화)의
산출과 해석에 관련되는 (변증법적) 상호작용이 이뤄지는 맥락으로

간주한다. 맥락이라는 용어는 텍스트와 상호작용의 과정, 사회적 조건이 어떤 관련성을 지니는가를 밝히고자 하는 비판적 담화 분석의 지향점을 염두에 둔 표현이라고 해석할 수 있다.

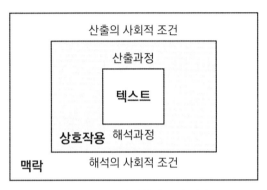

<그림 1> 비판적 담화 분석의 맥락

2. 깊게 보기

보그란데(de Beaugrande, 1999)에서는 이상적인 화자의 문법적 직관을 연구의 대상이자 주제로 삼고 있는 언어학주의(linguisticism)를 비판하면서 담화의 질서가 정적이고 추상적이지 않음을 지적하였다. 이는 언어 사용 전반에서 나타나는 언어의 특성이, 통사적 차원뿐만 아니라 어휘문법적인 측면에서도 덧없으며 이론 언어학에서 가정하는 것과 같은 가지런한 질서를 발견하기 쉽지 않음을 지적한 것이다. 도대체 그와 같이 가정된 담화 질서 자체가 가능하지 않다는 것은 말뭉치 언어학(corpus linguistic)에서 발견한 사실들에서 꾸준히 뒷받침되어 왔다. 그리고 이와 같은 말뭉치 언어학의 발전을 통해 언어사용과 문법에 대한 새로운 접근법의 필요성이 도드라지게 나타났다. 그런 접근법의 필요성이 도드라진 데에는 비판적 담화 분석과도 밀접한 관련이 있다. 다만 말뭉치 언어학에서 통계적 접근은 근본적으로 대화가 사용되는 상황에서 판단해야 할 문제라는 점을 놓칠 수 있기 때문에 통계적으로 나타난 값에 대한 해석에 주의를 기울여야 한다. 언어와 관련된 현상을 뒤틀어놓을 수 있기 때문이다.

19세기 이래 지속되어 왔던 관습적인 '언어학'의 형식주의적인 경향과 이상화의 경향을 피하고자 하는 말뭉치 언어학에서부터 시작하여 비판적 담화 분석에서는 '사회적 과정과 문제에 대한 언어학적이고 기호학적인 측면'에 대한 분석에 몰두함으로써(de Beaugrande, 1999), 새로운 분석의 길을 열었다. 비판적 담화 분석의 등장 이면에는 이 연구 방법의 이론적 전제로서 담화와 사회의 관계, 이념의 정체성이나 역할에 대한 관계 정립이 필요하게 되었다. 그리고 프랑스의 후기 모더니스트들이나 사회언어학의 방법, 체계 기능 언어학(Systematic Functional Linguistics)의 방법들이 기반을 이루거나 힘을 보태면서 비판적 담화 분석이 더욱더 발전하게 되었다. 방법론에 관한 내용은 5장 3절에서 좀 더 자세하게 살펴보기로 한다.

한편 비판적 담화 분석의 입장(Fairclough, 2003; 김지홍 뒤침, 2012가)에서의 설명을 따른다면 적어도 비판적 담화 분석 이전의 단계는 기술과 해석의 단계에 머물러 있다고 해석할 수 있다. 즉 언어적·비언어적 요소에 대한 형식적인 기술, 텍스트의 산출과 해석에 간여하는 상호작용과 같은 담화 실행에 대한 해석에 초점을 맞추었던 것이다. 그라이스의 대화 규범은 그 대표적인 연구로 꼽을 수 있는데, 대화 현상을 기술하고, 협동의 원리에 따라 해석하였다고 볼 수 있다. 그리고 비판적 담화 분석의 입장에서는 자신들의 관점이나 태도

만이 사회 구조와 산출과 이해 과정에 관련되는 맥락을 고려하여 '설명'하고 있다고 생각한다. 담화의 층위와 담화 분석의 층위에 대해서는 5장 1절의 〈그림 1〉을 통해 제시하였다.

2)의 층위와 관련하여 또 하나 염두에 두어야 할 것은 텍스트(≒덩잇말)와 이들과 서로 연관성이 있는 사회적 실천 관례 및 사회 구조가 포함관계를 이뤄야 하는 것으로 보지 말아야 한다는 점이다. 텍스트가 있고 텍스트를 해석하고 설명하는 맥락이 해석의 사회적 조건으로서 사회적 실천 관례, 더 넓게는 사회 구조가 될 수 있다는 의미로 이해하여야 한다. 그리고 비판적 담화 분석의 입장에서 보면 텍스트에서 출발하여 텍스트 분석을 통하여 사회 구조와 사회적 관계를 읽어낼 필요가 있는 것이다. 페어클럽의 일련의 저작들은 사회적 관계 가운데 정치의 측면에 초점을 맞추고 있는데, 경제적 관점이나 사회문화 혹은 인종적 관점에서 텍스트와 사회적 관계를 살펴볼 수 있는 방안도 생각해 볼 수 있다.

경제적 관점에서 비판적 담화 분석은 일차적으로 전세계적으로 세계화와 자유무역협정(FTA)과 같은 논제와 관련지을 수 있으며, 나라 안으로는 경제적 평등·분배의 문제와 관련지을 수 있다. 더 나아가 성장과 개발, 복지의 문제와 관련하여 이뤄질 필요가 있다. 사회문화적 관점에서는 주도권의 문화와 비주류 문화의 공존에 관련되는 문제가 다뤄질 법하며, 인종적 관점에서는 국가 구성원의 지위와 관련하여 다민족이나 난민의 문제가 다뤄져야 한다. 무엇보다 비판적 담화 분석에서 염두에 두어야 할 것은 "'지식에 의해 추진되는'이란 개념이 '담화로 추진되는'이라는 개념과 동일하다는 사실이다"(Fairclough, 2003; 김지홍 뒤침, 2012가: 476). 따라서 비판적 담화 분석을 하기 위해서는 이런 분야에 대한 관심을 갖고 있어야 한다.

3. 비판적 담화 분석에 대한 서로 다른 접근법

여기서는 (비판적 담화) 분석에 대한 다른 접근법을 취하고 있는 두 사람의 저작물들에 대해 간략히 언급하기로 한다. 그 두 사람은 페어클럽(N. Fairclough)과 위도슨(H. G. Widdowson)이다. 페어클럽의 논의들은 우리나라에서 우리말로 뒤쳐서 5권이 출간되었다. 그에 비해 위도슨의 책은 문학 교육과 관련된 책이 일찍이 우리말로 옮겨져 소개되었고(1975년 출간, 1999년 최상규 옮김), 2001년에 『언어학』, 2018년에 김지홍 뒤침, 『텍스트, 상황 맥락, 숨은 의도』가 출간되었으니 세 권 정도가 우리나라에서 쉽게 만나볼 수 있다. 이는 아마도 위도슨이 언어교육(의사소통 중심의 언어교육)에 더 많이 몰두하였고 그 쪽으로 많이 알려졌기 때문일 것이다. 이 두 사람의 접근 방법이 어느 정도 맞섬을 보인다는 점은 두 사람의 해묵은 논쟁(1996년에 『*Language and Literature*』 5(1)에 기획되어 실림)으로 부각되었다(같은 학술지에 먼저 위도슨이 페어클럽의 견해를 비판하는 논문(1995년)을 투고 하였고 반박하고 재반박하는 형태의 말싸움이 있었음). 그리고 페어클럽의 비판적 담화 분석을 옹호하는 대부분의 학자들 가령 2001년도 워댁과 메이어 엮음(Wodak & Meyer eds., 2001/2009)에 실린 학자들로서 엮은이들뿐만 아니라 그 책에 투고한 예가(S. Jäger), 밴 다익(van Dijk), 스콜른(R. Scollon) 등이 페어클럽의 견해를 따르거나 동료로서 협업하고 있다. 그에 비해 위도슨(특히 Widdowson, 2004; 김지홍 뒤침, 2018)만이 비판적 담화 분석에서 페어클럽의 견해에 맞서는 인물로 꼽을 수 있다.

서평이 논문으로서 어느 정도 인정을 받는 나라밖의 상황에서 보면 페어클럽의 저작에 대한 서평도 활발히 이뤄지고 있다(페어클럽의 저작에 대한 김지홍 뒤침(2018)의 뒤친이 해제 부분에 소개됨). 서평의 대부분 비판도 하고 있지만 장점도 드러내는, 말 그대로 어느 정도 균형 잡힌 시각을 보여준다면, 위도슨의 비판은 다소 비난에 가깝다는 평가를 받을 수 있을 것이다.

위도슨이 페어클럽의 입장을 비판하는 핵심은 담화에 대한 생각의 차이에서·비롯된다. 위도슨은 담화에 깃들어 있는 언어적 속성 이를테면 3장에서 다루었던 담화의 속성 가운데 2)-(가)에 주로 초점을 맞추고 있다. 그에 비해 페어클럽은 어떤 담화에 대한 해석에 3장에서 다루었던 담화 속성 (가)뿐만 아니라 (나)와 (다)를 고려하여야 할 뿐만 아니라 이 장의 1)에서 제시한 담화의 맥락을 적극적으로 고려하여야 한다고 본다.

페어클럽의 저작들은 위도슨과의 말싸움을 거친 뒤 담화에서 언어 분석에 좀 더 공을 들인 모습으로 나타난다. 특히 페어클럽(Fairclough, 1992; 김지홍 뒤침, 2017/Fairclough, 2003; 김지홍 뒤침, 2012가)는 비판적 담화 분석의 실행 방법을 구체적으로 제시하고 있다. 그런 의미에서 위도슨의 지적이 헛되다고 할 수 없을 듯하다. 위도슨의 지적은 비판적 담화 분석의 지평을 넓히는 데 이바지하였다.

제5장 비판적 담화 분석에 관련된 여러 문제들

1. 담화와 사회

담화가 사회적 성격을 띠고 담론이 사회적 여론을 이끌어 가는 담화들이 모인 꾸러미라고 할 때 나타날 수 있는 의문의 하나는 사회와 담화의 관계이다. 이는 비판적 담화의 존재 이유와도 관련이 있는 질문이다. 이와 관련하여 다음과 같은 답변이 가능하리라 생각한다.

1) 담화와 사회의 관계
(가) 담화는 사회의 산물이다(담화 〈 사회).
(나) 사회적 실천의 한 형태가 담화이다(담화 〉 사회).
(다) 담화와 사회는 변증법적 관계에 있다(담화≒사회).

1)-(가)는 담화보다 사회에 강조를 두는 관점이다. 담화 혹은 언어

자체의 특성이나 정체성을 고려하기보다는 사회 변화의 산물로서 언어를 보면서 언어에 담긴 사회 변화의 모습을 이해할 수 있다는 입장이다.

담화 좀 더 넓혀서 언어가 사회의 산물이라는 생각은 일찍이 사회언어학의 출현을 통해서 좀 더 분명해졌다. 사회언어학에서는 상호작용에 참여하는 사람들, 사회적 사건의 유형, 사회적 목표에 담긴 관계(Fairclough, 1992; 김지홍 뒤침, 2017: 133)에 따라 다르게 나타날 수 있는 언어의 다양성을 설명할 수 있는 길을 열어주었다. 그렇지만 언어 혹은 담화가 사회의 산물일 뿐이라면 담화 연구의 필요성이 없어질 수도 있다. 사회 이론을 통해서 사회를 안다면 담화를 연구할 필요가 없을 것이다. 혹은 담화에 대한 연구는 언어적인 측면에 대한 연구라는 몫만 떠맡으면 될 것이다. 몇 해 전까지 우리나라에 소개된 담화 연구와 텍스트 언어학에 기반을 둔 연구들이 대체로 담화 혹은 덩잇말로서 언어학적인 분석에 기울어진 연구를 하였던 흐름과 관련이 있으리라 생각한다.

1)-(나)는 독자적인 연구의 대상으로서 담화를 바라보는 관점으로서 순수언어학적인 관점을 넘어서 사회와의 관련성을 염두에 둔 입장이다. 담화 자체가 언어학적인 연구 대상이지만, 사회 이론과의 연관성은 1-(가) 입장에 비해 약한 편이다. 이런 입장에서는 특정 집단의 담화가 사회 의식의 반영일 수 있다는 점은 어느 정도 인정하지만 담화의 여러 특성 가운데 하나로 인식하고 있다. 덧붙여서 사회적인 실천의 정도에서 차이가 있는데, 특정의 담화는 사회적 실천과 관련성이 높을 수 있다는 것이다.

1-(다)는 페어클럽(Fairclough, 1992; 김지홍 뒤침, 2017/ Fairclough, 2003; 김지홍 뒤침, 2012가)에서 일관되게 취하고 입장이다. 먼저 연구

의 대상으로서 담화와 사회의 관계를 살펴볼 수 있다. 페어클럽 (Fairclough, 2003; 김지홍 뒤침, 2012가: 17~18)에서 자신의 연구가 "텍스트를 분석하지 않는 경향의 사회 이론에 의해 고무된 작업 및 텍스트의 언어에 초점을 모으지만 사회 이론적 논제에는 간여하지 않으려는 작업, 이 둘 사이에 가로 놓여 있는 장벽을 극복하여 넘어서려는 일이 되어 왔다."고 밝히고 있다. 그렇지만 그의 연구 목적은 아무래도 사회 분석과 조사 연구를 위한 자원으로서 비판적 담화 분석을 발전시키는 광범위한 작업의 일부(Fairclough, 2003; 김지홍 뒤침, 2012가: 19)라는 점도 제시하고 있다. 그런 점에서 보면 방법(혹은 접근법)과 목적이 서로 부딪히는 점이 없잖아 있다는 것을 알 수 있다. 그의 연구에서 초점은 담화 연구보다는 사회 이론 연구에 있는 듯하다. 이와 같은 점은 사회 이론에 대한 연구가 제도나 관습, 경제 활동을 대상으로 할 수 있듯이 언어를 통해 이뤄지는 활동(예컨대 담화)도 "사회생활의 환원 불가능한 부분이고, 사회생활의 다른 요소들과 변증법적으로 서로 연관되어 있다."(Fairclough, 2003; 김지홍 뒤침, 2012가: 16)는 담화 분석의 전제를 통해서도 드러난다. 결국 연구의 대상으로서 담화 그리고 사회적인 속성을 지닌 담화의 개념을 통해 이들이 변증법적 관계에 있다는 것으로 이해할 수 있을 것이다. 변증법적 관계에 있다는 말은 "언어 현상은 특별한 종류의 사회적 현상이며, 사회적 현상은 부분적으로 언어 현상이다."(Fairclough, 2001; 김지홍 뒤침, 2011: 62)는 의미이다. 예컨대 민주주의는 독재자나 자유주의자 심지어는 공산주의자들, 사회주의자들 사이에서 쓰일 수 있다. 그렇지만 그 의미는 두드러지게 다를 뿐만 아니라 심지어는 모순이 됨을 발견할 수 있다. 우리나라 헌법의 전문에 명시되어 있는 민주주의라는 말은 한 국가의 정체성을 나타내는 말이지만,

언어 사용자, 즉 정파에 따라 의미가 다르고(언어), 이를 통해 이루고 자 하는 목표나 행동 방식(사회적 실천 관례)은 다르게 나타날 수 있 다. 이는 "언어가 사회적으로 조건화된 과정, 사회의 다른 (비언어적 인) 부분들에 의해서 조건화되는 과정"(Fairclough, 2001; 김지홍 뒤침, 2011: 62)의 산물이기 때문이다. 즉 담화의 해석과 산출에 결정적인 영향을 미치는 기억 자원은 자연과 사회에 대한 가치나 신념, 가정 등을 포함하는데, 이들은 인지적이면서 동시에 사회적인 원천을 지 니고 있다는 것이다. 아울러 이런 "기억 자원은 담화가 산출되고 해석되는 방식을 형성하게 된다"(Fairclough, 2001; 김지홍 뒤침, 2011: 67). 그렇기 때문에 사회 구조와 담화 혹은 담화 실천 사례들은 밀접 한 관련이 있지만 이들이 원소와 집합의 관계, 즉 포함관계에 있지 않다. 이와 같은 점은 7장 2절의 〈그림 2〉에서 다시 언급된다.

만약 이들이 포함관계에 있다면 담화는 언제나 사회 구조를 따라 가게 되고, 비판적 담화 분석은 현재의 상태에 대한 분석에 그치고 말 것이다. 여성과 남성, 인종적 문화적 다수자와 소수자들 사이의 불평등한 권력 관계는 담화를 구성하게 되지만 담화에 의해 그와 같은 불평등이 심화되기도 한다(Fairclough & Wodak, 1997: 258).

이를 담화 연구와 사회 연구의 축으로 옮겨서 풀어보면 "한편으로 는, 사회 조사 연구 및 이론이 텍스트 분석에 대한 접근에 어떻게 정보를 살펴보는 것이고, 다른 한편으로는 텍스트 분석이 사회 조사 연구를 어떻게 강화시켜 주는지 살펴보려는 것이다"(Fairclough, 2003; 김지홍 뒤침, 2012가: 29). 말하자면 여기서도 담화 연구와 사회 연구는 변증법적 관계에 있다.

비판적 담화 분석에서 담화와 사회의 관계에 대해서는 일련의 담 화에 대한 자리매김과 뜻매김을 통해서 나타나고 있다. 담화의 규칙이 사회기관과 관련된 실천 관례라는 점에서 보면 사회가 담화에 영향을 미치는 것으로 볼 수 있다. 그리고 그 핵심은 권력과 같은 힘의 영향을 받고 있다는 점이다. 말하자면 "기관 맥락이나 사회 구조적인 맥락에서 권력소유자들에 의한 담론 질서의 통제는 자신의 권력을 유지하는 요인이 되는 것이다"(Fairclough, 2001; 김지홍 뒤침, 2011: 86). 이런 담화의 구체적인 사례로 심문을 받고 있는 피의자나 목격자와 경찰의 관계에서 나타나는 담화를 생각해 볼 수 있다.

다른 한편으로 담화는 사회 구조에 영향을 미친다(Fairclough, 1989. 이 책의 두 번째 판본이 Fairclough, 2001; 김지홍 뒤침, 2011임). 특히 비판적 담화 분석에서 염두에 두고 있는 사회의 변화에 영향을 미친다. 이 말은 담화가 뿌리를 내리고 있는 상황과 사회적 사건들을 구성한다는 의미를 지닌다. 또한 담화에 영향을 미치는 이념과 권력구조를 확대하고 재생산함으로써 담화 행위에 참여하는 사람들의 해석에 영향을 미치게 되고 결국에는 사회 변화를 이끌어낼 수 있다는 의미를 지닌다. 이에 대한 구체적인 사례는 프랑스 혁명 이후 파리 지역의 언어가 공식 언어로 지정되는 일련의 과정을 예로 들기도 한다(이승연, 2016). 우리나라의 경우 방언과는 다른 측면이 있지만 고려시대 광종(925~947) 이후 한문의 영향을 고려해 볼 수 있다. 한문을 익혀야만 관리로 등용이 되는 현실에서 한문의 영향은 절대적이었다. 지배계층을 중심으로 한 한문 중심의 문화는 뿌리가 깊었다. 1940년대 말까지 문맹율이 80%에 도달했다는 점은, 물론, 일본 제국주의 침략으로 인한 부정적인 간섭이 있기는 하였지만, 한글이 비교적 익히기 쉬운 문자임에도 불구하고 그에 대한 교육의 필요성 인식이나 요구가 없었다는 것이다. 그런 면에서 프랑스의 파리 언어가 표준어로 공인된 일 못지않게 한자의 절대적인 권위,

지배 계층 중심의 언어였던 것이다. 이는 한 나라 안에서 공용어의 지위뿐만 아니라, 문명권 전체에서 주도적인 문화에서 지배 계층, 즉 권력을 중심으로 언어 체계가 자리 잡혀 가는 모습을 실제에 가깝게 보여준다고 할 수 있다.

필자의 입장에서 1-(다)에 제시된 입장을 다음과 같이 제시해 볼 수 있을 듯하다. 사회 이론과 담화(좀 더 넓게는 언어사용)의 궁극적 목적이 좀 더 나은 삶과 인간다움을 구현하는 데 있다면 접근하는 방법이 다를지라도 이들이 구별되지 않을 것이다. 또한 담화의 사회적 효과는 담화의 본질에 대한 접근과 사회 이론을 통해 구체적으로 밝혀질 수 있다고 생각한다. 아울러 이 책에서 드러내고 증명해 보이고자 하는 것으로 사회 구조와 담론의 체계와 구조에 서로 영향을 미치면서 변화한다는 점이다. "좀 더 구체적으로 언급한다면 사회 구조는 담화를 결정해 줄 뿐만 아니라, 또한 담화의 산출물이 된다."(Fairclough, 2001; 김지홍 뒤침, 2011: 86) 이런 점들을 고려해 볼 때 당위적 차원에서나 현실적 차원에서 사회(이론)와 담화(언어사용)가 변증법적 관계에 있다고 전제하는 것이 타당하다고 생각한다. 이와 같은 관점은 교육적 맥락에서도 의의가 있다. 지금까지 읽기 교육은 주로 수용자의 입장에서 기능적인 읽기에 그친 감이 없지 않다. 이와 같은 변증법적 상호관계를 염두에 둠으로써 읽기 활동의 사회적 의미, 읽을거리와 사회의 관계를 살펴볼 수 있는 교육내용을 마련할 수 있는 토대가 될 것이라 생각한다.

2. 담화와 이념

이념은 18세기 후반에 프랑스에서 처음으로 나타났다. 이념은 비판적 담화 분석에서 널리 인정되고 있듯이, 고르지 않는 권력 관계를 유지하고 확립하는 매우 중요한 측면으로 간주한다(Wodak & Mayer, 2001: 10). 이런 측면은 단순히 권력 관계뿐만 아니라 존재가 의식을 자리매김한다는 말에서 그 중요성이 암시되어 있듯이, 사회적 실체로서 자아와 생각 사이의 관계를 살피는 데 중요하다고 할 수 있다. 무엇보다도 담화가 지배적인 이념과 권력의 틀이라는 사회적 맥락 속에 존재한다고 할 때 문제는 이념이란 무엇인가 하는 문제에 맞닥뜨리게 된다. 아울러 모든 담화가 이념적인가, 즉 이념을 담고 있으며 이념의 소산 혹은 산물인가 하는 문제도 명확하게 자리매김할 필요가 있다.

먼저 이념의 정체성, 즉 이념이란 어떤 성질을 띠는가 하는 문제는 워댁(Wodak, 1996: 15~18)에서 강조하고 있듯이 담화를 바라보는 관점의 변화와 밀접한 관련이다. 즉 이념의 구현 수단으로서 담화는 단순히 담화 참여자의 상호작용에서 그치는 것이 아니라 이념, 즉 권력의 불평등한 관계를 양산하고 주도권과 착취의 관계를 양산하는 수단으로서 사회를 구성하는 특별한 방식을 반영하고 있다고 본다. 따라서 담화 분석에서는 정당하고 마땅하게 권력, 불평등, 주도세력, 착취와 폭력을 해체하고 분석해야 할 필요가 있다. 그와 같은 분석과 해체가 이뤄질 때 그 접근 방법을 비판적 담화 분석이라고 부른다. 그리고 비판적 담화 분석적 접근이 가능한 것은 담화에서 이념의 흔적을 발견할 수 있기 때문이라고 주장한다. 즉 이념은 자신의 입장이나 태도를 직접적으로 혹은 명시적으로 드러낼 때에도 그 모습을 보여주지만 권력과 동반하면서 그것들을 정당화하고 사회적으로 실천하는 데서 언어적 형태나 비언어적 형태를 띠고 겉으로 혹은 좀 더 은밀하게 정체를 드러내기 때문이다.

그럼에도 비판적 담화 분석을 통해서 발견한 이념(의 흔적)이 믿을 만한가하는 문제가 제기될 수 있다. 보그란데(de Beaugrande, 1999)에서는 비판적 담화 분석이 가치의 상대주의에 빠지지 않으면서 독단주의에 빠지지 않기 위해서는 이념의 개념을 가다듬을 필요가 있다고 주장하였다. 즉 워댁(Wodak, 1996)을 비롯한 초기의 비판적 담화 분석 연구자들에게서 나타나는 이념이라는 용어가 경멸의 의미를 담고 있기 때문에 담화를 좀 더 건전하게 자리매김할 필요가 있다고 주장하였다. 아울러 비판적 담화 분석의 범위 밖에 있는 독자들에게 해결되어야 하는 문제는 모든 담화가 이념적인가 하는 문제일 것이라고 생각한다. 앞에서 제시한, 이념의 구현 수단으로서 담화를 규정할 때 전제되어 있는 문제라고 생각한다. 이 문제에 대해서는 페어클럽(Fairclough, 1992)과 워댁(Wodak, 1996)의 견해에 따라 모든 담화가 이념적이라고 볼 수는 없을 것이다. 대체로 지금의 우리 사회에서 나타나고 있는 담화들은 부분적으로 혹은 일정하게 이념에 이바지하고 있으며, 특정의 목적으로 담화를 사용하는 집단 혹은 개인에 의해 그런 이념의 기능이 도드라지게 드러난다고 볼 수 있다.

비판적 담화 분석에서 이념을 어떻게 바라볼 것인가 하는 문제와 관련된 논의를 통해서 분명해지는 것은, 이념의 의미를 어떻게 보든, 비교적 이념적 색채가 덜 한 담화일 경우에도 그런 이념의 흔적을 찾는 것이 의미가 있다는 것이다. 아울러 다양한 매체를 이용하면서 대중화를 빌미로 하여 주도권을 쥐고 있는 권력기관에서 검색을 피하기 위해 속이며 숨기고 혼란을 부추기는 담화 전략을 택할 경우

이를 좀 더 정확하게 짚어낼 필요성을 제기한다고 볼 수 있다. 좀 더 구체적인 사례를 지적한다면, 4장의 1절 1항 다에서 지적한 것처럼, 담화의 이면에 작용하는 권력은 높은 수준의 공손 표현을 사용함으로써 자신 목적을 이루고자 하는 전략을 쓸 수 있기 때문이다.

담화에서 이념과 관련된 문제로서 고려해야 하는 것은 그것이 상식(common sense)으로 작용하는 경우이다. 그리고 실제로 많은 담화에서 이념은 암묵적으로 작용하는 상식이 되어 있다. 페어클럽 (Fairclough, 2001; 김지홍 뒤침, 2011: 159~212)에서 다루고 있듯이 이념은 암묵적으로 담화에서 해석 주체가 구성해내는 의미 연결(coherence)에도 간여함을 일차적으로 지적하고 있다. 이는 해석의 주체로서 독자가 지니고 있는 많은 정보들을 읽고 있는 담화에 끌어들이는 기반이 상식이며, 이 상식은 거의 대부분의 경우 이념적인 성향을 띠기 때문이다. 비판적 담화 분석에서 놓치지 않고 분석의 대상으로 삼아야 하는 것 중에 하나는 상식화된 이념이다. 이렇게 무의식적으로 수용되고 상식화된 이념은 의식적인 추론의 과정 없이 텍스트와 현실세계를 자동적으로 연결시켜 준다. 이념에 따른 상식의 위험성은 다양할 정도로 불평등한 권력 관계를 뿌리 내리고 붙들어 두는 역할을 한다.

〈부록 11〉에 제시된 담화 자료에서 두 명의 화자, 즉 남녀 대학생은 가족과 관련된 일상 대화를 나누고 있다. 이와 같은 일상의 대화는 상식화된 이념이 암묵적으로 작용하는 사례이다. 남자는 자신의 경험에 따라 가부장적인 이념이라는 기준에 비춰 여성의 역할을 자리매김하고 있음을 알 수 있다. 이와 같은 해석을 하게 되는 실마리는 13번째에 나오는 남자의 대화인데, 이와 같은 실마리는 담화 주체의 이념을 알려준다. 이 대화에서는 보수적 이념으로서 가부장이라는 틀에 따라 남자와 여자의 말이 의미 연결되고 있다. 가부장(제)는 페어클럽(Fairclough, 2001; 김지홍 뒤침, 2011: 174)에서 사용한 용어대로 한다면 배경으로 깔린 가정으로서 세계를 특정한 방식으로 산출자로 하여금 담화 속에 끌어들일 뿐만 아니라, 해석 주체로 하여금 특정한 방식으로 해석하도록 이끌어 가는 것이다. 특히 최소한의 가시성을 띠는 상식화된 이념은 특정의 담화 유형이 특정 집단의 담화가 아니라 단순히 그 제도/기구 자체의 담화로 지각되는 경향이 있어서(Fairclough, 2001; 김지홍 뒤침, 2011: 185) 권력을 위한 갈등에서 '중립적'인 듯이 보인다. 이는 6절에서 언급한 프레임의 경우도 마찬가지이다. 기본적으로 이들, 즉 이념과 프레임은 둘 다 지식과 관련되기 때문이다.

담화에서의 이념과 관련하여 남아 있는 마지막 문제는 해석의 문제이다. 담화는 물리적·사회적·심리적 세계의 일부를 표상해 주는 특정한 방식이다(Fairclough, 2003; 김지홍 뒤침, 2012가: 56). 이는 담화가 특정한 방식으로 짜이고 활용되며 해석될 수밖에 없는 필연성을 지니고 있음을 의미한다. 마찬가지로 담화에 대한 해석도 일정한 한계를 지닐 수밖에 없다. 담화 해석에는 기본적으로 이해를 위한 분석, 판단 및 평가가 포함된다. 바탕에 깔려 있는 이념이 명확한 담화에서부터 아주 희미하게 드러나는 담화에 이르기까지 그 색채가 다양할 수밖에 없다는 점을 전제로 한다면 그와 같은 해석의 과정이 복잡해질 것이라는 점을 예상할 수 있다. 따라서 담화의 해석에는 선택의 과정에서부터 시작하여 구체적인 판단이 내려지는 과정에 이르기까지 한계가 존재한다는 점을 늘 염두에 두어야 할 것이다.

담화의 해석에 해석 주체 혹은 연구자의 선택이 작용하게 된다는 점은 피할 수 없으리라 생각한다. 특정의 담화를 연구하는 것 자체가 하나의 선택이며, 자리가 잘 잡혀 있는 틀을 따라 해석하고자 하는 일에도 또한 선택이 끼어든다. 그런 면에서 담화의 해석이 객관적일 수 있는가 하는 문제도 제기된다. 워댁과 메이어 엮음(Wodak & Meyer eds., 2001/2009)의 서문에서 밝히고 있듯이, 어떤 연구도 객관적일 수는 없다. 따라서 객관성의 문제는 연구의 방법과 절차에 매여 있는 문제이므로, 여러 자료들을 해석하거나 설명하기에 앞서 가치를 명시적으로 언급하고, 관련되는 모든 측면들을 분석하며, 여러 자료들과 방법들을 고려하는 일이 필요하다.

3. 담화와 일반 행위

앞서 여러 차례 언급하였듯이, 담화는 사회적이다. 그렇지만 사회에서 일어나는 사건 혹은 일반 행위가 모두 담화로 이뤄지지는 않는다. 따라서 이들을 조금은 구별해 줄 필요가 있다. 이는 페어클럽(Fairclough, 2001; 김지홍 뒤침, 2011: 71~77, 2장 3절)에서 담론 질서를 언급하면서 이에 대한 구별을 제시하고 있다. 아래 표에서 맨 오른쪽 세로줄에 있는 수준 또는 규모는 페어클럽(Fairclough, 2001; 김지홍 뒤침, 2011)의 뒤친이가 덧붙인 것으로 필자도 동의하는 바이기 때문에 그대로 옮겨 놓았음을 밝혀둔다. 오른쪽 제일 아랫줄의 개인은 일정한 범위를 이루고 있는 동아리 혹은 담화 참여자들을 덧붙여 놓을 수 있을 것이다. 이를테면 수업담화에서 모둠으로 토론하거나 토의할 경우의 참여자들(모둠붙이들)이 있을 수 있다.

<표 1> 사회 질서 및 담론 질서

행위의 차원	언어의 차원	수준 또는 규모
사회 질서	담론 질서	인류
실천 유형	담화 유형	문화 공동체
실제 실천 사례	실제 담화	개인

실제로 이 표를 제시한 페어클럽(Fairclough, 2001; 김지홍 뒤침, 2011)의 의도는 행위의 차원과 언어의 차원이 구별됨을 보여주는 데 있는 것이 아니라 사회적 행위로서 담화가 행위의 차원과 적절히 대응됨을 보여주는 데 있다. 이런 대응 혹은 관련성은 다음 절의 6장 3절에서도 좀 더 자세히 설명하고 있으므로 참고하기 바란다.

여기서는 특정의 담화 이를테면 교실수업의 사례를 끌어들여 이점을 좀 더 살펴보기로 한다. 〈부록 1〉에서 제시되어 있는 담화는 학생과 교사의 상호작용을 통해 자본주의 사회에서 기업들 사이의 경쟁이 지니고 있는 장단점을 이야기한 다음, 경쟁의 성격이 어떠해야 하는지 토의하는 과정을 보여준다. 이와 같은 담화는 교사가 이끄는 전형적인 수업담화의 유형이다. 실제 담화에서는 {중략} 부분을 기점으로 조금씩 다르게 나타난다. 첫 번째 {중략} 앞부분은 교사가 다른 학생들의 참여를 독려하지만, 두 번째 {중략} 앞부분과 뒷부분에서는 그렇게 함과 동시에 화제의 흐름을 일정한 방향으로 이끌어 가고 있다. 즉 담화 유형으로는 수업담화 좀 더 구체적으로 언급한다면 토의 수업담화이지만, 교사가 끼어들고 이끄는 방식에 따라 조금씩 구별되는 측면이 있는 것이다. 이 상황에서 교사는 페어클럽(Fairclough, 2001; 김지홍 뒤침, 2011: 261~264)에서 제시한 것처럼 더 많은 힘을 지니고 간섭하기, 얘깃거리를 통제하면서 입장을 정리한다. 간섭하기는 Ⓐ에서처럼 담화의 처음 부분에서 얘깃거리의 방향을 정하는 데서 나타나며 Ⓑ에서처럼 얘깃거리를 통제한다. 또한 Ⓒ에서처럼 솔직하고 명확히 말하도록 요구하기도 한다. 이는 똑같은 수업담화를 보여주고 있는 〈부록 9〉에서도 같은 모습으로 나타나고 있다. 그리고 이 담화에서 주도하는 사람, 즉 권력을 더 많이 가지고 있는 사람은 교사이고 이는 수업이 이뤄지는 상황에 마땅히 함의되어 있는 담론 질서의 차원에서도 어긋남이 없음을 보여준다.

페어클럽(Fairclough, 2001; 김지홍 뒤침, 2011: 77)에서 지적한 것처럼 실제 담화사례들이 단순히 담화 유형의 실현이나 구현에만 그치는 것이 아니라, 실제 언어 사용 맥락에서 여러 담화 유형들이 겹치고, 되풀이되어 나타난다. 그렇기 때문에 담화 유형은 고정되어 있는 것이 아니라 기존의 유형들이 창조적인 결합을 통해 확대 재생산된 것으로 보아야 할 것이다. 언어 그 자체가 힘이 있는 것이 아니고 그것을 활용하는 사람들이 힘을 얻기 위해 사용하기 때문이다.

4. 담화와 지식

4.1. 담화에서 지식의 성격과 역할

담화와 지식의 문제를 다룬 논의는 많지 않다. 사회심리학(social psychology)이 생겨난 이래 성향이나 태도, 편견, 사회적 정체성과 집단들 사이의 관계 등의 주제를 탐구하는 동안 관심사가 아니었으며, 최근에 이르기까지 담화를 통한 지식의 재생산(discursive reproduction of knowledge)이라는 문제는 사회 이론이나 사회심리학의 중심 연구

거리가 아니었다(van Dijk, 2014: 92). 그런 흐름은 1960년대 행동주의 몰락과 함께 심리학에서 인지적 관점이 부상하면서 미국에서 사회인지적 관점을 통해 담화에서 사회 정체성 이론이나 집단들 사이의 관계를 다루었고, 영국에서는 사회적 표상(social representation)에 대한 연구가 일어나면서 담화 동아리에서 공유되고, 정당화되며 일반적으로 받아들여지는 사회적 신념으로 자리매김된 지식의 역할과 본질에 관심을 갖게 되었다. 특히 밴 다익(van Dijk, 2014)에서는 이들 문제뿐만 아니라 인식론적 공동체와 사회 전반에서 담화에서 나타나는 지식의 재생산에 관련되는 문제를 살피고 있다. 아울러 사회심리학, 언어심리학, 인지심리학과 인식론, 사회학, 인류학, 의사소통 연구, 신경심리학, 대화 분석, 비판적 담화 분석 등 여러 학문들이 어우러진 학제적 연구의 필요성을 강조하였다.

전통적으로 지식은 인식론의 범위 안에서 논의되어 왔다. 이 책에서 관심을 두고 있는 지식은 철학적인 관점(≒인식론적 관점)이거나 존재론적 관점이 아니라 담화적 관점이다. 좀 더 정확히 말하면 담화-지식의 접점을 이루는 측면에 있다. 이 관점에서 지식은 담화를 통한 상호작용의 공동 배경(common ground)이다. 대화가 부드럽게 진행되기 위해 필요한 경우를 생각해보면 분명히 드러나듯이, 여기에는 세상의 일에 대한 일반적인 지식과 특정의 경험에 매인 구체적인 지식이 필요하다. 일반적인 지식은 지금까지 언어심리학이나 인지심리학에서 가정하여 왔던 개념틀이나 각본 등이 있다. 구체적인 지식은 개인적인 경험을 통해 얻게 된 지식으로 상황에 매여 있는 속성이 강하다. 이와 같은 공동 배경으로서 지식은 개인적인 차원뿐만 아니라 사회적인 차원에서 쉼 없이 경신된다. 그런데 문제는 이와 같은 일반 지식과 구체 지식이 담화에서 어떻게 작용하는가 하는 것인데, 이를 위해서 밴 다익(van Dijk, 2014)에서는 정신 모형(mental model)이라는 개념을 제안한다. 또한 일반적인 지식과 구체적인 지식은 어떻게 구별되는가 하는 문제도 제기될 수 있다. 여기는 신경심리학과 인지심리학에 의해 어느 정도 알려진 기억의 구분, 즉 의미 기억(semantic memory)과 일화 기억(episodic memory)으로의 구분을 통해 설명이 가능하다. 공적이고 사회적인 일반화된 지식은 밴 다익(van Dijk, 2014: 1장 5절)에 따르면 인식론적 공동체를 이루는 구성원들의 의미 기억에서 배분되고 공유되며 표상된다. 그에 비해 구체 지식은 개인의 정체성을 구성하는 중요한 부분이면서 개인적 경험이라는 사건을 통해 습득된다. 이는 일화 기억에서 정신 모형으로 표상된다. 한편 개인적인 경험들에 대한 주관적인 표상들이 정신 모형으로 저장될 때 환경에 관련된 상황은 더 이상 접속 가능하지 않지만 중요한 사건들과 생애 기간에 일어난 다른 사건들과 높은 수준의 모형으로 결합될 때 추상화되고 일반화된다(Conway, 2007; Van Dijk, 2014에서 재인용).

　지식의 역할과 관련되는 두 번째 측면에서 강조하고자 하는 것은 밴 다익(van Dijk, 2014)에서 제시하고 있는 인식론적 공동체이다. 공동의 배경을 바탕으로 하는 담화 동아리라는 개념보다는 지식과 관련하여서는 인식론적 공동체를 염두에 둘 필요가 있으리라 생각한다. 인식론적 공동체는 어떤 사태에 대한 지식과 진리가 그 안에 있는 모든 인간의 인식과 상호작용, 담화의 토대로서 완벽하게 결합되어 있는 공동체를 의미한다. 즉 구성원들이 지식과 지식에 대한 기준들을 담화를 통해 수립하고 습득하며 변화시키고, 전제로 한다는 의미에서 공동체이다. 인식론적 공동체를 가정하는 밴 다익(van Dijk, 2014)는 지식의 상대성, 즉 공동체마다 지식에 대한 기준이 다르며 그 공동체 안에서만 올바르고 정당화될 수 있음을 전제로 하고 있는 듯하다. 다른 말로 한다면 인식론적 공동체의 범위 안에서 진리라고 보장을 받은 지식이 다른 공동체에서는 부정되거나 사이비 과학, 심지어는 미신으로 해석될 수 있다는 의미이다.

지식이 인식론적 공동체의 담화를 통해 형성되고, 재생산되며, 변하고, 경신된다는 점을 바탕으로 하여 인식론적 공동체를 상정함으로써 지식의 형성과 변이에서 균질적이지 않는 공동체 안의 계층(≒ 계급) 관계와 그 역할을 고려해 볼 수 있게 되었다. 이는 비판적 담화 분석이라는 접근을 통해서 담화와 지식의 문제에 접근할 수 있는 가능성을 열어두었다. 아울러 서로 다른 인식론적 공동체가 충돌할 때 주도권을 쥐고 있는 어느 공동체가 지식의 기준을 정하고 참과 거짓을 결정할 가능성도 볼 수 있게 되었다. 다음에 나오는 4.4절에서 그런 인식론적 공동체의 다양한 범위, 즉 국가나 계층, 종교 등 다양한 차원에서 권력이 지식을 다스리는 범주를 확인해 볼 수 있다.

4.2. 상식과 이념으로서 지식

여기서는 먼저 담화에서 지식과 관련이 있는 상식에 대해서 간략히 언급하기로 한다. 담화에 작용하는 지식은 앞의 2절에서 다룬 이념의 문제와 어느 정도 관련이 있다. 2절에서는 이념이 상식화될 경우 이념이 어떻게 작동하는가, 그리고 그것에 어떤 위험이 잠재되어 있는가를 개략적으로 언급하였다. 이때 이념적 상식은 '권력의 불평등한 관계를 유지하는 데 이바지하는 상식'(Fairclough, 2001; 김지홍 뒤침, 2011: 172)이라는 의미이다. 그리고 그와 같은 이념적 상식은 그 작동 방식이 최소한도로 가시적일 경우, 즉 이념적 상식이 자연화

(Fairclough, 2001; 김지홍 뒤침, 2011: 185)에 이를 때 가장 효과적일 수 있음도 지적하였다.

4.3. 지식으로서 낱말의 의미와 사용

담화에서 사용되는 낱말은 지식의 한 측면을 지닌다. 언어교육의 관점에 따라 어휘 교육의 중요성에 대한 입장이 논란거리가 되기도 하였지만 최근에는 어휘 교육의 중요성을 주장하는 입장이 우세를 보이고 있다. 낱말들은 세상에 대한 지식을 표상하는 데 중요한 수단이라는 근거를 뒷받침하는 사례들이 이와 같은 주장을 뒷받침하였다. 비판적 담화 분석에서는 낱말이 사용되는 방식에 대한 분석은 중요하다. 그것은 낱말의 의미가 고정되어 있지 않을 뿐만 아니라 그 사용에서 다양한 의미 관계를 이루기 때문이다.

김병건(2017: 40)에 따르면 국내에서 이뤄진 담화 분석의 방법으로 가장 많이 이용되었다. 그 이유를 선택과 배제가 가능한 어휘 사용의 속성에서 비롯된다고 지적하였는데, 어휘 사용의 경향성과도 밀접한 관련이 있을 듯하다. 그에 따라 어휘에 대한 계량적 분석도 비판적 담화 분석의 한 축이 될 수 있으리라 생각한다.

먼저 비판적 담화 분석에서 유의 관계에 있는 낱말의 선택에 초점을 모을 수 있다. 이를테면 사람의 무리를 집단과 군중으로 일컬을 수 있다. 그렇지만 집단은 어떤 목적이나 의도를 갖고 모여 있는 사람들의 무리를 가리키지만 군중은 우연히 같은 장소에 모여 있는 사람들의 무리를 가리킨다는 점에서 구별된다. 그에 따라 군중은 우발적인 돌출행동이 나타날 수 있는 무리들이 된다. 한편 집단은 다음과 같은 색띠(스펙트럼)를 지니고 있다. 무관심 집단, 무작위 참여집단, 선별된 이질집단, 동질집단, 공동 작업 집단이 있다. 담화 맥락에서는 지식의 수준과 사용하는 어휘 등에서 상당할 정도의 조정이 필요하다. 이를테면 설득해야 할 경우에 집단에 따라 시선 끌기, 관심 유발, 긍정적 인상, 확신, 행동지침을 전달하는 강도를 조정해야 한다.

인민(人民)이란 낱말을 생각해 보기로 한다. 인민은 사회구성원 일반을 가리키는 말로 조선왕조실록에는 '국민'이 163회, '백성'이 1,781회 나오는 반면, '인민'은 2,504회 나온다고 한다. 이때 인민은 '나라나 사회를 구성하는 일반 사람, 국가를 구성하는 자연인'의 의미로 썼을 터이다. 이념의 대립이 오래 굳어진 오늘날 '인민'은 북녘에서만 쓰고, 남한에서 이를 쓰면 불온시하거나 좌익편향적인 사람으로 오해를 받는다. 이는 1917년 러시아 혁명으로 사회주의 국가가 등장하면서 계급적 차원에서 다수의 국민(노동자, 농민, 지식인 등)을 인민으로 자리매김하였는데, 좌익과 우익의 맞섬이 날카로웠던 남한에서는 이 용어의 사용을 금기시하였다. 고유어 가운데 동무라는 용어도 남한에서는 친구라는 한자어로 대체되어, 거의 사용되지 않는다. 북녘에서 널리 사용된다는 이유 때문이다.

4.4. 지식과 권력

지식과 권력의 관계는 지식의 본질이 무엇인가라는 물음에 대한 답을 찾으려는 여러 학자들에 의해 지적되어 왔다. 여기서는 인식론적 공동체에서 작용하는 구체적인 권력을 중심으로 하여 앞의 4.1절에서 언급한 인식론적 공동체가 여러 범주로 나타날 수 있음을 보여주려고 한다.

베이컨(Francis Bacon, 1561~1626)은 지식이 국가에 힘을 부여하고 정부가 지식을 통제한다고 지적하였고, 지식사회학의 대표적인 학자인 만하임(Karl Mannheim, 1893~1947)은 지식을 제약하는 여러 조건, 즉 계급뿐만 아니라 세대, 사회적 지위, 종파, 직업, 학파 등을 제시하고 지식인의 역할을 강조하면서 존재구속성 혹은 상황적 구속성이라는 개념으로 지식을 가진 집단의 사회적 지위가 지식과 긴밀히 연관된다고 보았다. 미셸 푸코(Michel Paul Foucault, 1926~1984)는 '권력 행사는 언제나 지식을 만들어내고, 지식은 늘 권력의 효과를 낸다.'라는 말로 지식과 권력의 관계를 압축해서 표현하였다. 이는 권력이 지식을 규정하면서 세상을 정상과 비정상, 이성적인 것과 비이성적인 것으로 나누고 사람들로 하여금 이성적이고 정상적인 기준의 범위 안에 머무르게 한다(규율적 권력). 동시에 권력은 이런 기준에 맞는 지식을 생산하고, 다시 이 지식이 규율적 권력을 견고하게 작동하도록 뒷받침한다는 것이다. 부르디외(Pierre Bourdieu, 1893~1947)와 쿤(Thomas Kuhn, 1922~1996)은 이전의 인문과학과 사회과학의 지식뿐만 아니라 자연과학의 지식도 권력이나 주도적인 학문의 패러다임(보는 틀)에서 자유롭지 못함을 지적하였다. 피터 버크(Burk, 2015; 이상원 옮김, 2017: 38)에서는 빅토리아시대(1837~1901)의 고전학자인 옥스퍼드 베일리얼 칼리지의 학장이었던 벤저민 조잇(Benjamin Jowett)을 풍자한 4행시를 소개하고 있는데, 이는 전문적인 지식 사회라고 할 수 있는 대학에서조차 권력이 지식에 대한 통제력을 발휘하고 있음을 보여준다.

주도적 세력에 의한 지식의 통제 상황에서 만들어진 지식을 만하임의 용어를 따라 피터 버크(Burk, 2015; 이상원 옮김, 2017: 65~68)에서는 '상황적 지식'이라고 불렀다. 만하임은 주로 계층과 세대의 측면에서 상황적 지식, 즉 특정 시대와 장소, 공동체 내에 존재하는 일상에 묶여 있는 지식을 고려하였지만 종교와 종교, 국가와 국가, 문명권과 문명권 사이에서도 권력이 개입되어 나타나는 지식을 고려할 필요가 있다.

중세의 악명 높은 마녀 사냥을 언급할 필요도 없지만 푸코의 『장미의 이름』(이윤기 옮김, 1980)이라는 소설에서는 교회 권력에 의해 지식에 대한 독점과 접속 가능성 차단이 이뤄지는 은밀한 사례를 볼 수 있다. 종교 영역에서 지식에 대한 독점은 역사가 깊다. 잘 알려져 있다시피 원시시대 샤먼(무당)의 주술에서부터 중세시대 수도사들에 이르기까지 그와 같은 지식의 독점은 널리 퍼져 있었다. 지식의 독점으로 인한 폐해는 인류의 지적 자산에 대한 접속의 차단(이를테면 아리스토텔레스가 쓴 가상의 책에 대해 이뤄짐)과 함께 관련 자료들의 폐기와 훼손일 터이다.

국가와 국가 사이에 권력(힘)에 의한 지식의 통제력은 우리나라에 대한 일본 제국주의 지배에서 뚜렷이 나타난다. 식민지 종주국인 일본은 자신들의 침탈을 정당화하기 위해 한국의 역사 전체를 왜곡하였다. 사료에 대한 뒤틀린 해석과 삭제, 훼손 등을 광범위하게 자행하였다. 수많은 사례들이 들 수 있지만 그 가운데 대표적인 사례로 광개토대왕비에 대한 훼손을 들 수 있다. 이처럼 국가 권력은 특정의 지식과 정보를 인정하거나 거부함으로써 특정 시대와 장소에서 무엇이 지식과 학문으로 인정받을 수 있는지 결정한다.

좀 더 구체적으로 살펴보면 일본 제국주의는 우리나라 역사의 전체적인 얼개를 재구성하기 위해 조선사편찬위원회(1922년), 조선사편수회(1925년)를 세워서 1937년에 조선사(37권)를 발간하는 일련의 과정을 거쳤다. 무엇보다도 심각한 것은 식민지 종주국의 주도적인 권력에 의한 왜곡은 식민지 국가 안에서 관제 지식인의 양성에 의해 심화된다는 점이다. 관제 지식인들은 종주국 지식인에 기생하면서, 식민지 국가에서는 또 다른 지식을 재생산하고 지식인을 지배하는 데서 곁가지로 나타날 수 있는 문제점뿐만 아니라, 다른 민족이 아니라 동족이 그와 같은 식민사관에 바탕을 둔 지식에 동조를 보인다는 점에서 식민지 백성들에게 깊은 절망감과 자괴감을 느끼게 한다는 점에서도 문제가 심각하다. 우리나라의 경우 이와 같은 식민사관에 맞서서 이겨내려는 노력이 1960년대에 와서야 이뤄질 수 있었는데, 그 과정에서 한국사의 많은 부분들이 잘려나가고 왜곡되었다. 식민 지배는 끝났지만 여전히 제국주의 종주국의 잔재들이 영향력을 발휘하고 있다. 아마도 일본이 동아시아를 침탈하면서 지배해 온 과거에 대해 성실하게 사과하거나 반성하지 않는 태도를 보이는 것도, 오리엔탈리즘에서 벗어나지 못하는 다수의 서구 유럽인들과 마찬가지로, 과거 자신들이 재구성해 놓은 식민국가의 역사를 사실인 것처럼 믿고 있기 때문일 것이라는 생각이 든다. 여전히 동아시아가 자신들의 식민지이고 침탈해야 하는 영역으로 남아 있는 것이다. 고구려 역사에 대해 중국 정부에서 하고 있는 동북공정도 자료의 발굴과 해석의 과정에서 역사 지식의 영역을 침탈하는 행위로 번질 수 있음을 이와 같은 맥락에서 늘 경계해야 할 필요가 있다.

한 문명권 안에서 이뤄지는 권력에 의한 지식의 통제와 주도권 행사는 문명들 사이에서도 발견되는데, 이를 보여주는 사례로 팔레스타인 출신의 미국 평론가 사이드(Edward Said, 1935~2003)의 연구를 들 수 있다. 그는 유럽 제국주의 역사관에 의해 동양의 역사가 얼마나 왜곡될 수 있는가를 보여주는 『오리엔탈리즘』(1978)을 통해 동양에 대한 지식이 서구인들의 우월의식에 의해 만들어지고 이것이 다시 유럽인들뿐만 아니라 동양인들에게도 영향을 미치고 있음을 보여준다. 그리고 그와 같은 인식이 오늘날에도 여전히 자리 잡고 있음을 구체적으로 보여주고 있다.

지식과 권력에 관련하여 비판적 담화 분석이 필요한 이유가 좀 더 분명해진다고 생각한다. 비판적 담화 분석이 추구하는 바가 담화(혹은 담론)와 삶의 일치이며, 비판적 담화 분석가는 그와 같은 일치를 위해 실천하는 사람이라는 점이다. 담화로 포장된 지식의 실체를 규명하고 재생산과 확대의 과정을 감시하고 비판하는 노력이 필요하다면 비판적 담화 분석은 그와 같은 일을 하는 데 적합한 도구가 될 것이다.

지금까지 언급한 지식과 권력, 담화의 관계를 다음과 같은 그림으로 정리할 수 있다.

<그림 1> 지식의 소통과 담화

사회 구조와 권력, 이념은 담화 산출과 이해의 하부구조이다. 물론 이 관계는 담화가 다시 사회 구조와 권력, 이념의 유지와 형성에 영향을 미치기 때문에 한 방향의 관계를 이루고 있지는 않다. 담화를 통해 지식이 소통이 되는데, 지식의 소통은 긍정적인 측면에서 학습을 들 수 있다. 그렇지만 담화 동아리 안에서 사회 구조에 따라 구성

되어 있는 권력과 이념의 작용으로 부정적인 지식(예컨대 식민사관)의 확산과 재생산이 이뤄지고 있다. 이와 같은 부정적인 지식은 사회 인지적 통제를 통해 강화되며, 개념적 통제를 통해 합리화되고, 다양한 모습의 조작(manipulation)을 통해 굳어지고 대물림된다. 맨 위의 화살표는 긍정적이든 부정적이든 지식이 만들어지고 나면 그에 따라 재생산이 이뤄지고, 이것이 다시 순환하면서 지식의 확장으로 이어질 수 있음을 나타낸다. 토마스 쿤(Thomas Kuhn)의 과학혁명에서 뚜렷이 드러난 지식의 범주, 즉 기존의 패러다임(≒보는 틀)을 중심으로 한 과학적인 사실의 발견이 이뤄진 다음에 새로운 패러다임의 출현에 따른 지식의 축적이 이뤄지는 사례들이 그러한 예에 든다. 예컨대 뉴턴의 중력에 의한 지식의 발견이 패러다임의 변화로 인해 아인슈타인의 상대성 이론 또 그 다음에 양자 이론에 의해 지식이 쌓여 가는 것과 같다. 또한 일본 제국주의에 의한 식민사관은 수많은 조선의 지식인이 참여하여 새로운 지식을 재생산하게 하였다. 그 뒤 민족주의 사관과 사회경제사학에 의해 이를 극복하기 위한 노력들이 계속 이뤄지는 경우를 들 수 있다.

이 그림에서 비판적 담화 분석은 지식의 생산과 재생산에도 눈길을 주어야 하지만, 재생산된 지식이 다시 또 다른 지식의 생산으로 이어지는 데 작용하는 사회적 토대를 밝히기 위한 노력을 해야 함을 함의한다. 아울러 재생산된 지식의 성격을 밝히기 위한 학제적 연구의 방법, 이를테면 지식사회학과 손을 잡는 방법도 폭넓게 찾아보아야 한다.

5. 담화와 사회 구조, 사회 이론

여기서는 먼저 비판적 담화 분석에서 다루고 있는 사회 이론을 간단히 소개하기로 한다. 이를 살펴봄으로써 비판적 담화 분석의 전제이자 이론적 기반으로서 사회를 바라보는 관점을 이해하는 기회가 되리라 생각한다. 비판적 담화 분석에서 눈길을 주는 것은 사회 구조이다. 그리고 세부적으로 사회계층과 권력의 구조이다.

그에 더하여 필자는 아울러 미국이나 영국, 일본과 같은 나라, 즉 자본주의가 발달하고 자급적인 경제 구조를 갖춘 나라들에서 비판적 담화 분석에 대한 접근과는 다른 우리나라만의 특별한 문제가 있다는 인식하고 있다. 그것은 외세 의존적인 우리나라 자본주의 발달의 어떤 측면들과 밀접한 관련이 있다. 이런 점들은 대중매체를 통해서 수시로 확인되고 있다. 이런 점들을 덧붙이고자 한다.

5.1. 자본주의 사회의 구조와 권력

먼저 사회 구조와 계층의 개념을 살펴보기로 한다. 사회 구조적인 차원에서 우리나라를 비롯한 대부분의 사회를 자본주의 체제에 있다고 할 것이다. 이와 같이 오늘날의 사회를 자리매김하는 것은 사회 구조의 속살을 이루고 있는 계층구조가 생산을 위해 자원을 꾸리고 역할을 분배하는 모습을 파악하는 데 중요하는 영향을 미친다. "한 사회가 경제적 생산을 조직하는 방식과, 사회계층들 사이에서 생산으로 확립된 관계의 본질을 결정해 주는 근원적인 구조적 특징"(Fairclough, 2001; 김지홍 뒤침, 2011: 78)이기 때문이다. 이와 같은 구조적 특징은 생산을 매개로 하여 계층 관계를 기본적으로 구획하는데, 여기에는 자본가들과 노동계층이 있다. 자본가들은 자본을 통해 재화와 용역을 구입하고 이를 다시 새로운 재화와 용역의 생산을 꾀하는 집단이다. 이는 앞의 그림에서 지식을 매개로 지식이 재생산되는 구조와 근본적으로 다름이 없다. 동시에 자본가들은 그런 구조를 유지하고 확대하고 재생산하는 핵심 계층이 되기도 한다. 노동계층은 일차적으로 자신의 몸을 매개로 품을 바치는 계층이라고 할 수 있지만 시대·사회적 변화에 따라 그 얼안이 드넓혀지고 있다. 최근에 등장한 감정 노동자란 개념이 그것이다. 넓은 의미에서 용역을 바치는 사람들을 가리킨다는 점에서는 이전의 개념과 다르지 않다. 그렇지만 노동의 의미를 세분화함으로써 생산이란 개념을 확장시키는 데 이바지하였다.

생산이란 개념이 확대되고 복잡해진 현대 사회에서, 생산은 단순히 재화와 용역에만 국한되지 않는다. 사람들을 대상으로 하여 재화를 이어주면서 품을 들이는 노동자나 전문적인 기술이나 지식을 제공하는 말 그대로 전문가들이 있다. 다양한 범주의 전문가들이 나타나게 됨에 따라 이런 경향은 계속 드넓혀질 것이라 생각한다. 이런 사람들은 자본을 통해 이윤을 얻어내는 자본가와 다르며, 좀 더 전문적인 기술이나 능력을 밑천으로 한다는 점에서 자신의 몸을 매개로 품을 바치는 노동자와 구별되기도 한다. 이들은 자본의 속성에 멀리 있는 듯하지만 전문적인 지식이나 기술을 자본처럼 사용함으로써 또 다른 부류를 구성한다.

사회 구조에 따른 계층, 즉 자본가와 노동자, 중산층의 구분에 더하여 정부나 경찰 혹은 행정부서에서 쥐고 있는 권력과 연결되는 다른 계층을 설정해 볼 수 있다. 이들은 따로 떼어내어 관료 계층으로 구분해 볼 수 있다. 원칙적으로 자본주의라는 경제 체제와 밀접한 관련이 있다. 이들도 자본을 바탕으로 자본이 만들어지고, 지식을 바탕으로 새로운 지식이 만들어지듯이, 권력을 기반으로 또 다른 권력을 만든다. 혹은 그런 권력을 만드는 데 이바지하는 계층이다. 다만 이들이 만들고 유지하는 권력은 스스로 만들어내고 다스리는 능력이 유한하면서 되풀이된다는 점이다. 아울러 대중들이 가장 먼저, 가장 많이, 가장 직접적으로 권력이 행사되는 사회지배 구조를 확인하는 일차적인 대상이 된다는 점도 특징적이다.

권력과 관련하여 자본가 계층이나 중산층은 지배층이 되는 것이다. 이들이 지배층이 된다는 것은 사람살이에 관련되는 여러 조건들이 이들을 중심으로 하여 움직이고, 이들이 지배하는 방식을 옹호하며 이런 지배체제를 긍정적으로 보거나 당연하도록 여기게끔 교육하는 제도를 좌우하는 데서 속속들이 드러나고 있다. 이와 같은 속성들이 사회적 실천 관례들과 담화들이 곳곳에 스며들어 있는데, 대부분이 묻혀 있기 일쑤이다. 페어클럽(Fairclough, 2001; 김지홍 뒤침, 2011: 81)에서는 이를 '동의에 의한 지배'라고 이름을 붙였다. 페어클럽(Fairclough, 2001; 김지홍 뒤침, 2011)에서는, 이 용어를 통하여 권력은 신체적 폭력이나 강제적인 제재조치뿐만 아니라 소유 및 권력 행사에 대하여 다른 사람들의 또는 최소한 묵인을 얻어냄으로써 권력 관계를 합법화하고 있음을 지적하고 있는 것이다. 최근에 우리나라 사회에서 '태움'이라는 간호사 집단 내부의 의식이나, 학교 현장에서 만들어서 학생들을 옥죄고 있는 대부분의 규범들이 그렇게 기존의 지배체제를 유지하고 옹호하는 수단으로 쓰일 수 있다.

페어클럽(Fairclough, 2001; 김지홍 뒤침, 2011: 81)에서는 "권력 관계는 계층 관계로 환원되지 않는다."고 지적하였지만, 급속한 자본주의 특히 국가 권력이라는 막대한 기관의 많은 혜택을 입은 우리나라와 같은 사회에서 그렇지 않다고 생각한다. 말하자면 권력 관계는 계층 관계와 밀접한 관련을 가질 수밖에 없는 것이다. 권력 관계에 초점을 맞추어 보면 사회 구조를 떠받치는 여러 기관들의 내부 권력뿐만 아니라 다른 기관들 사이에 권력의 작용이 뚜렷하게 드러난다. 그렇지만 사회가 다원화하면서 이런 기관과 관련된 조직을 넘어서 남성과 여성, 소수민족들과 다수민족, 세대와 세대 사이에도 권력 관계가 존재한다. 그리고 소수민족들 사이에서도 권력이 아래위로 작용하고 있다. 이들의 경우에는 권력 관계와 계층 관계가 대응되지는 않을 것이다.

최근에 우리나라가 다문화 사회가 되어 가는 조짐들이 나타나고 있다. "2014년 4월 교육부 통계 자료에 의하면 초·중·고등학교에 진입해 있는 전체 다문화 배경 학생 수는 67,806명으로 집계되어 전체 학생 수의 1.07%에 달하고 있다. 이러한 수치는 정부가 다문화 가정 학생 통계를 처음 집계한 2006년 9,389명과 비교하면 8년 만에 무려 7배 이상이 늘어난 셈이다. 이 가운데 특히 한국어교육이 절대적으로 필요한 중도 입국 학생 수는 2013년 4,922명에서 2014년 4월 기준 5,602명(초 3,268명, 중 1,389명, 고 945명)으로 꾸준한 증가세를 보이고 있다."(원진숙, 2015: 144) 이런 흐름에 따라 일정지역을 중심으로 특정의 소수민족이 또 다른 소수민족과의 갈등에서 우위에 있는 경우도 있다.

계층 관계나 권력 관계는 언제나 갈등을 내포하고 있다. 비판적 언어 분석을 하고자 하는 입장에서는 이와 같은 갈등을 표출하는 여러 가지 방법 가운데 언어 사용, 즉 담화의 문제에 이들이 집중할 필요가 있다. 최근에 미국의 대통령이나 우리나라 제1 야당을 맡고 있는 어떤 정치인들에서 볼 수 있듯이, "언어를 통하여 권력을 행사하는 사람들은 반드시 지속적으로 자신들의 입지를 방어(또는 상실)하기 위하여 다른 사람들과 갈등을 빚는 일에 관여되어 있다."(Fairclough, 2001; 김지홍 뒤침, 2011: 83). 혹은 관여하고 있다.

5.2. 우리나라 현실과 사회 구조의 변화

잘 알려져 있다시피, 우리나라의 경제 구조는 취약한 편이다. 그리고 이런 취약점은 국제 경제의 질서 안에서 더욱더 가속화될 전망이다. 특히 다국적 기업들이 자본주의 세상에서 주도권을 잡아가고 있는 현실에서 더욱더 암담하다. 최근에 미국 측의 요구로 재협상의 대상이 되었던 자유무역협정(FTA)에서 알 수 있듯이 자국의 산업을 보호하기 위한 보호무역주의의 장벽도 높아지고 있는 형편이다. 이와 같은 보호무역주의에서 뚜렷이 드러난 것은 국제 경제질서에서 강대국들의 힘의 논리에 맞설 뚜렷한 방책마저 마련하기 쉽지 않다는 점이다. 〈부록 2〉에 있는 신문사가 낸 사설에서도 드러난 것처럼 이와 같은 국제 경제 질서는 가히 전쟁에 비유해도 모자람이 없을 정도이다.

한편 지적 재산권과 같은 무형의 자원에 대한 관리가 확장되어 사람살이의 곳곳에 파고들고 있으며, 이는 사회 곳곳에 다툼의 여지를 드높이고 있다는 사실도 숨길 수 없다. 무형의 자원에는 사람에 대한 정보 그 자체가 포함될 수 있다. 특히 사람에 대한 정보는 정보를 모으는 사람의 의도와 목적은 분명하지만 정보를 바치는 사람이 무관심하게 될 때 특히 그 틈이 점점 벌어지고 있다. 이런 현실을 고려할 때 정보를 바치는 사람의 인식을 끌어올리기 위한 각별한 노력을 하지 않는다면 적지 않은 문제점을 불러올 것이다. 잘 알려져 있다시피 이렇게 모은 큰 자료(big data)는 공공의 목적으로 이용될 수 있지만 상업적인 이윤 추구를 위해 잘못 이용될 소지도 충분하다. 또한 공공복지를 위해 바쳐지는 여러 정보들은 한편으로 복지를 제공받기 위해 필요한 정보이기도 하지만 다른 한편으로 국민 개개인들이 관료적인 감시망에 종속되는 결과를 가져올 수 있다. 마찬가지로 의료보험제도와 같은 공적인 의료서비스가 개인의 자기결정권을 잡아먹고 빼앗아 올 우려마저 높아지고 있다. 특히 인간의 생체와 관련된 정보는 신뢰도가 가장 높은 개인정보로 알려져 있지만 이와 같은 정보, 즉 홍채나 지문에 대한 정보들은 한 번 유출되면 다시는 정보로 활용될 수 없는 단점이 있다. 따라서 정보 유출 방지와 같은 노력도 필요하지만, 다른 한편으로 이를 대체할 개인정보 인식에 대한 개발도 필요한 실정이다.

6. 담화와 권력

담화와 사회 구조, 좀 더 넓은 의미에서 사회가 변증법적 관계에 있음을 강조하였듯이 담화와 권력의 관계도 변증법적 관계에 있다. 말하자면 담화는 권력을 반영하며(권력 → 담화), 권력은 담화를 통해 넓혀지거나 다시 만들어지기(담화 → 권력) 때문이다. 이와 같은 과정에서 비판적으로 보아야 할 점은 권력 그 자체가 아니라 담화가 어떻게 권력을 형성하고, 그것에 담화가 어떻게 이바지하는가. 즉 어떻게 담화를 통해 권력을 정당화하고, 권력이 담화를 어떻게 조작하는가 하는 점에 있다. 담화는 사회정치적 관계에서 권력 관계를 반영하고 있기 때문이다. 이러한 사정은 권력 관계의 측면에서 볼 때, 위력

(Wodak, 2008)에서 지적하였듯이, 사회경제적 지위, 정치적 영향력이 다르게 작용할 수 있음을 의미한다. 결국 어떤 담화가 사회의 지배적인 담론으로 자리 잡게 되는 것은 담화 동아리 안에서 서로 부딪히는 권력 관계의 조율(trade-off)에 의해 결정된다는 것을 의미한다.

그렇기 때문에 담화와 권력의 관계를 살펴볼 때 페어클럽(Fairclough, 2001; 김지홍 뒤침, 2011: 97)에서 지적하였듯이 담화로 된 권력(power in discourse)과 담화 이면에 있는 권력(power behind discourse)을 살펴보아야 한다는 필요성을 속뜻에 담고 있다. 권력은 대체로 담화에서 곧이곧대로 드러나지 않기 때문이다. 대중매체는 숨은 권력과 담화의 관계를 가장 잘 보여주는 대표적인 사례이다. 발행자에서부터 광고주, 정보의 출처에 대한 제약 등을 통해 권력은 간접적으로 드러나는 경우도 있지만 숨어 있는 권력인 경우가 많은 것이다. 이와 같은 점 때문에 사회의 주도적인 담론에 대한 비판적 담화 분석이 필요하다.

먼저 담화 안에서 권력은 먼저 담화 유형의 선택에서 나타난다. 신문의 사설에서부터 수업담화에 이르기까지 제도·기관 맥락에 나타나는 대부분의 담화에서 그 유형은 어느 정도 정해져 있다. 그리고 그런 담화 유형의 선택은 권력을 가진 사람, 이를테면 학생-교사의 관계에서는 교사에 의해 선택된다. 어떤 담화 유형이 수업의 목표와 방법이 적절한지 여부를 교사가 결정하고 이를 수업에 실행하는 것이다. 〈부록 1〉에 제시한 담화에서 교사는 담화 참여자의 토의를 통해서 의미를 구성하는 것이 적절하다고 판단하고 그에 따라 담화를 진행한다. 좀 더 세세하게 〈부록 1〉에 제시한 담화를 살펴보면 담화의 주제 혹은 화제의 결정, 학생의 발화에 대한 평가를 포함하게 된다. 또한 교사는 좀 더 넓은 범위에서 담화의 목적을 달성하기 위해 질문을 주로 던지면서 질문과 답변 사이의 인접쌍을 유지하기 위해 적절하게 통제력을 발휘하려고 한다. 페어클럽(Fairclough, 2001; 김지홍 뒤침, 2011: 99~102)에서 제시된 담화 사례에서처럼 페어클럽이 지적한 것처럼 무엇인가를 수행하기 위한 실습이 포함되는 경우에는 권력을 지닌 특정의 담화 주도자가 지시행위의 시작 시간, 지시행위의 수행 방식을 결정하면서 담화를 이끌어 가기도 한다. 이를 다음과 같이 정리해 두기로 한다.

2) 담화 안에서 권력의 작용
(가) 담화 유형의 선택
(나) 주제의 결정
(다) 질문과 대화로 이뤄지는 인접쌍의 관리
(라) 개별 발화에 대한 평가
(마) 담화와 동시에 이뤄지는 수행의 시작과 끝, 수행 방식의 결정

2)에 제시한 작용의 유형에서 (가) → (마)로 올수록 담화 유형에 따라 권력의 영향력이 나타날 개연성에 차이가 있다. 말하자면 (가)는 대부분의 담화에서 작용하는 권력에 의해 나타나고, (마)는 앞서 지적한 것처럼 특정의 담화에서 두드러지거나 나타나지 않을 수 있다.

한편 비판적 담화 분석에서는 권력을 지닌 사람과 그렇지 않은 사람들의 관계에서 나타나는 불평등의 여러 문제들에 대해서도 관심을 기울인다. 문화와 인종(혹은 민족)의 차이에 따른 불평등이 대표적인 경우이다. 특정 인종이나 국적에 대한 편견이 심한 우리나라 사회에서 미국 국적의 백인에게서 나타나는 문화적 차이에 대해서는 우호적이고 긍정적으로 평가하지만, 흑인이나 동남아시아 사람

들에게서 나타는 문화적 차이에 대해서는 적대적이거나 부정적으로 평가하는 경향이 강하다. 담화 관례에 따른 차이를 인정하는 정도에 차이가 나타나는 것이다. 그에 따라 한국어의 숙달도에 상관없이, 어느 정도 평가가 딱지가 붙여져 따라다니는 경향이 나타날 수 있다. 이런 경우는 관례화되고 제도화된 인종 차별주의가 담화에서 권력을 쥔 사람에 의해 나타나는 대표적인 사례가 될 것이다. 그리고 담화의 실패로 인해 물적 인적 장벽의 진입에 이르지 못할 가능성도 높아진다.

담화 이면에 있는 권력, 즉 숨은 권력은 대중매체의 담화나 담론을 통해서 주로 나타난다. 이는 일차적으로 대중매체의 속성에서 비롯하는 것으로 보는 것이 타당하다. 페어클럽(Fairclough, 1995; 이원표 옮김, 2004: 54ff./ Fairclough, 2001; 김지홍 뒤침, 2011: 110)에서 지적하고 있듯이 대중매체 담론은 한쪽 방향의 소통을 전제로 하여 대중들을 향하여 기획되어 있다. 이때 대중매체가 겨냥하고 있는 독자는 가상의 주체들(ideal subjects)이다. 이런 점들은 대체가 사회관계망 서비스(SNS: Social Network Service)에서 더욱 두드러진다. 여기서는 대중매체의 담화에만 일단 초점을 맞추기로 한다. 대중매체에서 나타나는 정보는 다른 담화에서 나타나는 정보와 마찬가지로, "일반적으로 새로운 정보만을 '볼 수 있고', 명시적으로 표현되는 것은 빙산과 같"아서(van Dijk, 2014) 좀 더 적극적인 비판의 관점으로 접근할 필요가 있기 때문이다. 새로운 정보만 제시된다는 것은 정보를 바치는 주체들의 선택이 중요할 뿐만 아니라, 사람들의 삶에서 중요할지라도 시간이 흐르면 묻혀서 사라질 가능성이 높다는 것을 의미한다. 따라서 정보가 정보 제공 주체에 따라 왜곡되고 조작될 가능성이 충분히 크다.

대중매체에서 담화 이면에 있는 권력은 두 가지 방향에서 나타난다. 흔히 정보원으로 언급되는 정보제공자 혹은 출처의 선택에서 나타난다. 이를테면 어떤 정책을 제시하고 여론을 수렴하는 보도에서 누구를 출처로 선택할 것인가 하는 문제에서 담화 이면에 있는 권력이 작동하는 것이다. 2018년 4월 27일에 있었던 남북 정상회담에 대한 보도에서 어느 특정 집단이나 정당의 의견을 널리 앞세우는 몇몇 신문사들을 볼 수 있다. 신문사들이 내놓는 기삿글은 기자의 선택이라기보다는 신문사 경영진의 선택이라고 보아야 한다. 이와 같은 선택에서 지배계급 및 지배층이 지닌 권력을 표현하고 재생산하는 수단으로 대중매체가 작동하는 것이다. 지배계급의 관점에서 사건을 보고 그것을 널리 퍼뜨리려는 의도가 깔려 있다.

최근에 아파트 분양과 관련하여 국토부에서 2018년 6월 말에 새로운 정책을 발표하였다(〈부록 8〉의 그림 5 참고). 이른바 후분양제로 지금의 청약제도와는 다른 분양정책이다. 이에 대해 대체로 주택 공급업자의 입장에서는 여러 가지 면에서 부정적인 정책으로 비춰지는 반면 입주 예정자들을 포함한 대다수의 사람들에게는 긍정적인 정책으로 해석될 수 있다고 알려져 있다. 그런데 이 정책을 소개하는 방식에서 담화 이면에 작용하는 숨은 권력이 작용하고 있음을 보여준다. 보수 진영을 대표하는 D신문과 C신문은 거의 이 정책을 소개하지도 논평하지도 않았을 뿐만 아니라 지면의 배치에도 1면이 아니다. 그에 비해 비교적 진보적 성향에 속하는 G신문에서는 1면에 이를 다루었을뿐만 아니라 이 정책과 관련되는 분석을 비교적 자세하게 싣고 있다. 이와 같은 사례는 신문 기사의 선택, 즉 정보의 양과 배치에 이념이나 가치관이 작용하고 있음을 그대로 보여준다.

대중매체에서 담화 이면에 있는 권력이 암묵적으로 나타나는 또 다른 방법으로 인지언어학자인 레이코프(J. Lakoff, 1941~)가 언급한 프레임(frame)과도 관련이 있다. 대중매체가 지배적인 이념을 은밀하게 넓혀가고 그것을 재생산하도록 하는 얼개로 레이코프는 프레임을 제시하였다. 그런 점에서 토마스 쿤(Kuhn, 1962)이 『과학 혁명의 구조』(김명자·홍성욱 역, 2013)에서 제시한 패러다임과 비슷한 의미를 지닌다고 할 수 있다. 이는 사회문화적 영역에서도 확장될 수 있지만, 용어가 쓰이게 된 배경에서 차이가 있어서 둘은 구별된다. 굳이 구별한다면 패러다임은 보는 틀이라고 할 수 있는데, 세계와 과학 현상을 파악하는 도구의 의미를 지닌다. 그에 비해 프레임은 이념적인 색채와 당파성이 강하고, 쟁점이 되는 문제를 담론 생산자에게 유리한 쪽으로 설정한다는 점에서 구별할 수 있을 것이다.

프레임은 사회적 담론에서 우위를 차지하기 위해 담론 생산자들이 꾸리는 말싸움(논쟁)의 틀이라고 할 수 있다. 논쟁은 찬반의 대립이 뚜렷하고, 핵심 쟁점(≒issue)에서 어느 한쪽으로 기울지 않은 경우가 많다. 그렇지만 프레임은 이를 만든 사람에게 어느 한쪽으로 기울게 하려는 의도로 만들어졌다. 또한 그 프레임 안에서만 말싸움이 일어나도록 함으로써 프레임 생산 주체에게 불리한 논쟁이 일어나지 않도록 하려는 의도가 깔려 있다. 이를테면 우리나라 대통령 선거에서 상대방을 비판 혹은 비난하기 위해 이념이라는 프레임을 이용하는 것은 익히 알려져 있다. 즉 담화의 이면에 숨은 권력과 이념이 작용하고 있는 것이다. 이를테면 우리나라의 선거에서 보수진영에서 빠지지 않고 내세우는 좌우익 이념은 프레임으로 작용한다. 물론 이 프레임이 언제나 보수진영에 유리한 쪽으로 작용하지는 않는다. 그렇지만 진보진영이 이 이념의 문제와 관련된 말싸움에 휘말리는 순간, 진보 진영이 유리하다고 할 수 없게 된다. 이런 이념 프레임은 선거가 일어난 당시의 사회적인 문제를 가리고 말싸움에서 우위를 차지하려는 보수진영의 의도가 작동하고 있는 것이다.

레이코프의 일련의 저작(Lakoff, 2006; 나익주 옮김, 2007/ Lakoff, 2004; 유나영 옮김, 2015/ Lakoff & Wehling, 2016; 나익주 옮김, 2018)은 사회의 큰 조직단위인 국가에서 작은 단위인 가정에 이르기까지 은밀하게 숨겨진 프레임들이 사람들의 정치적 판단에 무의식적으로 작용한다. 좀 더 구체적으로 말한다면 사람들의 정치적 성향을 진보와 보수로 나누어 볼 때, 국가를 바라보는 프레임이 다르다고 말한다. 보수 쪽의 대표 프레임으로 국가는 엄격한 아버지라는 은유를 사용하며, 진보 쪽은 자애로운 부모라는 은유를 사용한다. 이에 따라 신자유주의를 옹호하는 보수 진영에서는 '국가는 엄격한 아버지'라는 프레임을 이용하였고 자유 경쟁을 통해 성공한 사람들의 입장을 옹호하고 더 많이 지원하고자 한다. 당연히 노동자와 소외계층은 덜떨어진 계층이므로 사랑과 온정이 필요하지 않다는 입장을 취하게 된다. 그에 비해 '국가는 자애로운 아버지'라는 은유를 통해 진보진영의 프레임을 설명할 수 있다. 앞의 입장과는 달리 진보주의자들은 노동자, 소외계층뿐만 아니라 범죄자들에게도 사회의 온정과 지원이 필요하다. 그에 따라 복지의 필요성을 강조하게 된다. 실제로 우리사회에서 이런 입장들은 의료제도(병원을 법인화할 것인지, 말 것인지), 동성애(금지하고 불온시할 것인지, 인정할 것인지), 교육(선민 교육, 평준화 등), 통일과 국방이나 안보(특히 미국과의 관계나 전시 작전권 넘김) 등에서 날카롭게 맞서고 있다. 페어클럽(Fairclough, 2001; 김지홍 뒤침, 2011)에서는 숨겨진 권력에 대한 비판을 강조하고 있는데, 숨겨진 권력이 은밀하게 작용하는 모습으로 레이코프의 지적을 고려해 볼 필요가 있다고 생각한다.

페어클럽에서는 지적하지 않았지만 프레임의 유지와 확산은 최근에 나온 레이코프와 웨흘링(Lakoff & Wehling, 2016; 나익주 옮김, 2018)에서 지적하였듯이 사람마다 진보적이지만 선택에서는 보수진영에 이끌리는 성향을 지니게 되는 이유를 통해 프레임의 중요성이 지적되었다고 생각한다. 이와 같은 프레임은 인간의 생각이 무의식적인 요소에 의해 좌우되는 경우가 많고, 그와 같은 무의식은 어릴 때부터 몸으로 익힌 사고 방식과 생활 방식에 의해 뿌리깊이 박혀 있다는 점을 생각해 볼 때, 그와 같은 프레임에 따른 분석이 필요하다. 아울러 담화 이면에서 이런 프레임들이 어떻게 적용되는지 탐구해 보는 일이 중요함을 암시한다고 생각한다.

담화 이면에 있는 권력의 작용을 살펴보기 위해 좀 더 구체적인 담화 유형을 바탕으로 다루어 보기로 한다. 학교 현장에서 나타날 수 있는 담화 유형과 관련하여 두 개의 사례를 보기로 한다. 〈부록 9〉 ①에 있는 자료로서 토의 면접을 위한 수업이다. 이 수업은 면접 상황을 가정하고 모의한 상황에서 나타나는 담화 유형으로 교사(혹은 면접 담당관)가 토의를 통제하고 화제를 원하는 방향을 이끌어가기 위해 화제를 제시하고, 적절한 촌평을 제공하며, 보충이 필요한 부분은 보충을 요구하는 유형이 일반적이다. 이렇게 함으로써 토의 면접에서 필요로 하는 여러 가지, 즉 토의의 기여도, 배경지식, 상대방의 말을 경청하고, 받아들이는 태도 등에 대해 평가하는 기회로 삼는다. 실제 면접 상황에서 면접관이 하는 것과는 구별되지만, 토의 면접이라는 시험 유형에 대비하면서 해당 교과의 배경지식도 보충하고 다듬는 역할이 주로 교사에 의해 이뤄진다. 학생들 사이에서 발언권의 교체는 어느 정도 자유롭지만, 끊임없이 토의의 주도권을 잡고 있는 교사는 학생들에게 정확한 정보 제공, 명확한 표현을 요구한다. 이는 토의 면접이라는 담화 실천 관례를 계속해서 유지해 나가는 방식이다. 담화 유형이 권력에 의해 담화 참여자들 사이에서 일정하게 유지되도록 하는데, 이를 페어클럽(Fairclough, 2001; 김지홍 뒤침, 2011: 131)에서는 권력효과(the power effect)라고 불렀다.

토의 면접이라는 담화 실천 관례에서 학생들은 협력하면서 동시에 자신의 의견을 설득력 있게 제시해야 하는 부담을 안고 있다. 교사는 토의를 이끌어가면서 평가가 제대로 잘 이뤄지도록 적절한 수준의 상세화가 이뤄지도록 요구한다. 학생은 토의의 주제에 대해 적절한 정보를 제공하도록 하는 교사(혹은 면접관)의 요구를 어길 수 없다. 동시에 상대에 대한 배려 이를테면 말한 차례를 독점하지 않고, 상대방에 대해 경청하는 자세를 보여주어야 하는 몫을 지고 있다. 이런 점들이 토의 면접에서 나타날 수 있는 담화 이면에 있는 권력 효과이다.

다른 한편으로 〈부록 9〉 ②에 제시된 담화 자료를 보면, 앞서 제시한 담화와는 확연한 차이가 있다. 실제 면접 상황을 보여주는 사례로 제시한 문제에 대한 답을 중심으로 학생이 담화의 전개에 이바지하고 있으며, 면접관의 개입도 극히 제한되어 있을 알 수 있다. 토의 면접을 위한 수업과는 달리 면접관이 끼어드는 정도는 문항을 확인하고, 최소한의 도움만을 제공한다. 이는 최소한의 개입만이 허용되어 있는 기관 제도 맥락에 따른 대화 전개라는 해석이 가능하다. 면접관은 다른 면접관과는 대등한 관계를 이루는 계층으로서 수험생보다 상위에 있지만 대학 입학 관련부서에서 제시한 지침을 따를 수밖에 없는 지위에 놓여 있다. 이런 점들이 수업에서 나타나는 담화 관례보다 시험에서 나타나는 담화 관례 사이에 형성된 계층 관계에 더 복잡하게 영향을 미친다. 따라서 계층 관계가 더 복잡해질수록 담화의 이면에 작용한 권력은 더 막대하고 그에 따라 대화 참여자들에게 미치는 영향도 커진다. 이와 같은 경우에는 개인에 다루는 태도에서 규격에 맞게 인위적으로 맞춰진 인간화(synthetic personalization)(Fairclough, 2001; 김지홍 뒤침, 2011: 133)의 경향을 띠게 된다. 이런 점을 보여주는 담화 관례가 이 담화 사례에서 학생의 첫 번째 발화이다. 이름이나 개인의 특성을 보여주는 표현이 전혀 사용되지 않고, 수험번호(≒관리번호)만을 제시하도록 맞춰진 담화 관례로서 뿌리를 내리고 있음을 보여준다. 아울러 발화 시간의 통제도 훨씬 엄격하게 적용된다. 〈부록 9〉①에서는 발표자에 따라 발화 시간이 들쑥날쑥하지만, 〈부록 9〉②에서는 15분으로 에누리 없이 적용되고 있음을 보여준다.

〈부록 9〉에 실려 있는 담화 이면에 있는 권력의 사용은 표준어 사용과도 관련이 있다. ①의 발화에서는 표준어 사용여부에 대한 제약이 거의 없다. 특히 교사는 표준어를 사용해야 한다는 규범에 거의 얽매이지 않고, 학생들도 그런 제약을 의식하지 않고 있는 듯하다. 그렇지만 ②에서는 사투리를 사용하지 말라는 제약이 없음에도 불구하고, 적어도 수험생에게는 표준어 사용이 거의 반드시 따라야 하는 규범으로 작용한다. 이는 담화의 관례에 작용하는 하나의 권력으로서 규범이 지니는 힘이자 효과이다. 표준어가 그와 같은 힘을 발휘하게 되는 것은 표준어를 강조하고 일정한 테두리 안에서 표준어 사용을 악착같이 지켜내는 데에 지배층, 이를테면 교수나 고급 공무원, 지역적으로는 서울 지역에 사는 사람들이 있기 때문이다. 말하자면 사회방언이나 지역방언에 대한 어느 정도의 차례를 매기는 경향을 자연스러운 것으로 받아들이도록 세뇌시키는 것이다.

표준어와 지역 방언의 갈등에서 권력이 작용하는 간단한 사례를 지적하기로 한다. 현재 우리나라에서 10대, 20대 청년들이 누리고 있는 대부분의 대중가요에서 '네'라는 2인칭대명사의 사용이 거의 사라져 가고 있다. 이는 서울의 청년들이 중모음인 'ㅔ'와 저모음인 'ㅐ'를 구별할 수 없는 현실을 반영하고 있다. 그렇지만 필자가 살고 있는 경남 남서부 방언에서는 이 둘이 아직까지 자연스럽게 구별되고 있으며 이는 10대나 20대의 경우도 마찬가지이다. 몇 년 전에 나온 책의 제목에도 '네'라는 대명사 대신에 '니'가 쓰이고 있다(배수아, 2000). 이런 대명사의 변이형태에도 담화 이면에 깔려 있는 권력의 힘을 느낄 수 있다. 대중가요를 만들어내는 상업자본이 소비계층의 취향이나 경향을 파악하여 문화상품을 만들어내고 그것이 다시 소비계층에 영향을 미치고 있음을 보여준다.

전문 학술 영역에서 용어가 사용되는 모습을 살펴보면 어휘의 결정에 어떤 학문 영역의 주도 세력이 작용하고 있음을 보여준다. 우리나라 근대 학문의 출발이 일본의 식민지 교육에서 비롯되었고, 전반적으로 학술 용어들이 일본식 한자어에 바탕을 두고 있음은 잘 알려진 사실이다. 과학이란 용어가 그러하다(페어클럽의 저작에 대한 우리말 뒤침에서 몇 차례 걸쳐서 뒤친이가 지적한 내용으로 이 용어 자체는 분과학문이라는 본래의 낱말이 줄어서 과학으로 쓰임. Fairclough, 1992; 김지홍 뒤침, 2017: 92 뒤친이 주석 참고).

그에 더하여 한자어를 이용하여 새로운 용어를 만들어낼 경우도 뚜렷한 인식이나 자각 없이 용어들이 만들어지는 문제도 있다. 그렇게 만들어진 용어들이 관련 분야의 주도적인 학자 집단을 통해 사용되고 있다. 문식력(literacy), 상호텍스트성이란 용어가 대표적이다. 문식력이라는 용어의 부당성은 이미 지적하였으므로 따로 언급하지 않겠지만(Fairclough, 1992; 김지홍 뒤침, 2017: 98 뒤친이 주석 참고), 필자는 국어교육 분야에서는 일차적으로 글말 능력이란 용어를 제안한

적이 있다(허선익, 2013). 즉 글말을 이용하여 읽고 쓸 수 있는 능력을 가리킨다. 입말로 말하고 들을 수 있는 능력은 입말 능력이라고 할 수 있고 영어로는 oracy라는 용어로 나타내고 있다. 상호텍스트성 (intertextuality: 이 용어의 부당성에 대해서는 Fairclough, 1992; 김지홍 뒤침, 2017: 29 뒤친이 주석 참고. 뒤친이는 서로 얽힌 텍스트 속성이란 용어를 제안함)이란 용어도 이미 국어교육에서 겹쳐 읽기란 용어가 제안되고 있으므로 겹친 텍스트 속성이라는 용어가 쓰일 수 있다고 생각한다.

또한 국어교육에서 한동안 국어교육의 내용 영역을 가리키는 용어로 '문법' 대신에 '국어지식'이란 용어가 사용된 적이 있다. 실제로 필자도 그와 같은 용어를 포함한 제목으로 논문을 발표하기도 하였다. 이 용어가 쓰이던 당시에는 어느 정도 이 용어가 학문 공동체의 지지를 받았을 뿐만 아니라 어느 정도 권위를 지닌 학자가 이 용어의 사용을 이끌었기 때문에 널리 쓰였다. 그렇지만, 어느 순간에 이 용어는 학술 논문들에서 쓰이지 않게 되었다. 전문 학술용어의 생성에 주도적인 학문 집단과 권위자의 권력이 작용하고 있음을 보여주는 사례이다. 이와는 반대되는 용어로 '말꽃'이란 용어를 생각해 볼 수 있다. 이는 문학이란 용어의 부당성을 지적하면서 제안한 용어(김수업, 2002)인데, 이 용어는 널리 퍼지지 않고 있다. 여기에는 여러 가지 이유가 있으리라 생각하지만, 한자와 한문을 높이 받들던 학문 주도 세력들의 영향력을 생각해 볼 수 있다.

지금까지의 담화 이면에 작용하는 권력에 대한 논의를 다음 3)과 같이 정리하기로 한다.

3) 담화 이면에서 권력의 작용
(가) 정보 제공자·출처의 선택

(나) 정보의 선택: 정보의 양과 지면의 배치

(다) 프레임의 유지와 확산

(라) 담화 유형과 담화 실천 관례의 유지

(마) 공식적인 말투(≒표준어) 사용

(바) 용어의 사용과 선택

담화 이면에서 권력이 작용하는 또 다른 측면으로 격식성을 들수 있다. 격식성은 사회적으로 공평성을 유지하고자 하는 제도적인 틀이라고 할 수 있다. 가령 〈부록 9〉 ②에 제시한 사례와 같이 면접이라는 담화 실천 관례는 여러 가지 제약을 얹어놓음으로써 같은 담화가 여러 차례 되풀이되더라도 참여자들 특히 수험생에게 공평하게 적용가능하다. 그렇지만 이와 같은 격식성은 담화 참여자들이 공평하게 이러저런 격식에 대하여 합의를 한 것이라기보다는 사회 구조적 차원의 사회질서나 담화질서뿐만 아니라 사회적 실천의 유형에 대응하는 담화 유형에 따라 자리 잡은 것이다. 그에 따라 담화질서나 담화 유형이 지니고 있는 복합적이고 다층적인 속성에 따라 여러 차원에의 제약이 작용한다.

〈부록 9〉에 실려 있는 담화에서 격식성은 화제와 적합성(relevance)뿐만 아니라 어느 정도 틀이 잡힌 인접쌍과 발언 기회의 부여를 둘러싸고 작용한다. 이와 같은 격식성은 또한 참여 주체들의 사회 정체성과 밀접한 관련이 있다(Fairclough, 2001; 김지홍 뒤침, 2011: 138). 이는 ②의 자료에서 드러나듯이 교수가 수험생의 발화를 통제하는 방식을 통해 구체적으로 실현된다. 이는 개별 담화의 구조적 차원에서 작용하는 제약이라고 할 수 있다.

격식성에 따라 언어 표현의 차원에서 제약도 나타난다. 토의 면접을 주도하는 교사 혹은 교수(≒면접관)와 격식성의 제약을 받고 있는 학생들(≒수험생)이 지니고 있는 공식적인 신분이나 지위가 사회적 거리감에 따라 여러 가지 표현을 제약한다. 이는 공식적인 상황일수록 훨씬 더 엄격한 거리가 나타나는데, 대표적인 경우가 높임을 나타내는 말투식이다. 이는 ①과 ②를 대조해보면 확연하게 나타난다. ①에서는 비격식체의 두루 높임과 두루 낮춤이 자주 사용되었지만 ②에서는 격식체 가운데 아주높임과 예사낮춤이 주로 쓰이고 있다.

어휘에 대한 제약은 널리 알려져 있다. 〈부록 9〉 ①에서 학생 4의 발화와 그에 이어지는 교사의 잇댄 설명은 어휘에 대한 제약을 암시하고 있다. 〈부록 9〉 ②에서 교수는 학생에게 정확한 용어로 방법들을 지칭할 것을 요구한다. 이들 자료에서 구체적으로 드러나지는 않지만 발화의 속도나 억양 등에 대한 제약도 작용한다. 실제로 면접과 같은 담화 유형을 가르치는 상황에서는 말하는 속도도 중요한 내용이 된다.

4) 담화에서 나타나는 격식성에 따른 제약의 여러 차원들
(가) 담화 구조의 차원: 화제와의 적합성, 대화 인접쌍에 대한 제약
(나) 언어 표현의 차원: 말투, 어휘(방언 및 용어), 언어딸림 요소(속도, 억양)에 대한 제약

4)-(가)는 담화의 거시적 차원과 미시적 차원에서 작용하는 제약들인데, 전체적으로 이들은 의미 연결과 통사결속(3장의 〈그림 1〉 참조)에 관련되어 있다. (나)는 개인에 따라 변이가 나타날 수 있는 요소들이다. 이들은 담화에 관련되는 규범과 관련이 있다. 다만 (가)는 여러 담화 공동체에서 나타날 수 있어서 어느 정도 보편성을 띠고

있지만, (나)는 상황과 맥락의 영향을 많이 받는 속성이 있다. (나)에서 제시한 것과 같은 제약이 오히려 담화에 작용하는 권력 관계를 직접적으로 반영할 가능성이 더 높다. 따라서 담화 분석에서는 (나)에 제시한 제약들을 좀 더 눈여겨 볼 필요가 있다.

7. 담화와 갈등

담화 안에 있는 권력이 표현되든 담화 이면에 숨겨져 암묵적으로 작용하든 권력이 행사되는 순간 그 권력은 여러 가지로 갈등이 드러날 수밖에 없다. 다음은 의료 담화 가운데 일부로서 의사와 환자 사이의 대화이다.

> 5) 의료 담화에서 나타난 갈등(이소영, 2009: 7에서 따옴)
> 1 의사: 예 당뇨가 아주 나쁘지 않은데, 아주 좋지도 않으세요
> 2 환자: 예- 약으로 못 고치는 건가
> 3 의사: 예- 계속 드셔야 되고, 약을 쪼끔 올려야 될 수도 있고 아니면 음식을 쪼끔 더 줄이시든지 뭐
> 4 환자: 약을 좀 올려도 되고↗
> 5 의사: 예 아니면 운동을 더 하시든지- 음식을 조금 줄이시든지↘
> 6 환자: 운동을 10년 넘게 등산을 했거든요↗

1의 발화에서 의사는 환자의 상태에 대해 전문가로서 자신의 의견을 제시하고 3에서 적절한 처방을 제안하고 있다. 그렇지만 환자는 4와 6의 발화에서 알 수 있듯이 의사의 처방에 대한 확신을 보여주지

않고 있다. 대부분의 의료 담화에서는 의사가 발언의 주도권을 쥐고 전개된다. 그러나 이의 담화에서는 의사의 권력이 환자의 불신에 의해 상쇄되고 있다. 이와 같은 대화 전개, 즉 의사와 환자 사이의 갈등이 나타나는 의료 담화는 많지 않지만 의사는 본연의 권력을 회복하고 유지하기 위해 좀 더 다른 차원의 전략이 필요하다.

이와 비슷한 사례로서 환자와 의사 사이의 갈등 양상을 볼 수 있다. 〈부록 10〉에 있는 의료 담화에서 환자는 계속 환자는 화제를 바꾸어 나가면서 두 차례에 걸쳐 의도적으로 회피하는 전략을 쓰고 있다. 이는 일종의 저항 혹은 자기 방어의 표현(고재필, 2017: 43)으로 해석이 가능하다. 그렇지만 이 담화에서는 강도가 높지는 않지만 갈등이 나타나고 있다. 그런 상황에서 의사는 화제를 유지하고 적합성(관련성)을 지키도록 계속해서 질문을 제시하고 있다. 한편 이 담화에서 환자는 부정적 표현을 많이 쓰고 있는데, 이를 이소영(2006)에서는 의사가 환자 혹은 내담자의 상태에 대해서 부정적인 판단을 내리고자 할 것이라는 예상에 따라 자신의 담화 행보를 결정하는 데서 나오는 결과로 보았다. 결국 의사가 행사하는 권력에 대하여 표면적으로 겉으로는 갈등을 일으키지만, 환자는 소극적인 협력을 통해 담화에 참여하는 것으로 해석할 수 있으리라 생각한다.

4장의 2)와 〈그림 1〉에서 제시한 내용을 토대로 담화에서 나타나는 갈등의 층위를 살펴보기로 한다. 5)와 〈부록 10〉에 있는 의료 담화에서 갈등은 다른 담화에서 나타난 갈등과 마찬가지로 세 층위에 걸쳐 있다. 의료 담화 특히 의사와 환자의 담화에서 당연히 권력을 쥔 주체는 의사라고 생각한다. 이렇게 의사의 권위가 먹히는 상황에서는 갈등이 일어날 여지가 많지 않다. 그렇지만 5)에서는 앞서 지적한 것과 같은 갈등이 발생하고 있다면 이는 좀 더 넓은 차원,

즉 사회 구조 층위에서 일어나는 갈등으로 볼 수 있다. 동시에 의사는 제안(처방)하는 사람이고, 환자는 수용하는 사람이라는 사회제도적 차원에서의 갈등으로도 볼 수 있다. 그리고 담화가 이뤄지는 상황에서 특정한 처방에 대한 환자의 경험을 개입시킬 수 있는 상황이 마련됨으로써 나타나는 갈등으로도 해석이 가능하다.

〈부록 10〉의 담화 자료는 이런 경우에도에서 두드러진 것은 사회 구조적 차원에서 권력을 쥔 의사의 요구, 즉 화제와 관련되는 내용에 대한 상세화의 요구를 저버린다는 점에서 나타나는 갈등으로 볼 수 있다. 그렇지만 이 담화에서 두드러진 갈등은 사회제도 차원, 즉 중년 이상의 여성들이 담화에 참여하는 하는 유형으로서 구체적인 상황이나 당면한 문제를 덮어두려는 태도로 인해 나타나는 갈등이다. 즉 구체적인 상황에서 비롯되는 갈등이라기보다는 중년 여성이 사회에서 차지하는 역할이나 지위를 반영하는 제도적 차원의 갈등이 우세하다고 볼 수 있다.

두 개의 자료에서 나타나는 갈등에 대한 살핌을 통해서 담화에서 나타날 수 있는 갈등의 양상은 조금씩 다르게 나타날 수 있음을 보여준다. 5)에는 상황적 갈등, 제도적 갈등과 사회 구조적 갈등을 모두 보여주지만, 〈부록 10〉에 나타난 갈등은 제도적 갈등이 주를 이루고 있다.

사회 구조적인 차원에서 권력은 언제나 공평하게 분배되지는 않기 때문에 갈등의 소지가 늘 있게 마련이다. 그래서 불평등을 어느 정도 줄이기 위한 노력들이 제도적 차원에서 일어날 수 있다. 최근에 우리나라에서 공무원들의 직급에 대한 명칭을 상향평준화하여 보편화하려는 노력도 그런 차원에서 이뤄진 것이라고 해석할 수 있다. 몇 년 전까지만 해도 5급 이상의 공무원들은 '관'(사무관, 서기관 등)이라는 접사를 이용하여 불렀고, 6급 이하의 공무원들은 좀 더 세분화된 직명(이를테면 주사, 주사보 등)으로 불렀다. 그리고 다양한 기능직 공무원들을 '원'이라는 접사를 이용하여 이름을 붙여 놓았다. 그런데 6급 이하의 공무직원에 붙이던 접사가 차별이나 고르지 못한 인식을 함의하고 있었다. 최근에는 이런 직급들을 다 통합하여 6급 이하의 공무원을 모두 '주무관'으로 부르도록 하였다. '주무관(action officer)'이란 말의 사전적인 의미는 '어떤 업무를 주로 맡아 보는 관리'란 뜻이다. '원'이라는 접사를 없애고 '관'이라는 접사를 붙여서 부르게 된 배경에는 부르는 말에 따른 차별이나 고르지 못한 인식을 어느 정도 바로 잡기 위한 것으로 판단한다. 이는 제도적으로 혹은 표면적으로 갈등의 여지를 없애려는 갈등 관리 방식이 될 것이다.

여기에는 겉으로 두드러지게 나타날 수 있는 갈등의 여지를 없앨수 있다는 긍정적인 측면이 있다. 그렇지만 권력에 의한 부당한 행사가 있고 난 뒤 적발되는 일이 여러 차례 되풀이되는 오늘날 우리나라의 현실을 고려해 보면 불평등한 권력 관계가 나아지고 있다고 판단할 수만은 없음을 알게 된다. 불평등한 권력 관계를 해결하여 없애려는 노력에도 불구하고 여전히 성차별이 성적 문제와 뿌리 깊게 박혀 있음을 최근에 일어난 미투[me, too] 운동을 통해 알 수 있다. 우리나라를 대표하는 4대 금융 기관의 채용 비리에는 지배 권력의 개입뿐만 아니라 성차별의 문제가 드러나고 있다. 그리고 중산층의 몰락으로 하층민의 비율이 증대한다든지, 계층 사이의 부의 집중과 편중되는 현상도 나타난다. 그리고 뒤늦게 밝혀진 사실이지만 국가 최고 권력에 의한 행정적 재정적 불편부당도 널리 알려진 '문화계 블랙리스트'를 통해 은밀하게 자행되고 있음을 본다. 이런 일련의 사건들은 "권력을 쥔 이들이 분명한 이유도 없이 권리를 포기할 것으로 믿을 수 없는"(Fairclough, 2001; 김지홍 뒤침, 2011: 151) 현실을 보여준다.

한편으로는 계층과 관련된 위화감을 해결하려는 노력과 그것과는 다르게 은밀하고 부당하게 행사되는 권력이 있다는 점은 분명히 모순적인 현상이다. 이와 같은 모순이 빚어지게 된 데에는 노동계층 사람들 및 아녀자·청년·동성연애자, 외국인 노동자 및 결혼 이민자, 다문화 가정 출신 등과 같이 힘이 없고 그 반대편의 사람들에게 무시를 받던 사람 혹은 좀 더 일반적으로 말하여 계층이 늘어남에 따라 상대적인 권력 균형에서 지배층이 양보를 할 수밖에 없는 현실이 있었다. 그렇지만 권력을 지닌 사람이 권력을 스스로 포기하거나 통제권 안에 있는 권력을 내어주지 않는다는 사실을 분명히 보여줄 뿐이다. 따라서 비판적 담화 분석에서는 공공연하게 표현되는 권력의 문제뿐만 아니라 권력 관계의 표현 수준이 낮은 경우에는 더욱더 담화에서 나타날 수 있는 숨은 권력에 대한 비판에 지속적으로 주의를 기울일 필요성이 남아 있는 근거가 된다.

예컨대 최근에 일어난 미투[me, too] 운동에서 가해자들은 거의 대부분 관련 사실을 부정하고 부인하는 언론 발표를 통해 자신의 입장을 드러낸다. 여론이 대체로 피해자에게 동정적이고, 가해자에게 적대적일 때조차도 처음에 내세웠던 자신의 입장을 주장한다. 그러다가 가해 사실을 부인할 수 없을 정도로 증거들이 쌓일 때, 가령 피해자의 수가 늘어나 걷잡을 수 없을 때 슬그머니 의심받고 있는 사실을 인정하곤 하였다. 이는 우리나라에서 권력을 가진 집단 이를테면 5.18 광주민주화운동 당시 계엄군 사령관이었던 전직 대통령에서부터 그보다 자잘한 일들에서 혐의를 받아 청문회에 출석한 대부분의 국회의원들, 고위직 공무원들, 기업가들이 보인 행태이다. 여기에는 앞서 언급한 것처럼 제도 권력으로 대표되는 경찰이나 특별 조사위원회에서 피해자의 사생활이 세세하게 파헤칠 정도의 수사가 뒷받침되어야 권력을 가진 계층들을 조사할 수 있다는 점에서 권력이 지닌 막강한 힘을 다시금 보여준다.

다른 한편으로 숨은 권력은 권력을 지닌 자와 권력을 가지지 않은 자 사이의 갈등이나 대립을 원하지 않는다. 오히려 권력을 가지지 않은 사람들 사이의 갈등을 부추기는 당파성을 드러냄으로써 자신들이 갖고 있는 권력이나 주도권을 견고하게 하도록 움직인다. 최근에 우리 사회에서 뜨거운 말싸움거리였던 '최저임금'의 경우를 보면 이를 실제와 같이 보여준다(〈부록 13〉에 실려 있는 자료 참고). 이른바 보수 언론으로 일컬어지는 신문들에서는 이 문제를 영세 자본가(가게 주인)와 임노동자들의 갈등으로 몰고 가는 모습을 보여주고 있는 것이다.

이와 같은 갈등이 나타나고 있는 현상은 사회가 정태적이지 않고, 역동적으로 움직이고 있음을 의미한다. 다만 갈등을 해결하는 그리고 해결하려는 방식에서 권력이 어떻게 작용하는가를 파악하는 점이 중요하다. 대한민국 정부의 정통성 문제를 둘러싼 논쟁에서도 권력의 작용이 나타나며, 국정교과서 문제도 그러한 점에서 지난 정부와 지금의 정부가 보여주고 있는 차이도 어떤 권력을 어떻게 행사하느냐의 차이에서 비롯된다. 이러한 차이에 눈길을 주고 비판할 수 있어야 한다는 점을 자각하는 것이 중요하다. 이것이 깨어 있는 지식인으로서 몫이며, 앞으로 국어교육 현장에서도 실천해야 가야 할 방향이라고 생각한다.

제6장 비판적 담화 분석의 방법

1. 비판적 담화 분석의 대상

비판적 담화 분석에서 대상은 두 가지 차원에서 나누어 볼 수 있다. 하나는 형식적인 차원에서 언어를 중심으로 한 분석에서 대상이다. 기본적으로 보그란데(de Beaugrande, 1999)에서 지적하고 있는 것처럼 말뭉치 언어학에 바탕을 두고 있다(Wodak & Meyer, 2009: 2도 참고). 이는 변형생성문법에서 가정하였던 이상적인 화자로서 언어학자의 직관에서 나온 추상적이고 이론적인 언어자료를 넘어선다는 것이다. 그리고 구조주의 언어학에서 강조하였던 음성과 구절, 변형생성문법에서 주된 대상이었던 문장의 범위를 넘어서 담화 전체에서 사용되는 언어 표현과 비언어적 표현이 연구의 대상이 된다. 실제로 대중매체에 대한 비판적 담화 분석은 페어클럽(Fairclough, 1995; 이원표 역, 2004)에서 선보인 것처럼 뉴스에 등장하는 자막, 음향효과

등도 분석의 대상이 된다. 그리고 담화에 대한 의미 연결과 통사결속, 거시구조, 화행, 발언권 교체, 어휘 사슬(lexical chain) 등을, 4장의 1)에서 제시한 맥락을 고려하여 분석한다. 그렇기 때문에 전통적인 대중매체에서부터 누리그물에 다양한 모습으로 수없이 오가는 댓글, 토론방, 개인적이든 공적이든 공유 혹은 공개되고 있는 블로그에 이르기까지 분석의 폭을 넓혀 왔다. 실제로 페어클럽(Fairclough, 2001; 김지홍 뒤침, 2011: 400~407)에서는 영국의 보건사회안전 사무국의 가계수입 신청 서식까지도 분석의 대상으로 삼음으로써 형식에 얽매이지 않고 삶의 문제와 관련된 문제에서 권력이 어떻게 손을 쓰고 있는지를 보여준다. 아울러 매체에 담겨 있는 다양한 계층의 전문가, 일반인들의 목소리를 분석하고 비판하는 과정을 통해 실제로 사회적 문제를 둘러싸고, 언어화 과정을 통해 드러나는 사회적 정체성, 권력의 문제, 주도권이나 이념의 문제를 분석하고 그 부당성을 비판하고자 한다. 언어의 구조와 실제적으로 사용되는 모습을 좀 더 생생하게 보여주었다는 점에서 비판적 담화 분석의 의의를 찾을 수 있다. 이와 같은 비판적 담화 분석은 세계, 삶의 문제를 대상으로 담론의 형식을 띠기 때문에 삶의 모순이나, 질곡을 좀 더 분명하게 보여주는 데 이바지할 수 있는 언어 연구의 분야가 될 수 있으리라 생각한다.

비판적 담화 분석에서 대상은 내용적인 측면에서 담화 분석가가 살고 있는 현실에서 맞닥뜨린 문제이다. 대부분의 사회문제들이 언어를 통해 표현되기 때문에 넓은 범위에서 보면 모든 사회문제들 특히 담론의 형식을 띠고 나타나는 사회문제들 전체가 될 것이다. 그 중에서 사회의 변화와 관련되는 문제들뿐만 아니라, 이념과 권력이 날카롭게 맞서는 현실의 문제들이 일차적인 비판적인 담화 분석의 대상이 될 것이다. 부동산 정책, 국가 권력의 남용, 다문화 가족을 둘러싼 지엽적인 문제에서부터 페어클럽(Fairclough, 1992; 김지홍 뒤침, 2017/ Fairclough, 1995; 이원표 역, 2004/ Fairclough, 2001; 김지홍 뒤침, 2011/ Fairclough, 2003; 김지홍 뒤침, 2012가)에서 분석의 대상으로 삼고 있는 민주화, 신자본주의 담론에 이르는 전세계적인 문제들이 그 대상이 될 수 있다. 특히 지엽적인 문제들이 국제적인 분쟁의 양상을 띠고 있는 오늘날의 현실을 고려할 때 인종차별, 성별 차이 등의 문제들이 전지구적 논의의 맥락에서 비판적 담화 분석의 대상이 될 수 있다. 그에 더하여 사람들의 삶의 토대가 되는 경제 문제에 대하여, 미국의 공화당 대표로 대통령에 선출된 트럼프의 보호무역주의에 바탕을 둔 무역 전쟁 등도 여러 차원에서 이념과 권력에 관련된 문제점들을 드러내고 있고, 이런 문제점에 대한 지적이 담론의 형식으로 활발하게 이뤄지기 때문에 비판적 담화 분석의 대상이 될 수 있다.

2. 비판적 담화 분석 목표

그렇다면 비판적 담화 분석의 목표는 무엇인가? 페어클럽(Fairclough, 2003; 김지홍 뒤침, 2012가)에서는 사회 이론의 탐구 방법으로서 비판적 담화 분석이 의미 있다고 하였다. 이는 언어를 제외한 다른 인간의 행동에 대한 탐구가 주를 이루는 현대의 사회 이론에서 담화에 대한 관심의 필요성을 강조한 것이라고 할 수 있다. 이는 필자의 입장에서 볼 때 비판적 담화 분석의 외재적 목표라고 할 수 있다.

비판적 담화 분석의 내재적 목표는 언어 분석뿐만 아니라 언어를 통하여 구체화되는 이념의 문제를 파헤치고, 그것이 사회 구조적 차원에 더하여 개인적 차원에서 어떤 영향을 미치는지 밝히는 것이라고 할 수 있다. 이를 통해 개인적인 차원에서 그리고 사회적 차원에서 부당하게 짐을 지우고 있는 사회 구조가 짜여 있는 모습을 탐구하고 이런 구조에 대하여 연구자는 비판하고 도전하며, 좀 더 평등한 사회를 구현하는 데 한 몫을 할 수 있다. 이는 푸코가 관심을 갖고 있었던 거시적인 사회 구조의 부조리를 밝혀내기 위한 단초를 감옥이나 말, 광기 등에서 찾아내고자 하는 시도와 맞먹는 작업의 하나로 볼 수 있음을 의미한다. 푸코는 매우 넓은 의미에서 지식을 자리매김하면서 그것이 어떻게 구성되고, 발전하며, 이어져 내려오고, 사회를 형성하고 사회의 전체적인 발전에 어떤 영향을 미쳤는지를 밝히려고 하였다. 그런 점에서 지식의 전달하고 형성하는 매체로 담화를 바라보는 비판적 담화 분석에서 지식이 존재하는 맥락을 밝히고 지식의 역할을 분석하고 비판하는 일과 다르지 않다고 볼 수 있는 것이다.

언어학자로서 혹은 국어교육가로서 필자의 입장에서 세워 볼 수 있는 비판적 담화 분석의 목표는 우리말을 제대로 부려 씀으로써 삶을 풍부하게 하고 세상을 밝고 바람직하게 하는 데 있다고 할 것이다. 되어 있는 국어의 모습을 찬찬히 살피고 바람직한 국어 생활의 길로 이끌어주는데, 국어교육의 과녁이 있다면 비판적 담화 분석이 나아가고자 하는 길과 다르지 않을 것이라 생각한다(김수업, 1997 참고). "이제 역사상 다른 어느 시기보다도 진리의 왜곡 및 인간 권리의 억압으로 인해서, 매스꺼운 위선과 더불어, 언어가 이용되는 방식에 관해서 비판적으로 되는 일이 더욱 중요해졌다."(Widdowson, 2004; 김지홍 뒤침, 2018: 395)는 점을 고려해 볼 때 비판적 담화 분석의 몫을 챙겨볼 수 있으리라 생각한다. 비판적 담화 분석이 언어를 통해 드러나는 주도권이나 차별, 권력과 통제의 구조적 관계를 투명하고 분명하게 분석하는 일에 관심을 갖기 때문이다(Wodak & Mayer, 2001: 2). 더 나아가 학문의 실천적 가치를 자리매김하고 이를 실현하는 일이 연구자로서 나아가야 할 방향이라면 비판적 담화 분석을 충실하게 실현하는 일이 종요로운 일이다. 이렇게 함으로써 실천적 학문으로 서, 혹은 응용학문으로서 국어교육학을 조금이나마 살찌우는 데에 도 이바지할 수 있으리라 생각한다.

이 책의 목적은 비판적 담화 분석을 국어교육의 맥락에서 자리매 김하고 그것을 국어교육에 활용하는 방안을 찾는 데 있다. 기본적으 로는 교육과정이라는 담화를 대상으로 하여 국어교육의 목표를 가 려낼 수 있으며, 더 나아가 국어교육 현장에 적용함으로써 학습자들 로 하여금 좀 더 깊이 글을 읽을 수 있는 힘을 기르고, 좀 더 평등한 사회를 이루기 위한 글쓰기를 할 수 있도록 학생들을 가르치는 방법 을 찾고자 한다. 즉 비판적 담화 분석의 방법을 통해 비판적인 읽고 쓰기 능력, 즉 비판적인 글말 능력(critical literacy)을 기르는 데 이바지 할 수 있으리라 생각한다.

3. 담화의 층위와 담화 분석의 층위

비판적 담화 분석은 기술과 해석, 설명으로 구성되며 이 가운데 설명을 비판적 담화 분석에서 목표로 삼는다. 다음과 같은 그림으로 담화의 층위와 분석의 층위를 구별할 수 있다. 4장의 〈그림 1〉에서 제시한 담화의 층위가 맥락을 중심으로 한 것이며, 7장의 〈그림 2〉는 담화의 층위만 보여준다. 다음 그림은 담화의 층위와 담화 분석의 층위를 함께 보여준다.

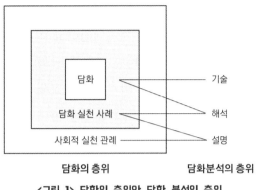

<그림 1> 담화의 층위와 담화 분석의 층위

이전의 화용론과 달리 비판적 담화 분석에서 강조하고 있는 점은 모든 담화가 사회적 토대 혹은 기반을 가지고 있으며 사회 구조와 권력과 밀접한 관련이 있다는 전제에 있다. 그에 따라 담화 분석에서도 이런 사회적 기반과 담화가 서로 얽히거나 관련을 짓도록 하는 데 초점이 있다. 이를 위해 세 가지를 제시하였는데, 〈그림 1〉에서와 같이 기술과 해석, 설명의 단계이다. 기술 단계는 이전의 화용론적 분석과 비슷하게 어휘나 문법, 담화의 구조 등에 관한 분석이 이뤄지는 단계이다. 해석 단계에서는 담화의 산출 주체와 수용 주체의 기억 자원과 담화를 관련짓는다. 기억 자원은 사회질서, 상황 유형이나 담화 유형들에 대한 원천 지식을 바탕으로 한다. 실천 관례라는 말에는 담화가 담화 동아리 혹은 지식 공동체 안에서 어느 정도 유형화되어 있음을 의미한다. 설명 단계에서는 산출과정과 해석과정이 사회적 효과를 살피는 단계로서 사회 구조와 권력, 이념의 관련성을 탐색하고, 사회 구조의 변화와 관련을 짓는다. 비판적 담화 분석에서 해석의 다음 단계로 설명을 제시한 것은 해석이 어느 정도 주관적인 요소가 개입될 수 있다는 점을 고려하였기 때문이다. 개인의 사회적

정체성이나 가지고 있는 이념에 따라 텍스트를 읽어낸 결과를 해석이라고 한 것이다. 그에 비해 〈그림 1〉에서도 어느 정도 제시되어 있듯이 설명은 사회문화 정치적 토대를 바탕으로 텍스트의 미시적 수준보다는 거시적 수준으로 분석한 결과로 보고 있다. 위도슨(Widdowson, 2004; 김지홍 뒤침, 2018: 348)에서 위댁(Wodak, 1996)을 비판하는 논지 속에도 설명이 아니라 해석을 하고 있기 때문이다. 물론 위댁의 업적은 푸코와 비슷하게 사적인 맥락에서 비판적 담화 분석의 입장을 도탑게 하는 구체적인 분석 방법을 제시하고 있기 때문에 위댁의 연구 업적에 대한 공과와는 구별되어 평가되어야 할 것이다.

4. 비판적 담화 분석의 방법

비판적 담화 분석의 방법은 앞서 언급한 것처럼 여러 학문에 연결되어 있다. 페어클럽의 일련의 저작에서 발전시킨 방법론과 관련하여 살펴보고 이들을 비판적 담화 분석과 관련을 짓도록 하겠다.

페어클럽(Fairclough, 2003; 김지홍 뒤침, 2012가: 24)이 "실제로 비판적 담화 분석에 대한 주요한 기여는 체계 기능 언어학으로부터 발전되어 나왔다."라고 한 데서 알 수 있듯이 체계 기능 언어학의 분석 방법은 비판적 담화 분석과 밀접한 관련이 있다(이성만, 2005). 핼리데이의 체계 기능 언어학은 비판적 담화 분석에서 텍스트 차원의 분석을 위하여 끌어들였지만 이 모형의 용어 및 개념의 복잡성 때문에 접근하기는 쉽지 않다. 그리고 이 책에서 겨냥하고 있는 국어교육학적 적용의 문제도 아직껏 해결되지 않은 문제들이 남아 있는 것도 사실이다. 그리고 여러 논자들에 의해 교육적 적용에서 문제점도 지적되었는데, 김은성(2013: 166), 정희모(2017)를 참고할 수 있다.

페어클럽은 비판적 담화 분석의 근거와 구체적인 사례를 제시하고 일련의 논의들을 통해 대중매체에 나타나는 담화를 분석하고 있다는 점에서 비판적 담화 분석을 이끌어 가는 연구자들 가운데 한 사람이다. 그의 분석에서 전제는 담화가 하나의 사회적 사건이라는 점이다. 이는 다음과 같은 대응 관계를 통해 분명히 하려고 한 듯하다.

1) 페어클럽의 비판적 담화 분석에서 사회적 사건·사회적 실천 관행·사회 구조의 관련성
   (가) 사회 구조 ⇨ 언어로 실현됨
   (나) 사회적 실천 관행 ⇨ 담론/담화 질서로 나타남
   (다) 사회적 사건 ⇨ 텍스트로 구현됨

1)에서 제시한 관련성 도식은 앞서 4장의 2)에서 제시한 맥락과는 구체화의 방향이 반대이다. 1)의 내용이 함의하는 바는 여기서 사회 구조는 사회적 실천 관행을 매개로 하여 사회적 사건으로 구체화된다는 것이다(Fairclough, 2003; 김지홍 뒤침, 2012가: 64~65). 이를 담화와 관련지어 보면 언어는 담화 질서를 매개로 하여 텍스트로 구체화된다고 할 수 있다.

그는 먼저 사회 구조가 추상적인 대상이라고 하였다. 마찬가지로 담화 혹은 (페어클럽의 관점에서 담화의 하위 개념인) 텍스트로 구현되기 전의 언어 속성은 추상적이다. 사회적 사건의 면면들을 통해 좀 더 구체적으로 사회의 구조가 드러나게 되는데, 이는 사회적 실천 관행의 제약을 받는다. 마찬가지로 텍스트로 구현되는 언어 속성들도 사회의 담론/담화 질서의 제약을 받는다. 이는 화용론에서 소통

의 원리나 규범, 예컨대 그라이스의 언어 사용에 관한 네 가지 규범에 깃들어 있는 제약에 들어맞도록 사용된다는 점에서 사회의 담화/담론 질서를 따른다는 것과 다르지 않다. 이는 페어클럽(Fairclough, 2001; 김지홍 뒤침, 2011/ Fairclough, 2003; 김지홍 뒤침, 2012가)에서는 담화의 사회적 속성을 더 강조하여 '사회적 효과를 지닌 방식'으로 담화를 실행한다고 보았다.

5. 비판적 담화 분석의 요소들

한마디로 이야기하면 비판적 담화 분석의 요소들은 한계가 없다. 이는 페어클럽의 비판적 담화 분석이 아직도 이론 구성의 과정에 있다는, 즉 완성된 이론 체계가 아니라는 비판을 받는 이유가 되기도 한다. 그렇지만 그만큼 담화와 매체에 나타나는 여러 요소들을 분석의 대상으로 삼을 만큼 포괄적이라는 의미로도 이해할 수 있다. 페어클럽의 일련의 저작에서는 비판적 담화 분석의 요소로 어휘, 문법, 텍스트 구조의 세 차원으로 나누었다. 여기서는 페어클럽의 여러 저술들을 중심으로 비판적 담화 분석에서 나타난 여러 요소들을 문법요소와 내용을 중심으로 한다. 아울러 밴 리우벤(Theo van Leeuwen)의 논의에서 나타난 사회 기호론적 관점에서 기호로서 이미지를 곁들여 살펴보기로 한다.

5.1. 문법요소

5.1.1. 덩이입말

5.1.1.1. 설의법

이 문장 형태는 일종의 수사적 목적에 따른 의문문이다. 기본적으로는 간접적인 전달 방식으로 상대방으로 하여금 확인을 요구하는 목적으로 지닌다. 그렇지만 당연한 사실, 이미 청자와 화자가 알고 있는 사실을 마땅히 알고 있어야 함에도 굳이 의문문 형식으로 제시함으로써 상대방을 무시하는 함의가 깔려 있을 수 있다.

5.1.1.2. 짧은 의문문 문장

짧은 문장은 대화 규범 가운데 양의 규범을 지키지 못할 경우 문제가 된다. 이 문법요소에 대한 판단은 문화적인 차이와 어느 정도 관련이 있다. 우리나라의 경우 짧은 문장은 별다른 문제가 되지 않다. 경우에 따라서는 상황이나 맥락이 잘 이해되는 가까운 사이에서 심리적인 거리가 좁을 경우에도 짤막한 질문 형태를 선호하고 있는 듯하다. 그렇지만 서양의 담화 관례에서는 살갑지 못하거나 버릇없음으로 비춰질 수 있다.

5.1.1.3. 요청 표현과 권력

여기서는 요청 담화에서 나타날 수 있는 공손성이 함의된 권력이 행사되는 방식에 따라 다섯 가지로 나누어 설명하기로 한다. 높임의 방식은 크게 두 가지로 나눌 수 있다. 하나는 상대방을 높여서 표현하는 것이고, 다른 하나는 자신을 낮추는 것이다. 요청 표현에서는 이 두 가지가 동시에 작용하고 있는데, 두드러진 것은 자신을 낮추는 공손성 원리이다. 이는 클락(Clark, 1996; 김지홍 뒤침, 2009: 10장)에서 상대방의 자율성과 자존심을 높여주기 위해 나타나는 원리라고 보았다. 한편 페어클럽(Fairclough, 2001; 김지홍 뒤침, 2011: 120~122)에서는 요청 및 권력 사이에는 긴밀한 연관성이 있다고 지적하면서 다듬어진 요청과 덜 다듬어진 요청의 두 갈래로 구분하였다. 필자는 요청의 경우 상대방에 대한 책무성과 실현 가능성에 대한 판단의 조율을 통해 권력이 드러난다고 본다. 즉 상대방에 대한 부탁이 상대방으로 하여금 높은 수준의 책무성을 요구한다면 실현 가능성의 높고 낮음에 대한 판단에 상관없이 반드시 상대방으로 하여금 요구를 들어주도록 요청하는 것이며, 낮은 수준의 책무성을 요구한다면 실현 가능성에 대한 판단에 의해 요구를 들어줄 수 있는지 여부를 상대방으로 하여금 결정하게 하는 것이다. 책무성보다는 실현 가능성에 대한 상대방의 의견에 기대는 정도는 결과적으로 상대방의 자율성과 자존심을 인정하는 정도와 비례한다. 이 두 요소들 사이의 조율을 통해 나타나는 요청 표현에서 역설적인 것은 실현 가능성에 대한 판단보다는 책무성을 강조하는 명령투의 요청보다 그 반대에 있는 표현, 즉 책무성보다는 상대방의 실현 가능성에 대한 판단에 많이 기대는 요청에서 더 많은 권력 특히 표면에 드러나지 않는 권력이 작용한다는 것이다. 이를 다음을 통해서 볼 수 있을 것이다.

1) 요청 표현(Fairclough, 2001; 김지홍 뒤침, 2011: 120)

① 5시까지 이 편지를 타자로 쳐 놓아요!

② 혹시 5시까지 이 편지를 타자로 쳐 줄 수 있을지 여부를 제가 물어봐도 괜찮겠습니까?

위의 설명에 따른다면 ①은 상대방의 실현 가능성에 대한 판단에 기대기보다는 책무성을 강조하고 있는 듯하며, ②는 책무성보다는 상대방의 실현 가능성에 대한 판단에 기대고 있는 요청이다. ①이 반드시 화자가 청자에 대한 권력을 행사하지 않는다고 볼 수는 없지만 ②에서는 아무런 권력이 작용하지 않는 듯하지만, 실제로는 화자의 요청을 청자가 거절할 수 없도록 만드는 높은 수준의 전략이 끼어들 수 있다. 말하자면 반감이나 거부감까지 사그라지게 하는 전략이 깔려 있다고 할 수 있다. 따라서 책무성을 강조하는 요청을 통해서는 명시적인 권력 관계를 보여주지만, 실현 가능성에 대한 청자의 판단에 기대고 있는 요청은 숨은 권력, 즉 담화 이면에 있는 권력이 깔려 있다고 볼 수 있는 것이다. 이를 일반화하여 다음과 같은 그림으로 나타낼 수 있을 것이다.

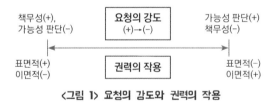

〈그림 1〉 요청의 강도와 권력의 작용

〈그림 1〉은 책무성이 강할수록 권력의 작용은 표면적으로 나타나고 책무성이 적을수록 권력은 이면에 깔려 있음을 보여준다. 다만 위 그림에 대한 해석에서 권력의 작용에 대해서 지나치게 일반화하

지 않아야 한다. 즉 책무성보다는 실현 가능성 판단에 기대는 요청이 언제나 이면적 권력이 그렇지 않은 경우보다 많이 작용하는 것은 아니기 때문이다. 그럼에도 불구하고 이렇게 도식적으로 제시한 것은 이런 요청이 청자로 하여금 요청을 들어주지 말라는 의도를 깔고 있다고 보기는 힘들다는 것이다. 앞서 말한 것처럼 일종의 전략으로서 상대방에게 거절할 수 없도록 하려는 의도는 작용하고 있다고 보아야 한다는 것이다.

5.1.1.4. 인칭대명사

연설문이나 정치적 담화문과 같은 글에서 여러 인칭의 대명사들이 뒤섞여 사용된다. 이와 같은 인칭대명사들은 우리 편과 다른 편을 구분 짓기와 아우르는 기능을 가지고 있기 때문에 이념적인 성향이 뚜렷한 정치적 담화문에서 비교적 뚜렷하게 쓰인다. 발화자와 수신자 사이의 어떤 관계를 설정하는 것이 바로 이념적 성향을 효과적으로 드러내기 위한 전략이기 때문이다. 이런 전략이 언어 표현을 통해 구체화된 것이 인칭대명사인 것이다.

〈부록 14〉에서 마틴 루터 킹은 '나'라는 대명사와 '우리'라는 대명사를 번갈아 사용하고 있다. 먼저 '나'라는 대명사의 사용을 통해 '조직 : 개인' 사이의 관계에서 개인으로서 자신의 정체성을 드러내는 역할을 한다. 그렇지만 이와 같은 정체성의 강조는 그렇게 강력하지 않다. 오히려 '나'를 포함한 '우리'와의 연결이며, 그와 같은 점을 이 연설에서 강조하고 있기 때문이다. 정치 담화는 '나'로부터 '우리'로의 통합이 얼마나 성공적으로 이루어지느냐에 성공과 실패의 여부가 결정된다(Fairclough, 2001; 김지홍 뒤침, 2011). 이와 같은 담화 영역의 확장은 담화 참여자들의 공감대를 불러일으키는 데 필요하며 효과적인 전략으로 널리 이용되고 있다.

이와 같은 담화 영역의 확장은 인칭대명사를 통해서 나타나기도 하지만 〈부록 6〉에 제시되어 있는 일련의 명사를 통해서 전략적으로 사용되기도 한다. 〈부록 6〉에 제시된 사설에서 다양한 주체들이 나오는데 먼저 ①의 사설에서는 크게 두 부류, 즉 영웅과 그렇지 않은 집단의 사람들이다. 영웅은 칭찬의 대상으로 언급되며, 그렇지 않은 집단의 사람들은 비판의 대상이 된다. 어휘 결속을 통해 이들을 묶어보면 뚜렷하게 드러난다. 이 글에서 앞부분은 주로 영웅들에 대한 이야기가 나오고, 뒷부분은 이와 반대의 행태를 보이는 부류의 사람들이 언급되고 있다. 이를 통해 담화 참여자들의 공감대를 불러일으키려는 의도를 실현하고 있다. 다만 이 사설에서 영웅들로 지칭되는 집단의 사람들은 행위자들 한 사람이 행위의 개별 주체로 지칭되지 않고 집단의 한 사람으로 지칭되는 반면 그 반대쪽에 있는 사람들은 구체적으로 이름까지 밝히고 있다는 점에서 구별된다. 이는 페어클럽(Fairclough 2003; 김지홍 뒤침, 2012가: 340)에서 지적하는 것처럼 사람들을 도구적으로 또는 구조적으로 구조 및 생산 과정의 한 요소로 취급할 수 있다. 그리고 ㉮에서처럼 능동형 동사가 아니라 피동형 동사를 써서 다른 사람의 행동에 영향을 받는 대상으로 표현될 가능성이 높다. ②에서는 이런 점들이 좀 더 심화되고 있다. 특히 ①의 기사에서 나왔던 '영웅들'을 '제복을 입은 영웅'으로 부름으로써 좀 더 배타적인 이름을 붙이고 있다. 언급된 집단은 포함되고 그렇지 않은 집단의 구성원들은 배제되게 배제의 방법을 씀으로써 특정 집단(이를테면 소방관이나 경찰)에 대한 국가적 위기에 대한 단결심이나 국가에 대한 충성심을 머릿속에 새겨두려는 의도가 깔려 있는 듯하다. 그런 점에서 ①과 ②를 비교해 보면 ①에서는 그 정체가 드러나지는 않지만 시민들의 행적이 많이 드러나 있고, ②에서는 상대적으로 그 행적이 적게 드러나 있다는 점도 이해할 수 있을 것이다.

〈부록 6〉에 있는 두 편의 사설에서는 사회적 행위자의 표상에 대한 선택에서 차이를 잘 보여준다. 두 기사문에서 거의 나타나지 않은 행위 주체는 정부(혹은 소방청, 경찰청) 등이다. 이들은 거의 본문 속에 나타나지 않으며 나타난다고 하더라도 그런 일을 한 행위를 추론할 수 있을 뿐이다. 예컨대 ①의 기사에서 밑줄 그은 ⓐ 부분은 비상출동 시스템을 강화한 주체가 정부임을 쉽게 알 수 있음에도 이를 언급하지 않았다.

다만 〈부록 14〉에서 '나'라는 대명사는 담화에서 연설의 주체인 마틴 루터 킹만을 가리키는 것은 아니다. 잘 알려져 있듯이 킹은 흑인을 대표하는, 좀 더 넓게 말하면, 차별되고 소외되고 있다고 인식되고 있는 집단을 대표한다. 물론 이 경우는 마틴 루터 킹을 알고 있는 대부분의 청자들에게 공유되는 지식이기도 하다.

이는 날카롭게 맞서고 있는 정치 담화와는 구별되는 측면이 있다. 김지선·이근모(2015)에서 다음에 예로 들고 있는 국내 정치의 집단들 사이의 대립과 구별된다. 2)에서 밑줄 그은 부분은 화자 자신을 가리키고 있는데, 화자는 '한나라당'과는 구별되는 무리의 일원이면서, 동시에 개인적 정체성도 부각시킴으로써 두 집단, 즉 한나라당과 더불어민주당의 대립으로 갈등을 확장하고 있다.

2) 개인적 정체성을 통해 집단 사이의 대립을 부각시키는 사례
   한나라당의 사과가 필요하고요. 안상수 대표께도 제가 항의를 했더

니 '의원들 개인의 선택인데 어떻게 하겠느냐'라고 하셨습니다. 이것은 한나라당 전체가 일개 야당 의원 한 명을 상대로 정치테러를 자행한 것에 대해서 사과를 반드시 해야 된다고 생각합니다.

▷ 김현정의 뉴스쇼, 2010. 3. 4.

5.1.1.5. 양태 표현과 단정 표현

가능성을 나타내는 양태 표현과 대조를 이루는 표현이 단정(혹은 단언) 표현이다. 단언 표현은 대체로 문장의 길이도 짧다. 단언 표현은 사실에 바탕을 두고 있음을 나타낼 뿐만 아니라, 표현된 내용이 부인할 수 없는 사실임을 주장하고자 하는 의도가 깔려 있다. 실제로 〈부록 13〉에 있는 두 개의 신문사설에서 ①은 단정 표현이 압도적으로 많다. ①에서 제시한 근거로 사용한 내용들이 사실에 바탕을 두고 있을 때에 단정적인 표현이 쓰인다는 것을 알 수 있다. 문제가 되는 것은 이와 같은 맥락 속에서 단정 표현들이 대부분 사실로 받아들여진다는 점이다. 심지어 의견조차도 사실인 것처럼 받아들이도록 하기 위한 의도가 깔려 있다. 그 사설에서 사실인 것처럼 주장하고 있는 것 가운데 하나를 지적해 보기로 한다. 정말로 우리 경제가 다른 나라에 비해 불황에 빠진 것이 최저임금 두 자릿수 인상 혹은 소득주도 성장 정책 때문인가? 여기에는 이견이 있을 수 있음에도 단정적으로 표현함으로써 이것이 사실인 것처럼 제시하는 말투로 되어 있다.

가능성이나 확률을 나타내는 표현들을 양태 표현이라고 한다. 어떤 언어에서나 마찬가지이겠지만 우리말에서 이와 같은 양태 표현은 주로 보조 동사의 사용을 통해 실현된다. 〈부록 13〉에 있는 ②의

사설을 통해 볼 수 있듯이 가능성에 대한 표현들이 주로 '−일 수 있다.'나 '−할 가능성이 높다.'와 같이 표현된다. 특히 바람직하지 않은 가능성을 이런 표현을 통해 실현된다는 것은 잘 알려져 있다. 또한 상대편의 주장에 대해 비판적인 경우에도 이와 같은 가능성의 표현들이 사용된다는 것을 볼 수 있다.

5.1.1.6. 은유

은유가 신체적, 물리적 기반을 지니고 있다는 사실은 레이코프와 존슨(Lakoff and Johnson, 1980/2003; 노양진·나익주 옮김, 2006)의 연구로서 밝혀진 바 있다. 그리고 사회 기호론적 입장에서 밴 리우벤(Theo van Leeuwen, 2005: 33~34)에서 사회적 의미로서 은유의 기반에 대한 논의를 읽을 수 있다. 특히 밴 리우벤은 은유에 대한 이해가 사회적 상호작용을 이루는 여러 주체들, 즉 사회 기관과 정치 제도, 경제 제도와 종교 기관에 의지해서 다른 사람과의 상호작용에 토대를 둘 수 있다고 하였다.

〈부록 2〉에 있는 ④의 마지막 단락에서 은유적 표현은 '무역＝전쟁'이라는 틀에서 비롯된 은유를 사용하고 있다. 여기서 '유탄'이란 은유를 통해 트럼프의 무역 정책이 종잡을 수 없고, '직격탄'이 대미 무역에서 입을 수밖에 없는 피해를 비유하고 있다. 문제는 무역−전쟁이라는 비유가 끝없는 경쟁을 조장하는 세계화와 이를 기반으로 하는 신자유주의에 바탕을 두고 있다는 것이다. 그렇기 때문에 가진 자가 더 많이 가지고 이길 수밖에 없는 전쟁으로 무역을 비유한다. 서로 평등한 관계에서 공정하게 무역을 하고 서로에게 이득을 가져다주는 무역 본래의 취지에서 벗어나 있는 은유로서 신자유주의를 옹호하는 비유이다.

그것과는 좀 더 다른 차원에서 전쟁이라는 비유가 사용되는 경우가 있다. 대학입학시험도 전쟁에 비유되곤 하는데, 교육의 본질에서 벗어나 수단과 방법을 가리지 않는 '비인간적인' 경쟁이 있기 때문이다. 비유 자체가 잘못되었다기보다는 그와 같은 비유를 할 수밖에 없는 현실을 비판하고자 하는 의도가 있다. 입사시험도 전쟁에 비유되기도 하는데, 이 경우는 힘들고 어렵다는 의미를 내포하고 있다.

〈부록 13〉 ③에 제시되어 있는 자료에서도 우리나라의 경제 현실을 '늪'에 비유하고 있다. 사태가 심각할 뿐만 아니라 해결 방법도 거의 없음을 강조하기 위해 의도적으로 끌어들인 비유이다.

5.1.1.7. 낱말들의 의미 관계

낱말들은 실제 사용에서 의미 관계라는 그물을 이루고 있다. 그리고 실제 사용에서 개념적 의미를 바탕으로 사용되는 의미를 지니고 있다. 말하자면 개념적 의미에 더하여 맥락의 적합성과 문체적 효과를 얻기 위해 새로운 의미가 부가된다. 비판적 담화 분석에서는 낱말들이 어떤 이념적 성향에 따라 사용되고 있음을 밝혀낼 수 있다. 김해연(2013)에서는 언론 담화(≒대중매체)에서 '사회 지도층 인사'가 어떻게 사용되고 있는지를 분석한 논의이다.

3) '사회 지도층 인사'(김해연, 2013을 따름)
① 사전적 의미: "조직적인 공동생활을 영위하는 인간 집단, 특히 한 나라 안에서 어떤 목적이나 방향으로 남을 가르치고 이끌만한 위치의 계층에 속하는 사회적 지위가 높거나 사회적 활동이 많은

사람"(41쪽)

② 대중매체에서 사용된 의미: "사회적 책임을 다하기 위해서 도덕
   적, 윤리적 순결성과 진정성을 갖추고 솔선수범, 자기희생, 사회
   봉사, 기부, 나눔 등과 같은 활동을 할 것이 요구되는 사회 계
   층"(57쪽)

김해연(2013)에서는 주로 대중매체에서 ②의 관점에서 비판의 대
상이 되고 있음을 지적하였다. 실제 사용의 사례를 통해서 그 사용
의미를 밝히는 것도 의미가 있지만 실제로 대중매체의 성향과 관련
하여 '사회 지도 계층'이란 의미가 이념적으로 사용되고 있는지를
밝히는 것이 비판적 담화 분석의 본질에 들어맞는다고 생각한다.
즉 어휘들이 힘과 이념에 따라 이원적으로 사용되는 사례를 밝히는
것이 합당한 연구 방향이다. 사회 지도층이라는 낱말의 경우에도
김해연(2013)에서 인용한 다음의 두 예문을 통해서 이 낱말이 어떻게
사용되는지 볼 수 있다.

4) '사회 지도층 인사'가 사용되는 사례(김해연, 2013에서 따옴)
① 시민단체 관계자는 "사회지도층 인사는 계급 높은 경찰관이 수사
   해 예우하고, 서민들은 말단 경찰관이 수사한다는 것이 대수사관
   제의 핵심이냐"고 반문했다.
② 대기업 총수, 정치인, 고위 공직자 출신 등 이른바 '사회 지도층'
   인사들에 대한 법원의 법정구속 판결이 잇따르고 있다. 불구속
   상태에서 수사·재판을 받아온 사람들이 법정에서 실형(實刑)을
   선고받고 줄줄이 구치소로 수감되는 일이 계속되고 있는 것이다.

4)의 ①에서 사회지도층 인사는 서민들과 대립되는 개념으로서 비판의 대상으로 사용되고 있다. ②에서는 사회지도층을 옹호하는 입장에서 정부에 대한 비판 의도가 담겨 있다. 우리말에는 집합 명사라는 범주를 설정하지 않지만 '사회 지도층' 전체를 의도적으로 가리킴으로써 정부를 비판하려는 의도가 담겨 있다.

5.1.2. 덩잇글말

5.1.2.1. 명사화 구문

명사화 구문은 제목으로 널리 선호되는 문법형태이다. 명사는 사물의 이름을 나타내는 단어이기 때문에 쓰는 수준에 따라 다양한 층위의 추상화 수준을 지니고 있다. 그 수준을 정하는 정도는 필자의 선택이지만, 가능한 한 글 전체의 내용을 아우를 수 있도록 해야 한다. 문제는 추상화의 수준이 너무 높을 경우 과정이나 원인이 분명하게 제시되지 않을 수 있다는 점이다. 그리고 이런 수준의 제목을 정하는 데 권력이 작용할 수 있다는 점이다.

또한 명사화 구문의 사용은 행위 주체를 빼버림으로써 어떤 일에 참여하는 주체의 능동적인 역할을 무시하거나 줄여주는 역할을 한다. 〈부록 2〉에 실린 사설 ③에서 Ⓐ 부분은 다음과 같이 표현할 수 있음에도 불구하고 명사화 구문, 즉 사건 명사를 주어로 삼아 표현함으로써 FTA 교섭 주체들의 역할에 대한 부정적 평가를 반영하고 있다.

5) 명사화 구문을 타동구문으로 바꾸어 행위 주체를 분명히 표현할

수 있는 사례

— 한국 정부는 미국산 자동차에 대한 안전기준과 환경 기준을 완화하였다. 미국 정부는 한국산 화물자동차(픽업트럭)의 관세 철폐 시점을 2021년에서 2041년으로 20년 더 늦추었다.

글 전체의 맥락에서 보면 상호 평등한 조약으로서 FTA를 재협상하지 못한 점을 부각시키려는 의도가 깔려 있음을 알 수 있다. 그렇기 때문에 미국이 얻을 수 있는 이익이 더 많음을 강조하려는 의도가 있어 보인다. 그렇다면 오히려 이렇게 행위 주체를 명시함으로써 그런 불평등을 강조하는 것이 타당해 보인다.

5.1.2.2. 피동형 문장

피동형 문장은 우리나라 어법에서 많이 쓰면 어색해지는 문장이다. 입말의 일상적인 대화 말뭉치 자료를 중심으로 피동형 문장의 특징을 살핀 김병건(2016나: 14)에 따르면 피동형 문장은 정보 구조상의 특징과 의미적 특징(이 글에서는 화용론적 기능)을 지닌다고 하였다.

5) 피동 구문의 특징
① 정보 구조상의 특징으로
　(1) 행위주가 중요하지 않거나, 불분명하거나 알 수 없을 때 사용되며,
　(2) 대화 맥락상 중심이 되는 화제를 유지하는 데 쓰임
② 의미적 특징으로

(3) 대인 관계적 의미 중 공손과 부담 줄이기

(1)과 관련되는 특성은 한편으로 동작을 당하는 주체를 강조하는 효과도 있지만, 책임이나 원인이 어디에 있는지 명확히 밝혀낼 수 없다는 약점이 있다. 특히 (2)는 주제 중심의 한국어에서 피동형 표현이 널리 쓰이는 이유가 될 수 있다. (3)은 의미적 특징이라기보다는 화용론적 기능과 관련된다고 해석하는 것이 온당할 듯하다. (1)과 함께 (3)에서 보여주는 특징들을 통해 특히 신문과 같은 대중매체에서는 사건을 다루면서 원인이나 책임이 어디에 있는지 밝혀야 하는 글임을 생각해 보면, 피동형 문장의 쓰임에 유의할 필요가 있음을 알 수 있다. 행위 주체를 제거함으로써 (3)과 같은 기능을 한다고 하더라도 신문보도와 같은 담화 갈래에서는 언제나 '객관성이 확보'(Larsen-Freeman, 2004; 김병건, 2016나: 10에서 재인용)되지는 않는다. 결국 능동형 문장이 자연스러운 우리말에서는 굳이 피동형 문장을 쓸 필요는 없어 보인다.

이를 보여주는 사례로 다음을 들 수 있다. 이 사례는 〈부록 2〉의 ①에 있는 Ⓐ문장이다.

6) 피동형 문장이 자주 쓰이고 있는 기삿글
이번 협상에서 한국산 철강은 무역확장법 232조에 따른 25% 관세 일괄 부과 대상에서 제외됐지만 대미 수출물량은 쿼터(수입할당량)가 적용돼 지난해의 74% 수준으로 줄게 됐다.

6)의 문장에서 이중 피동형으로 된 문장은 없지만 눈여겨 볼만한 피동형 구문은 두 군데에서 쓰였다. 이 글에서 대미 수출물량의 쿼터

를 적용한 주체를 분명히 밝히고자 한다면 미국 통상부라는 관세 부과 주체를 명시하고 능동형 문장으로 표현하는 것이 바람직하다.

5.1.2.3. 인용 표현

여기서는 인용 표현이 지니는 기능을 먼저 살펴보고, 인용 표현이 숨은 권력의 의도에 따라 책임을 회피하려는 의도로 쓰일 수 있음을 간접 인용의 사례를 통해 지적하고자 한다.

5.1.2.3.1. 인용 표현의 담화적 기능-평가

인용 표현은 어떤 식으로든 필자의 판단, 즉 자료로서 혹은 자신의 주장에 대한 방어막으로 이용하기에 적합하다고 판단하기 때문에 대중매체에 자주 나타난다. 따라서 인용을 직접적으로 논의하기 전에 먼저 평가의 원천들을 살펴보기로 한다.

다음 〈그림 2〉는 마틴과 화이트(Martin & White, 2005: 38)에서 제시한 그림으로 평가를 위한 원천들이다. 이런 원천들, 즉 개입과 태도와 강도는 상호작용하면서 가상의 수신인에 대한 모형을 구성하고, 화자/필자는 그 수신인에 대한 자신의 입장을 구성한다(Martin & White, 2005: 210). 담화(≒텍스트)에서 사회 주체들에 대해 묘사되는 행위와 경험, 결국에는 평가내용은 감정이나 기호, 규범들을 공유하기 위한 토대를 이루기 때문이다.

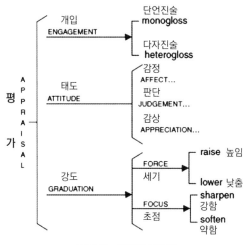

〈그림 2〉 평가의 원천들

　필자의 판단에 위 그림에서 개입과 태도가 비판적 담화 분석과 관련을 많이 가지기 때문에 이를 중심으로 언급하기로 한다. 마틴과 화이트(Martin & White, 2005) 2장에서는 태도에 대해서 다루고 있다. 태도는 세 가지로 구분되는데, 감정(emotion)은 긍정적이거나 부정적인 느낌을 가리킨다. 판단은 윤리적인데 행동에 대한 태도로 예찬하거나 비판하는 일, 칭찬하거나 비난하는 일 등이 포함된다. 감상(監賞)은 미학적인 성격을 띠는데, 기호나 자연 현상에 대한 평가와 관련된다(p. 44). 이들에 대한 언어적 표현은 정도의 문제와 관련되어 있어서 다양한 부사어들이 개입하는데, 이는 핼리데이의 체계 기능 문법에서 물리적 처리의 결과적 속성, 즉 평가의 결과와 관련되어 있다.

　태도에서 거의 대부분의 경우 평가의 내용이 속성 형용사 등을 통해서 표현된다. 그에 비해서 개입이나 강도는 필자/화자가 담화에서 표현되는 평가의 원천을 제공한다는 점에서 간접적이다. 그렇지만 자신의 입장과 다른 사람의 입장을 평가의 근거로 간접적으로 사용하고 있다는 점은 개입이나 강도의 활용이 일종의 수사적인 전략임(Martin & White, 2005: 93)을 의미한다. 즉 담화에서 묘사되는 행위와 사회적 행위에 대한 경험을 감정이나 기호, 규범의 토대로 삼을 수 있는 전략으로 활용한다. 그렇게 함으로써 독자/청자와 화자/필자는 비판적 담화 분석에서 언급하고 있는 맥락에서 지식(van Dijk, 2014)을 공유하고, 유대감을 형성하게 된다. 따라서 이런 평가 자원들을 수사적 차원이나 논리적 차원에서 읽고 해석하는 일은 이념 지향적이고, 가치 지향적인 담화의 속성을 밝혀내는 데 이바지할 수 있다고 생각한다.

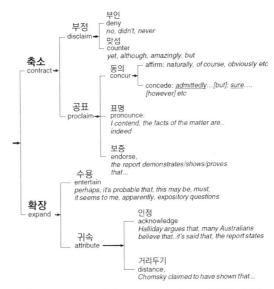

<그림 3> 개입의 체계(Martin & White, 2005: 134)

인용의 담화적 기능을 좀 더 구체적으로 살펴보기로 한다. 인용 표현은 핼리데이(Halliday, 2004/ Halliday, 2014)의 체계 기능 문법의

틀 안에서 메타기능으로 제시한 대인적 기능을 수행하고 있다고 하였다. 이 점에 착안하여 평가 원천 가운데 하나인 '개입(engagement)'의 의미에 비춰 언급하기로 한다. 개입은 명시적이든 암묵적이든 명제에 대한 필자/화자의 평가를 보여주고 있기 때문이다. 이에 대한 논의는 마틴과 화이트(Martin & White, 2005)에서 주로 논의되었고, 이를 적용한 국내의 논문도 있다(김병건, 2016가; 맹강, 2017). '개입'은 담화에서 평가를 위해 자원을 지원받는 여러 경로를 밝히는 방법으로서 의의가 있다. 대중매체의 경우 기자의 관점이나 편집진의 의도에 따라 적절히 편집된 결과(김해연, 2017: 13)를 보여주기 때문에 개입에 관련된 표현은 필자의 정체성과 태도나 이념적 성향을 직접적이든 간접적이든 드러낸다.

개입은 좀 더 세분화되는데, 다음과 같이 층위를 지니고 있다. 개입에 대한 설명은 마틴과 화이트(Martin & White, 2005)의 3장에서 충분히 설명되고 있다. 개입은 다른 사람의 입장이나 태도를 고려하거나 인식하지 않는 단언진술(bare assertion)에서는 나타나지 않는다. 단언진술에서는 오로지 화자/필자의 목소리만 두드러지기 때문이다. 그런 의미에서 〈그림 2〉에서 제시한 단언진술은 개입의 하위 갈래가 아니라 다자진술과 구별되는 진술이라는 의미로 이해하여야 한다.

다자진술은 진술된 명제의 층위가 여럿임을 의미한다. 다자진술을 설정한 논리적 전제는 어떤 사건이나 상황에 대해서 진술되지 않은 다른 명제들이 있다는 것이다. 다른 명제들이나 태도를 열어두면 담화의 전개에서 확장(expand)이 일어나고, 다른 명제들이나 태도가 있지만 이를 부정(disclaim)하거나 하나의 명제를 공표함(proclaim)으로써 대안 명제의 가능성을 막아버림으로써 담화의 범위가 축소

된다(contract). 부정은 진술된 명제를 인정하지 않거나(부인: deny), 진술되지 않은 기대에 맞섬(반박: counter)으로써 실현된다. 부인은 부정 표현을 통해 주로 실현되고, 맞섬은 역접 접속어로 알려진 '그러나'나 '-지만'과 같은 연결어미로 실현된다. 〈부록 16〉에 제시된 예문의 첫 번째 단락을 보면 반드시 이와 같은 접속어나 연결어미가 나타나는 것은 아니다. Ⓐ 부분과 Ⓑ 부분의 연결 사이에 접속사가 쓰이지 않지만 Ⓐ 부분은 맞섬을 보여주는 개입이다. 독자의 추론을 통해서 의미 연결이 가능하기 때문에 접속사가 쓰이지 않은 것으로 해석할 수 있다.

부인이나 맞섬은 대체로 다른 사람의 입장, 즉 긍정의 입장이 존재함을 전제로 한다. 말하자면 '다른 곳'에서 누군가가 긍정적 주장을 하고 있음을 함의한다(Fairclough, 2003; 김지홍 뒤침, 2012가: 120). 공표는 동의(concur)를 나타내거나, 표명하기도(pronounce) 하고, 명제를 보증함으로써(endorse) 실현된다. 동의를 나타내는 우리말 표지로는 '물론', '당연히' 등의 어휘가 있을 수 있는데, 이들은 학술논문뿐만 아니라 기사에서 쓰기를 꺼려한다. 따라서 대중매체에서 이런 동의 표현은 많지 않을 듯하다. 보증은 제공되는 정보가 객관성이나 신뢰성을 띰을 보여주기 위해 학술논문이나 신문기사에 많이 나타날 수 있는 실현 방식이다. 주로 '□□에 따르면'의 형식으로 실현된다. 그리고 종결어도 '확인되다, 분석되다.'와 같이 어느 정도 객관성과 신뢰성을 보증하는 형태가 나온다. 이때 □□는 정보의 진실성을 보증해 줄 수 있는 기관이나 법률 등이 제시된다. 이 보증은 귀속 > 인정과는 구별된다.

확장은 다른 사람의 의견이 있을 가능성을 수용하거나(entertain), 권위나 상식 등 믿을 만한 정보의 출처를 인정하기도(acknowledge)

하고, 특정의 입장에 거리를 두기도(distance) 함으로써 표현된다. 수용의 경우는 양태동사가 발달한 영어의 경우는 다양한 강도를 통해서 표현되지만 우리말에서는 '-일 수도 있다', '-ㄹ 만하다'의 표현을 통해서 실현된다. 이런 종결 방법은 단언진술과 구별되는 점이다. 인정은 주로 필자/화자가 아닌 다른 사람, 즉 외부의 목소리를 끌어들이는 형태로 큰따옴표를 통해 분명히 표시된다. 인정이나 거리두기는 자신의 입장을 물리고 태도나 입장을 다른 사람에게 귀속시킴으로써 실현된다. 귀속은 다음의 사례에서 보게 되듯이 신문기사와 같은 대중매체에서 주로 많이 나타난다.

7) 대화의 확장 〉 귀속 〉 인정을 보여주는 사례(부록 2-①)
　　한·미 자유무역협정(FTA) 개정 협상이 사실상 타결됐다. <u>산업통상자원부는 26일 국무회의에서 "한·미 FTA 개정과 미국 무역확장법 232조에 따른 철강 관세 부과 협상에서 미국과 원칙적인 합의를 이뤘다"고 보고했다.</u> 미국 워싱턴에서 지난 1월 협상을 시작한 지 3개월 만이다.

위의 사례에서 정부 부처의 보고를 직접 인용하고 있으며 필자의 입장(이 경우는 신문사의 입장)이 산업통사자원부라는 믿을 만한 출처에서 나온 것이므로 믿을 만하다는 것, 즉 앞의 문장을 뒷받침할 수 있음을 보여주는 사례이다. 따라서 독자들도 이 문장을 믿을 수 있으며, 다른 곳에서도 인용할 수도 있음을 바탕에 깔고 있다. 이 사례에서 담화의 확장은 두 방향, 즉 앞의 문장과 뒷 문장으로 확장된다.
　　한편 여러 입장이 공존할 경우, 화자/필자는 인정을 계속해서 사용하는 경우도 있다. 다음은 그와 같은 점을 보여주는 사례이다.

8) 담화의 확장 〉 귀속 〉 인정을 보여주면서 자신의 논지를 강화하는 사례(부록7)

고용부 관계자는 "가급적 D등급이나 미평가 업체를 피하도록 교육부에 의견을 주지만, 방학기간 공사가 몰리다 보니 어려운 점이 있는 것 같다"고 말했다. 이에 교육부 관계자는 "국가계약법상 학교 석면철거는 업체 등급과 상관없이 진행할 수 있다"며 "임의로 등급에 따라 제한을 가할 수는 없는 것 아니냐"고 반문했다. 결국 부실 업체를 걸러낼 근거조항이 만들어지지 않는 한 이런 업체가 학교 공사를 떠맡는 일은 되풀이될 수밖에 없다.

자격이 갖춰지지 않은 석면 철거 업체의 문제에 대한 고용부와 교육부의 입장 차이를 화자/필자가 직접 정리하기보다는 해당 기관의 입장을 인정하는 인용을 통해 자신의 입장을 제시하고 있다. 그렇지만 이와 같은 경우 '관계자'의 사회적 지위는 분명하지 않아서, 기사의 신뢰도는 떨어진다고 할 수 있다. 특히 '국민의 과반수', '전문가들의 견해', '지배적인 견해', 일각에서는'과 같이 불특정 다수를 가리키는 표현으로서 의견을 잘못된 방향으로 포장할 위험성도 경계해야 한다.

이와 같은 담화의 확장 유형은 결국 화자/필자는 판단의 근거를 제시할 뿐 해석은 독자의 몫으로 남겨두고 있다. 그렇지만 위와 같은 담화의 확장 유형에서 화자/필자는 의도적으로 특정의 입장만을 제시함으로써 그런 의견이 공론(公論)인 것처럼 포장할 수도 있다. 〈부록 13〉의 ①에서 Ⓐ 부분은 ②에서 제시한 Ⓑ 부분을 예로 들 수 있다. Ⓐ 부분은 자신들이 제시한 기사의 논지에 맞게 의도적으로 Ⓑ 부분을 무시하고 있다.

담화의 축소 〉 공표 〉 보증의 경우는 문제의 현실을 제시하기 위해 기사의 경우 대체로 처음에 제시되지만 다음의 사례에서 보듯이, 정보의 출처가 분명하지 않은 경우 오히려 기사에 대한 신뢰도나 공감을 끌어올리는 데에는 문제가 있을 수 있다. 특히 9)에 제시되는 사례에서 밑줄 그은 부분은 축소 〉 공표 〉 보증의 형식으로 표현되어야 할 것이다.

9) 담화의 축소 〉 공표 〉 보증의 사례(부록 7)
지난 겨울방학 때 각급 학교 석면해체·제거 공사를 한 업체 중 약 절반이 함량미달 업체였던 것으로 드러났다. 고용노동부의 업체 안전성평가에서 최하위인 D등급을 받거나 최근 1년간 작업 실적이 없는 미평가 업체가 전체의 47.5%에 달했다.

개입과 관련된 인용구문에 대한 논의를 이어가는 선에서 화법 동사 혹은 전달 동사를 〈그림 3〉에 제시한 개입의 체계와 관련하여 언급하기로 한다. 다음은 대중매체에서 주로 사용되는 화법 동사의 목록이다.

10) 대중매체에서 화법 동사의 목록(김해연, 2017)
① ‒라고 하다, 말하다, 보도하다
② 당부하다, 촉구하다, 주장하다, 밝히다, 호소하다, 강조하다, 지적하다, 묻다, 덧붙이다, 약속하다, 위협하다

①은 비교적 중립적인 태도를 보이는 화법 동사인데, 대체로 인용되는 문장의 내용은 사실이라는 점을 함의한다. 그에 비해 ②에 나타

난 화법 동사를 사용하게 되면 인용되는 문장의 사실성(factivity)을 보장할 수 없고, 필자/화자의 주관성이 강하게 드러난다.

5.1.2.3.2. 책임 회피의 수단으로 간접 인용 표현

간접 인용과 관련하여서는 간접 인용문 그 자체가 문제되기보다는 간접 인용을 끌어들이는 '-이라고 알려졌다.', '-다는 것으로 전해졌다.', '-할지 주목된다.'와 같은 간접 인용 표현에서 문제가 나타난다. 앞서 지적한 피동형 표현도 문제, 즉 말한 주체가 분명하지 않음도 문제이지만 글 내용 자체가 명확하지 않다. 어떤 누군가가 말했고, 그것이 떠돌다가 기자에 전해져서 기삿글을 썼다는 의미이므로 결국 말한 내용이 사실로서 의미를 갖고 있다고 보기 힘들다. 이는 다음의 두 문장이 지니는 의미의 명확성을 비교해 보면 분명하게 드러난다.

6) 간접 인용 표현의 대조
(가) 그가 이날 방송을 마지막으로 해당 프로그램에서 하차한 것으로 전해졌다.
(나) 방송 관계자는 그가 이날 방송을 마지막으로 해당 프로그램에서 하차했다고 말했다.

(가)에서는 전해진 것이므로 사실이 분명하지 않다. 누가 그런 말을 하였는지 분명하지 않기 때문에 사실로서의 의미도 없어진 셈이다. 그에 비해서 (나)에서는 말한 주체를 밝힐 수밖에 없는 문장 구조이고, 그에 따라 말한 주체가 누구인지 밝힘으로써 사실로서의 지위가 굳건하다. 특히 권력의 행사와 관련된 사회적 실천에서 이를테면

피의자 조사일자가 잡혀 있는가 아니면 잡혀 있지 않은가 하는 문제를 눈 가리기 위해서 이런 간접 인용 표현을 쓸 수 있다.

간접 인용과 직접 인용은 국어학이나 국어교육에서 인용을 구분하는 전형적인 방법이다. 그러나 김해연(2017)에서 지적한 것처럼 언제나 이들이 확연히 구분되지는 않는다는 점을 지적하면서 인용에 대한 논의를 마무리하고자 한다. 좀 더 중요한 것은 그와 같은 인용의 기능이며 인용을 끌어들이는 의도이기 때문에 비판적 담화 분석의 관점에서 이들을 연구할 필요가 있다는 것이다.

5.2. 내용의 선택

5.2.1. 내용의 채택 여부

담론의 형성에 가장 큰 영향을 미치는 요소는 내용을 꼽지 않을 수 없다. 대중매체에서 다룰 만한 사건은 차고 넘친다. 그 가운데 어떤 내용을 선택하고 기사화할 것인지 여부는 그것을 결정하는 권력의 절대적인 영향력 아래에 있다. 2018년 3월 2일자 H신문과 J신문을 보면 이런 사실들을 분명히 보여준다. 이 날은 3월 1일 다음 날로 문재인 대통령이 3.1절 기념을 마친 뒤 서울 서대문 형무소 역사관에서 독립문으로 행진한 뒤 시민들과 함께 만세를 외친 사실과 광화문 앞에서 보수단체가 태극기를 들고 만세를 외친 사건이 있었다. 이들 두 사건 모두 태극기가 등장하지만 H신문사와 J신문사에서 보도 내용은 달랐다. H신문사는 독립문 앞에서의 만세(사진 크기는 26.5cm×12cm)만 다루고 광화문 앞 만세는 다루지 않았다. J신문사는 둘 다 다루었고 독립문 앞에서 만세보다 광화문 앞에서 만세

사건을 훨씬 크게 다루고(사진 크기에서 각각 17.2cm×15cm, 13.5cm×30cm), 기사의 내용도 자세하게 다루었다. J신문에서 광화문 만세를 부각시킨 이유는 보수단체의 입장을 대신해서 전달해주려는 목적이 있는 듯하다. 광화문 만세 참여 세력에 대해서 자의적인 해석을 하면서, 참여자의 수도 부정확하게 보도하였다. 이 일에 대해 전혀 보도하지 않은 H신문사와 어느 정도 과장되어 보이는, 사진과 참여자 인원을 제공하고 있는 J신문사는 정치적 입장이나 태도를 자신들의 입장에 맞게 반영함으로써 자신의 입장에 유리하도록 여론을 형성하고 있는 것이다.

이와 비슷한 사례는 특정 인물에 대한 정보의 제공을 통제하는 데서 나타나기도 한다. 어느 정도 알려진 사실이고 폭로되기도 하였는데, 2002년 제16대 대통령 선거 당시 주류 언론들이 당시 야권의 한 대선 후보에 대해 철저하게 무시함으로써 보도의 대상으로 삼지 않은 일과도 관련이 있다. 긍정적이든 부정적이든 언론에서 보되는 순간 관심의 대상이 되는 것을 막으려 했는데, 그와 같은 주류 언론들의 보도 행태는 기득권 혹은 지배층의 권력이 언론을 매개로 하여 중재되고 있음을 분명히 보여준다. 이는 이념의 재생산을 위해 사용하는 '정보의 존재와 부재(the presence or absence of information)' 전략으로 밴 다익(van Dijk, 1998: 267)에서는 이를 '이념 방진(ideological square)'이라고 불렀는데, 그 구체적인 모습은 다음과 같다.

7) 이념적인 맞섬 전략
(가) 우리(us)에 대한 긍정적인 정보는 표현/강조할 것.
(나) 그들(them)에 대한 부정적인 정보는 표현/강조할 것.
(다) 그들에 대한 긍정적인 정보는 억제/경시할 것.

(라) 우리에 대한 부정적인 정보는 억제/경시할 것.

　이는 〈부록 13〉에 제시되어 있는 두 개의 사설을 비교해 보면 눈으로 확인할 수 있다. 신문사마다 '우리'가 누구인지에 따라 정보를 제시하는 범위나 강도가 다름을 알 수 있다. ①에 제시된 기사에서 '우리'는 대기업 등이며, ②에 제시된 기사에서 '우리'는 최저임금 정책을 실시하고자 하는 현재의 정부와 중소기업이다. 그에 따라 최저임금 정책의 필요성에 대한 정보의 억제/경시/표현이 달라지는 양상을 보이고 있는 것이다.

5.2.2. 원인의 원천이 나타나 있지 않음

　〈부록 6〉에 실려 있는 기삿글을 보기로 한다. 이 기사는 석면해체와 관련된 문제점을 지적한 글이다. 이글의 문제점은 문제가 있지만 원인이 명확하지 않을뿐더러 기사에서 제시한 원인도 표면적인 것뿐이어서 문제의 원인을 들여다보는 데 한계가 있다. 페어클럽(Fairclough, 2001; 김지홍 뒤침, 2011: 113)에는 대중매체의 담화 실천 관례에서 숨겨진 권력이 나타나는 방법의 하나로 인과성(causality)의 표현에 있다고 지적하였다. 그러면서 제목의 문법 형식으로 자주 나타나는 명사화 구문이 인과성의 표현에서 원인(행위 주체)이 분명히 드러나지 않는다고 하였는데, 기사의 내용에서도 그와 같은 속성이 묻혀 있는 경우를 보여준다. 〈부록 6〉의 경우에 원인을 분명히 밝혀 해결방안을 제시하는 방법을 제시하지 못하고 문제가 되는 현상의 지적에만 그치고 있다. 이 문제에 대해 기삿글에서 선호되는 해석 및 표현법은 우리 사회에서 기득권자들의 잘못을 지적하기보다는 숨겨 버리는 효과를 거두고 있는 것이다.

5.2.3. 참여 인원

사회적인 대규모 시위에서 집단으로 표현하는가, 아니면 군중으로 표현되는가 하는 것은 시위에 참여한 무리들의 속성을 자리매김하는 방법이다. 집단은 어떤 의도를 가지고 있는 무리들을 가리키지만, 군중은 우연히 그 자리에 모인 무리들을 가리키기 때문이다. 아울러 이와 같은 무리들의 수효를 나타내는데, 흔히 경찰 측 어림셈과 주최 측 어림셈이 보도되곤 한다. 이런 보도내용을 보면서 정확한 수치를 짐작해 내기란 쉽지 않다. 그런데 경우에 따라 대중매체에서 어림셈한 수치가 보고되기도 한다. 다음은 5.1절에서 광화문 만세를 다룬 J신문에서 참여한 무리들의 수를 보도한 내용이다.

8) 1일 서울 광화문 광장과 세종대로가 태극기를 든 시위대로 가득 찼다. 경찰은 이날 보수단체 집회 인원은 1만 5000여 명으로 예상했으나, <u>훨씬 많은 이들이</u> 참여했다.

8)에서 밑줄을 그은 부분은 기삿글로서 중요한 속성인 정확성을 무시한 표현이다. 이와 같은 표현이 나타난다는 것은 그 자체로 문제이기도 하지만, 어떤 의도가 깔려 있지 않을까 하는 의구심을 품게 되는 실마리가 되기도 한다. 말하자면 지배계급 및 지배층이 지닌 권력이 작용하여 이와 같은 어림셈이 작동하고 있는 것이다. 이와 같은 표현은 가상의 독자(ideal reader)로 하여금 대중의 여론이 어느 방향을 흘러가는지 판단하는 데 영향을 미칠 것이라는 판단 아래에

서 점진적으로 자신의 의도를 기어이 이루고자 기획된 것이라 판단해 볼 수 있다.

5.3. 이미지 선택

사람들의 눈길을 끌만한 대부분의 기사에는 이미지(≒사진)가 덧붙어 있다. 이는 현장의 모습을 보여주려는 대중매체의 목표와 들어맞는 경우가 많기 때문에 문자로 전달되는 것보다 더 많은 의미를 전달해 줄 수 있다. 이미지의 선택은 대중매체에서 여러 가지 방식으로 이뤄진다. 이미지의 제시 대상을 무엇으로 할 것인가 하는 정하는 데 이념을 반영한다.

2018년 4월말 한반도에는 남북한 정상회담이 주요 화제로 다뤄지고 있었다. 나라 전체적으로 여러 가지 크고 사건들이 있었지만 대부분의 신문은 이를 중심으로 다루고 있다. 4월 27일에 있었던 회담의 결과로 뒤따른 조치들이 조심스럽게 거론되고 있는 가운데 남북 이산가족 상봉이 다시 시작할 가능성도 주요 신문들에서 1면에 다루었던 주제이다. 특히 5월 1일에는 여러 신문들에서 〈부록 6〉에 제시한 〈그림 1〉에서와 같은 이산가족 상봉의 기대를 담은 이미지를 제시하였다. 그러나 몇몇 신문들에는 이와는 다른 이미지가 실렸는데, 그 중에 하나는 다음의 〈그림 2〉이다. 〈그림 1〉과 같은 이미지 대신에 이 그림을 실은 대중매체의 의도는 무엇일까? 아마도 남북정상회담으로 무르익은 기대감을 크게 넓히기보다는 사람들의 관심을 다른 데로 돌리려는 의도가 깔려 있을 듯하다. 그에 더하여 국가의 이미지도 돌보고 치유하는 자상한 아버지의 모습이 아니라 엄격하고 지켜주는 굳건한 아버지의 모습을 바탕에 깔고 있는 듯하다.

그리고 그 이미지에 대한 크기의 결정도 중요하다. 〈그림 1〉과 〈그림 2〉는 그림의 크기에서 차이가 난다. 대부분의 신문 지면의 크기는 가로 35cm 정도이다. 세로는 광고의 배치와 1면인지 아닌지에 따라 차이가 나는데, 1면의 경우 광고를 제외하면 30cm~32cm 정도 된다. 1면에는 위에는 신문의 이름 등이 들어가는 자리가 있고, 아래에는 광고들이 자리를 차지한다. 〈그림 1~2〉는 모두 1면에 실려 있다. 〈그림 1〉은 가로 23.2cm, 세로 10.1cm이고, 〈그림 2〉는 가로 21cm, 세로 12.9cm이다. 〈그림 1〉은 가로를 늘인 반면 〈그림 2〉는 세로를 늘여서 실제로 신문 지면을 차지하는 너비가 시각적으로 〈그림 2〉가 더 커 보인다. 실제로 〈그림 2〉는 28cm² 더 크다. 그만큼 〈그림 2〉를 더 강조하고 있는 것이다. 1면에 이 사진을 보는 독자들은 다른 어떤 사건보다 이 기사에서 다루는 사건을 중요시할 가능성이 크다.

크기와 마찬가지로 대상을 찍는 각도는 독자들에게 사물에 대해 주는 인상이 다르다. 이를 두 그림의 경우로 비교해 보기로 한다. 사물은 바라보는 각도에 따라, 구도를 잡는 방식에 따라 사진으로 찍을 때 주는 인상이 다른 것이다. 〈부록 6〉에 있는 〈그림 3〉과 〈그림 4〉는 피사체를 찍은 장소에 차이가 있겠지만 〈그림 3〉의 장벽이 〈그림 4〉에 있는 장벽보다 높고 크게 느껴진다. 실제 그림 안의 사람 크기와 비교해 보면 어느 곳이든 장벽의 높이는 비슷해 보인다. 그런데 찍은 각도에 따라 장벽의 높이가 달라 보이는데, 이런 차이가 남미인들의 미국 망명에 대한 정책을 지지하는 정파의 입장을 어느 정도 반영한다고 볼 수 있다. 〈그림 3〉에서는 장벽이 높기 때문에 그렇게 강경한 입장을 보일 필요가 없다는 느낌을 주지만, 〈그림 4〉에서는 장벽이 높지 않아서 좀 더 강경한 입장이 필요하다는 인상을 준다. 반면에 국경을 넘는 사람들에게는 장벽을 장애물로 느끼는 정도가 〈그림 4〉보다 〈그림 3〉에서 더 높고 크게 인식될 것이다. 말하자면 서로 다른 이미지가 서로 다른 의미를 전달해 주는 것이다 (Fairclough, 2001; 김지홍 뒤침, 2011: 118).

이미지를 흑백으로 제시할 것인지 여부에 대한 결정도 여론에 영향을 미친다. 이는 인쇄기술의 발달로 어떤 지면에서든 흑백이나 색깔 사진으로 제시할 수 있다는 점을 고려해 본다면 색깔을 결정을 하는 사람의 의도나 성향을 반영한다고 해석해 볼 여지가 있다. 〈부록 6〉에 제시한 그림들은 모두 색깔 사진으로 되어 있는데, 그 중에서 〈그림 1~2〉를 보기로 한다. 둘 다 1면에 실려 있으며 색깔 사진들이다. 〈그림 1〉에서는 오랜 시간을 겪어온 사람의 손임을 보여주는데, 흑백사진보다 색깔 사진이 더 효과적이며 그만큼 사람들에게 깊은 인상을 준다. 젊은 사람이 아니라 나이든 사람이라는 점, 분단의 세월이 오래 되었다는 점을 고려할 때 동생을 만나는 기대감이 얼마나 클지 보여준다. 〈그림 2〉에서는 색깔 사진을 통해 푸른 바다의 이미지 뿐만 아니라 경찰이 아니라 군인들이 귀환 작전에서 활약하였음을 좀 더 실감나게 보여준다. 어려운 상황에서 임무를 펼친 군인들의 모습을 보여줌으로써 군인의 역할, 국가의 역할을 강조하고 있으며, 국가의 소중함을 무의식적으로 머리에 새기도록 이끌고 있다.

일반 독자들에게도 잘 알려져 있다시피, 인물에 대한 사진은 낙인 효과를 가져 오기도 한다. 현재 우리나라는 전직 대통령 2명이 구속되어 있다. 이들 사진은 젊은 시절부터 대통령으로 있을 때, 감옥에 갇힌 뒤의 여러 모습 들이 있다. 이런 인물에 대한 기사를 쓸 때, 어떤 각도에서 언제 찍은 사진을 함께 실을 것인지의 판단도 기자의 수준을 넘어 권력의 영향을 받을 가능성이 크다.

일상적인 인물의 경우에도 삶의 여러 곳에서 잡히는 모습들 가운데 어느 부분을 자료로 삼는가 하는 문제도 있다. 삶의 여러 곳에서 사람들은 웃을 수도 있고, 화를 낼 수도 있으며, 근엄한 표정이나 부드럽고 인자한 표정을 지을 수 있다. 이런 장면 가운데 선택된 어느 한 장면이 사건의 심각성에 상관없이 부정적이거나 긍정적인 인상으로 사람들의 판단에 영향을 미친다. 예컨대 최근 ○○항공의 ○씨 일가의 자녀들이 문제되고 있는데, 자녀들의 어떤 사진을 제시하는가는 신문(2018년 5월 2일)마다 조금씩 다른 모습을 보이고 있다. 입사지원 서류에나 나옴직한 증명사진을 제시하고 있는 신문과 삶의 한 장면에서 찍은 드센 인상의 사진을 싣고 있는 신문은 그 사건에 대한 입지나 관점을 그대로 드러내 보인다고 해석할 수 있다.

6. 핼리데이의 체계 기능 언어학의 분석 방법

여기서는 핼리데이의 체계 기능 언어학(Systemic Funtional Linguistics: SFL)에서 분석 방법을 살펴보고 실제 분석의 사례를 제시하고자 한다. 잘 알려져 있듯이 핼리데이의 문법은 비판적 담화 분석에서 방법론으로 많이 채택되었고, 비판적 담화 분석을 다루는 국내의 논문들에서도 핼리데이의 방법을 원용하는 논의들이 적지 않다. 체계 기능 언어학은 언어를 구조로 보는 것이 아니라 체계로 본다는 점이 기존의 논의와 다른 점이라고 생각한다. 구조는 일종의 계층을 이루고 있기 때문에 상하위 관계를 이루어야 하고, 구조를 이루는 각 부분은 전체를 이루기 위해 반드시 필요하다. 그에 비해 체계는 일종의 가로 관계이고 선택내용들의 집합을 다룬다. 말하자면 화자와 필자의 선택에 따라 내용이 달라지고 이런 선택내용의 차이들이 기능의 차이를 가져 온다고 볼 수 있는 것이다. 그런 점을 생각해 보면 비판적 담화 분석과 맥이 닿는 부분이 있으리라 생각한다. 다만 비판적 담화 분석에서는 체계의 측면보다 기능의 측면에 초점을 맞춘다는 점이 다르다고 생각한다. 여기서 소개하는 논의는 핼리데이(Halliday, 2014)로서 네 번째 판이다.

6.1. 이행성을 중심으로 한 체계 기능 언어학의 개요

핼리데이(Halliday, 2014)에서는 언어의 체계를 세우고 이들 체계에 따른 기능을 분석하여 보여주고 있다. 786쪽에 이르는 매우 많은 분량에서 이전의 형식적 문법이나 생성문법과는 다른 틀로 문법의 체계와 기능을 보여준다. 그의 이론에서 체계는 앞서 언급한 것처럼 구조와는 다르다. 그리고 이 체계를 밝히면서 화자나 필자의 선택내용이 작용하는 체계에서 메타기능의 작용을 설명하고자 한다. 이 메타기능은 언어의 사용이나 방법에서 나온 것이 아닌 언어의 본질에서 나온 기능이기 때문에 오해의 소지가 있는 기능이라는 용어 대신 이를 사용한다고 하였다(Halliday, 2014: 31).

다음은 핼리데이(Halliday, 2014: 30~31)에서 제시한 메타기능의 설명을 필자가 요약하였다.

9) 핼리데이(Halliday, 2014)에서 제시한 언어의 세 가지 메타기능
(가) 개념적 기능(ideational metafunction): 인간의 경험을 언어로 표현함으로써 나타나는 기능으로 이는 언어가 인간의 경험을 구성한다는 전제를 바탕으로 하고 있다. 범주화하고 범주화를 통해 경험을 구성한다는 것이다. 의미로 변형될 수 없는 인간 경

험에 대한 어떤 국면도 없다. 다른 말로 한다면 언어는 인간 경험에 대한 이론 그리고 그와 같은 기능에 이바지하는 일상 언어의 어휘문법에 대한 어떤 자원에 대한 이론을 제공한다.

(나) 대인적 기능(interpersonal metafunction): 언어를 구성할 때 언어는 언제나 규정한다. 우리 주변에 있는 사람과 개인적이거나 사회적인 관계를 규정하는 것이다. 문법적인 절은 표상(figure)일 뿐만 아니라 어떤 과정, 즉 어떤 행위나 일어난 일, 말하기나 감지하기, 소유나 존재를 나타내는데, 다양한 참여자들과 환경을 보여준다. 또한 알려주거나 묻기, 주거나 주문하기 혹은 제공하기이며 언급하고 있는 대상에 대하여 그리고 언급하고 있는 누군가를 향한 태도나 칭찬을 표현한다. 만약 문법의 개념적 기능이 '반영'으로서 언어라면, 이는 '행위'로서 언어이다. 핼리데이는 이를 대인적 메타기능이라고 부르는데, 상호작용적이며 개인적임을 암시하기 위해서이다.

(다) 텍스트적 메타기능(textual metafunction): 텍스트의 구성과 관련이 있는 의미의 다른 측면이다. 어떤 의미에서 이는 기능을 가능하게 하며 촉진하는 것으로 볼 수 있는데, 다른 둘, 즉 경험을 구성하고 대인적 관계를 규정하는 두 기능이, 담화 연쇄를 구성할 수 있으며 담화 흐름을 조직하고 진행되어 감에 따르는 통사결속과 연속성을 만들어낼 수 있음에 달려 있기 때문이다. 이는 또한 문법 안에서 분명하게 드러난 요소이기도 하다.

핼리데이 문법에서 체계와 기능 보여주기 위해 다음의 예문을 들어보기로 한다.

10) 의미에 대한 세 가지 메타기능의 가닥을 보여주는 절에 대한
분석의 사례

(가) 예문: 정부와 여당은 화살을 대기업 등에게 돌리고 있다. 〈부록
13-①의 밑줄 부분〉

(나) 분석의 사례

		정부와 여당은	화살을	대기업 등에게	돌리고 있다.
텍스트적		주제	평설		
		화제			
대인적		서법		서법 꼬리표	
		주어	보충어	서술어	
경험적		행위 주체(Actor)	목표	영역	과정(process)
통사어구		명사 부류	부사 부류	동사 부류	

핼리데이(Halliday, 2014)에서 개념적 메타기능은 경험적 메타기능
이라는 용어와 넘나들고 있는데, 개념적 메타기능이 인간의 내적
경험과 외적 경험을 표상한다고 보기 때문이라고 생각한다. 위 표는
서법이라든지 주제, 서법과 관련한 여러 체계들을 채워 넣어야 10)-
(가)의 예문을 온전하게 분석했다고 할 것이다. 이에 대한 세세한
분석을 다루기에는 이 책의 범위를 넘어서기 때문에 다루지 않기로
한다.

체계 기능 문법의 특징을 단적으로 보여주는 사례는 문법적으로
주어라고 알려진 문법성분에 대한 해석인데, 주어가 지니는 세 가지
의미를 다음과 같이 제시하였다.

11) 이른바 주어와 메타기능의 연결(Halliday, 2014: 83)

(가) 주제는 메시지로서 절의 구조에서 기능을 한다. 절은 메시지로
서 의미, 즉 정보의 양을 지닌다. 주제는 메시지에 대한 출발

지점이다. 무엇이 전개되고 있는지 '배경을 깔아두기' 위해 화자가 선택하는 요소이다.

(나) 주어는 교환으로서 절의 구조에서 기능을 한다. 절은 교환, 즉 화자와 청자 사이의 거래로서 의미를 지닌다. 주어는 교환의 근거이다. 화자가 말하고 있는 것에 대한 타당성에 책임을 지는 성분이다.

(다) 행위 주체는 표상으로서 절의 구조에서 기능을 한다. 절은 진행되고 있는 인간 경험에 어떤 처리의 표상으로서 의미를 지닌다. 행위 주체는 그 과정에서 능동적인 참여자이다. 그것은 행위를 하는 어떤 것으로 화자가 기술하는 성분이다.

전통적으로 주어라고 알려진 문법요소에 대한 체계 기능적 관점에서 설명하기 위해 핼리데이(Halliday, 2014)에서 많은 부분을 할애하고 있다. 이는 왜 기능적인 관점에서 언어를 바라보아야 하는 점을 주장할 수 있는 강력한 근거가 될 수도 있기 때문일 것이라 생각한다. 체계에 따라 기능을 분석하는데, 체계가 어긋나지 않는다면 기능의 관점에서 언어를 보는 것이 타당함을 보증하기 때문이다. 11)-(가)는 앞에서 제시한 메타기능 가운데 텍스트적 메타기능과 연결되고, 11)-(나)는 대인적 메타기능, 11)-(다)는 개념적 메타기능과 연결된다. 한편 11)에서는 절의 세 가지 기능도 언급하고 있는데, 각각 메시지로서의 기능, 교환으로서의 기능과 표상으로서 기능을 언급하였다.

이와 같은 절의 의미(≒기능)의 세 가닥은 다음과 같은 형상을 갖춤으로써 구체화된다. 다음 표에서 구조는 기존의 문법에서 통사어구와 구별되는 것으로 형상(figuration)을 가리킨다.

<표 1> 메타기능의 형상(≒구조)(Halliday, 2014: 83)

메타기능	절의 지위	체계	구조
텍스트에서	메시지	주제	주제^평술
사람 사이에서	교환	서법	서법[주어＋한정적] ＋나머지 부분[서술어(＋보충어)(＋접속)]
경험에서	표상	이행성	과정＋참여자(들)(환경) 이를테면 과정 ＋행위 주체＋목표

여기서는 주로 경험(내적 경험과 외적 경험)을 표상하는 체계를 주로 다루기로 한다. 비판적 담화 분석은 주로, 인간의 경험을 어떻게 표상하는가, 즉 어떤 형상으로 표현하는가를 문제 삼기 때문이다. 그리고 핼리데이(Halliday, 2014)에서 제시하는, 이행성(transitivity)의 체계를 보여주는 형상이 이를 파악하는 유익한 도구가 될 수 있으리라 생각한다.

사람은 사건의 끝없는 변화와 흐름에 대한 경험을 언어적인 질서에 얹어놓는다. 이런 것을 실현하는 문법 체계는 이행성(transitivity)의 문법 체계(<표 1>에서 맨 아랫줄)이다. "이행성 체계는 형상으로서, 즉 처리에 집중하는 요소들의 형상으로서 사건의 흐름에서 변화의 양을 구성하기 위한 어휘 문법적 원천을 제공한다. 각각의 처리과정은 다룰 수 있는 처리 유형으로 구성된다. 각각의 처리 유형은 특정한 종류의 형상으로서 경험에 대한 특정의 영역을 구성하기 위한 구별되는 모형이나 틀이다."(Halliday, 2014: 213) 이행성 체계에서 처리는 다음과 같은 여섯 가지 유형으로 제시하였는데, 이에 따라 참여자들의 구성이 다르다.

12) 처리 유형들(process types)

(가) 물리적 처리(material process): 외부 경험을 표상하는데 행위와

사건을 표상함.

(나) 정신적 처리(mental process): 내부 경험을 표상하는데 외부 세계에 대한 응답의 일종으로 의식과 관련이 있음. 감정과 지각, 인지를 표현한다.

(다) 관계적 처리(relational process): 어떤 경험을 다른 경험과 관련 짓거나 일반화는 표상임. 대체로 참여자의 속성(특징이나 정체성)이나 소유 등의 관계를 표현한다.

(라) 동작적 처리(behavioral process): 내적 작용이 밖으로 표현되어 지각이 가능한 생리적이고 심리적인 과정을 표상함.

(마) 발화적 처리(verbal process): 의식이 언어의 형태로 표출됨을 형상화한 과정.

(바) 존재적 처리(existential process): 인식 가능한 모든 대상이 있는 것으로 인식되거나 발생함을 표상함.

12)-(가)와 (나)의 예로 각각 '그가 냉면을 뽑았다'와 '그는 냉면을 좋아한다.'가 될 것이다. 12)-(다)의 예로 '금성은 개밥바라기이다.'를 들 수 있다. 혹은 '우리나라 사람 100명 중 절반은 여자이다.'와 같은 예문을 들 수 있다. '녹색은 안전하다.'와 같은 표현에서 알 수 있듯이 (다)는 표현과 그 내용 사이의 관계를 구성한다. 12)의 (라)는 '그녀가 처음으로 울었다.'와 같은 예문에서 나타나는 처리이다. 또는 '그는 자고 있다.'와 같이 심리적 상태를 나타내는 표현들을 예로 들 수 있다. 12)의 (가)~(다)의 과정 유형은 영어에서 가장 많이 나타나는 처리 유형이다. 그리고 이들은 언어에 따른 변이형태가 많지 않다(Halliday, 2014: 215).

물리적 처리 형상에서 참여자는 일단 행위 주체를 상정할 수 있다.

행위 주체가 한 행동은 자신에게만 영향을 미칠 수도 있고, 다른 대상에게도 영향을 미칠 수 있다. 전통적인 문법에서는 앞의 경우에 쓰이는 동사를 자동사로, 뒤의 경우에 쓰이는 동사를 타동사로 구분하였다. 체계 기능 문법에서도 이를 구별하는데, 전통문법에서 보충어를 필수성분으로 요구하는지 요구하지 않은지 구별하듯이, 목표라는 참여자가 있는지 여부에 따라 구별한다. 즉 참여자가 다른 참여자가에게 영향을 미칠 경우 이를 표상할 참여자가 필요한 것이다. 그 참여자는 목표라 부른다. 앞의 10)에서 목표인 '화살'이라는 참여자가 필요하다. 체계 기능 문법에서는 사건(happening)과 행위(doing)로 구분한다. 이에 관련되는 예문으로 '물이 범람하였다, 물이 마을을 덮쳤다.'를 들 수 있다. 뒤의 문장은 행위를 나타내고, '물'은 행위 주체, '마을'은 목표가 된다. 이 목표에는 수신자와 수혜자가 포함된다. 행위를 나타내는 형상에서 영역(scope)은 목표와 구별된다. 이는 행위 주체의 행위가 미치는 범위를 나타낸다. 그러나 그런 행위는 목표에서와 달리 행위주의 행위가 펼쳐짐에 따라 결과적으로 아무런 영향을 받지는 않는다. 이를 테면 '대서양을 가로지르다.'에서 '대서양'은 영역이고, '대서양을 막았다.'에서 '대서양'은 목표이다. 이밖에도 핼리데이(Halliady, 2014: 236~243)에서는 수신자, 수혜자, 속성(Attribute)과 같은 부가적인 참여자들을 제시하고 있다. 수신자는 행위 주체가 소유하고 있는 물건의 이동이 일어남을 보여주지만 수혜자는 주로 용역(부림)을 제공하는 경우에 표상되는 참여자이다.

비판적 담화 분석과 관련하여 눈여겨보아야 할 참여자는 속성이다. 속성은 일반적으로 결과에 따른 속성(resultative Attributes)과 묘사적 속성(descriptive Attribute)으로 나뉜다. 이들은 부차적인 참여자이다. 속성은 행위 주체나 목표의 품질에 대한 결과 상태를 구성하기 위해 사용될 수 있다. 예를 들면 '그들은 교실을 깨끗하게 청소하였다.'라는 절에서 깨끗하게는 행위 주체의 행위 결과 목표가 어떠한 상태에 있게 되는가를 보여준다. 행위 주체나 목표가 처리 과정에 참여하는 상태를 구체적으로 밝히는 데 이바지하는 묘사적 속성과 구별된다.

6.2. 핼리데이의 체계 기능 언어학을 이용한 비판적 담화 분석의 연구 사례

김병건(2015)에서는 메르스 보도에 대한 신문 사설에 대한 비판적 담화 분석을 실시하였다. 그 논문에서는 핼리데이의 체계 기능 언어학을 이론적 근거로 삼아 외부 경험의 인식과 관련된 물리적 처리에서 누가 '행위자'가 되는지, 누가 '목표'가 되는지, '영역'·'수신자'·'수혜자'로 나타나는 참여자는 무엇인지 등과 함께 화자가 행위의 결과로서 느끼는 '속성'을 통해 각 신문사의 이념을 찾아내고자 하였다. 특히 참여자들을 '정치'와 '일반'으로 구분하고, 신문사별로 이들을 행위 주체로 표현하는 비율을 비교하였으며, 그런 현상이 지니는 의미를 제시하였다. 분석의 결과, 이념적인 성향뿐만 아니라 신문사들이 추구하는 '가치'도 뚜렷이 구별되고 있음을 보여주었다는 데서 의의가 있다. 체계 기능 문법을 엄격하게 적용한 분석의 모습을 보여주지는 않았지만, 행위 주체(Actor)와 속성(Attribute), 특히 결과적 속성(resultative Attribute)의 분석을 통해 대중매체에서 권력이 어떤 이념이나 가치를 바탕에 깔고 있음을 세밀하게 분석하였다는 점에서도 긍정적인 평가를 할 수 있다.

두 신문사의 사설을 12)에서 제시한 처리 유형에 따라 분류한 결과

물리적 처리 〉발화적 처리 〉동작적 처리 〉정신적 처리의 순으로 유형이 나타나는 빈도가 높음을 보여주었다. 이는 앞서 핼리데이(Halliday, 2014)에서는 말뭉치 자료를 분석한 결과 물리적 처리와 관계적 처리, 정신적 처리가 높은 빈도를 보인다고 한 것과 다른 점이다. 이는 신문기사를 대상으로 하였기 때 실제 말뭉치 자료를 분석한 것과는 다른 신문 사설만의 특징일 수 있다고 생각한다. 사건을 다루고 있기 때문에 일상생활의 말뭉치와 비슷한 점이 나타난 것이라고 할 수 있다. 신문사설은 또한 권위 있는 사람이나 관계자의 말을 직접이든 간접이든 끌어 쓰기 때문에 발화적 처리와 관련되는 표상이 많이 나타날 것이라 생각해 볼 수 있다. 다른 이와 비슷한 유형의 연구를 통해서 일반화가 가능할지 검토해 볼 필요가 있을 것이다.

제7장 비판적 담화 분석과 국어교육

1. 왜 비판적 담화 분석이 국어교육에 필요한가?

국어교육에 비판적 담화 분석이 필요한 이유를 살피기에 앞서 비판적 담화 분석이 필요한 이유를 따져 볼 필요가 있을 것이다. 먼저 비판적 담화 분석에서 전제하고 있듯이 언어는 완벽하다고 가정할 수 있는 한 명의 화자/필자의 연구로 마무리될 수 없다는 점이다.

이 책에서 여러 차례 강조하였듯이 언어의 본질은 언어 사용을 통해 구체적으로 드러난다는 점을 고려해 볼 필요가 있다. 이때 언어 사용은 천재적인 개인의 창의를 통해 구현되는 것이 아니라 담화 동아리의 관례나 대화 참여자들의 협력으로 이뤄진다.

국어교육의 여러 목표들 가운데 하나는 국어의 사용 능력을 길러 준다는 데 있다면 비판적 담화 분석에서 일차적으로 관심을 기울이고 있는 언어 사용에 따른 담화의 특성을 밝히는 일이 국어교육을 위해 중요한 일이 된다.

다음으로 국어교육에서 과녁으로 삼고 있는 목표와 관련하여 비판적 담화 분석이 국어교육에 필요한 이유나 근거를 댈 수 있을 것이다. 다음은 2015 교육과정에서 제시하고 있는 국어 과목의 특성이다.

1) 2015 교육과정에 명시된 국어 과목의 특성(교육부, 2015: 3)

초중고 공통과목인 '국어'는 국어를 정확하고 효과적으로 사용하는 데 필요한 능력과 태도를 기르고, 비판적이고 창의적인 국어 사용을 바탕으로 하여 국어 발전과 국어문화 창달에 이바지하려는 뜻을 세우며, 가치 있는 국어 활동을 통해 바람직한 인성과 공동체 의식을 함양하는 과목이다. 학습자는 '국어'의 학습을 통해 '국어'가 추구하는 역량인 비판적·창의적 사고 역량, 자료·정보 활용 역량, 의사소통 역량, 공동체·대인 관계 역량, 문화 향유 역량, 자기 성찰·계발 역량을 기를 수 있다.

'국어'에서 추구하는 비판적·창의적 사고 역량은 다양한 상황이나 자료, 담화, 글을 주체적인 관점에서 해석하고 평가하여 새롭고 독창적인 의미를 부여하거나 만드는 능력이고 [아래 줄임]

이 구절을 통해 교육과정을 만든 사람들은 주체적인 관점에서 해석하고 평가하는 능력을 비판적 사고 역량으로 간주하고 있다는 것을 알 수 있다. 그런데 이와 같은 태도나 역량의 밑바탕에는 언어 혹은 국어가 있는 것이 아니라 다양한 상황이나 맥락에 대한 의식이나 깨달음이 있다는 점을 생각해 보아야 한다. 이런 깨달음의 밑바탕에 또 다른 무엇이 있을 것이라고 생각해 볼 수 있지만 이 책에서는 더 이상 파고 들어가지는 않을 것이다. 중요한 것은 그와 같은 깨달음이 민감함(sensibility)을 길러주어야 한다는 것이고, 그 민감함이 여러 차례에 걸친 실행과 가르침으로 다듬어질 수 있다는 것이다. 아울러 현실적인 문제에 접근하는 방법이나 인식 혹은 지각하는 방식을 비판적 담화 분석을 통해서 배울 수 있다는 것도 비판적 담화 분석을 교육적 맥락에서 강조하는 근거가 될 수 있다고 생각한다. 비판적 담화 분석이 교육적 맥락에서 이뤄지는 경우를 이 책에서는 비판적 담화 교육이라 부르기로 한다. 이는 국어교육 맥락에서 이뤄지던 담화 교육과 구별하기 위한 의도를 담고 있는 용어이다.

김유미(2014: 437)에서는 학생들이 비판적으로 담화를 읽어내지 못함을 지적하고 있기도 하다. 특히 '필자의 존재, 가치관, 의도, 입장 등에 대한 인식이나 추론이 나타나지 않는다. 글의 배경이 되는 사회·문화적 맥락에 대한 인식이나 추론이 나타나지 않는다.'는 지적은 학습자들에게 비판적 담화 교육의 필요성을 보여준다고 생각한다. 학생들에게 언어로 삶을 이해하고 맞설 수 있는 능력을 길러주는 것이라고 국어교육의 목표를 성글게 자리매김해 본다면 비판적 담화 교육의 의의가 좀 더 분명해질 것이다. 낱말 몇 개를 더 익히고, 맥락과 저자가 가려진 덩잇글 몇 개를 더 읽히는 것으로 국어교육이 마감되는 것이 아니라는 것이다. 그것은 삶과 그 터전인 세계를 분석하고 자세히 살피며 슬기롭게 맞설 수 있는 기틀을 국어를 통해 마련해 주어야 한다. 그런 기틀을 닦고 가다듬는 경험을 국어를 통해 겪어보게 하는데, 국어교육의 의의를 생각해 볼 수 있다.

그렇지만 실제로 학생들은 어느 정도 비판적 담화 교육의 필요성을 인식하고 있기도 하다. 다음의 자료는 학생 자료이다. 이 자료는 한 학기 한 권 읽기의 마지막 단계로 서평 발표하기를 위해서 어떤 학생이 제출한 ppt 자료의 일부이다. 이 자료에서 이 학생은 이 책에서 유시민(2017)의 책을 읽고 책을 읽게 된 동기를 다음과 같이 제시하고 있다(밑줄은 필자가 그었음).

2) 학생글에서 비판적 담화 교육의 필요성을 제기한 글

사실 나는 어떠한 의견을 전달받을 때 그 내용을 받아들이면서도 한편으로는 늘 '그 내용이 전부는 아닐 것이며, 완전한 사실이 아닐 수도 있겠다.'는 생각이 항상 한 구석에 있다. 정치와 관련된 뉴스를 볼 때도 늘 그렇다. 사람이고 단체고 조직이고 어느 한쪽으로 입장과 사상이 기울 수밖에 없다고 생각한다. 그들이 쏟아내는 기사와 의견들은 말할 것도 없고. 그래서 정치와 관련된 뉴스를 접할 때 특정 입장을 고수하는 정치인이건 언론사건 간에 왜 그들이 '보수'와 '진보'의 의견을 가지고 이야기를 하는 것인지, 그들이 견지하는 사상의 기저에는 어떤 의미가 있는 것인지, 각 사상은 어떻게 탄생하게 되었는지에 대한 배경이 궁금했다. 더 이상 수동적으로 뉴스를 '받아들이기'만 하고 싶지 않았고, <u>더 깊이 그리고 가능하다면 숨은 의도들도 이해하고 싶었다.</u> (14** 강**)

비판적 담화 교육의 필요성은 학생들이 언어의 산출과 이해에서도 필요하다. 지금까지 담화 교육에서는 주로 학습자들을 담화의 수용자, 즉 이해의 주체로서 측면만을 강조하여 왔다. 그렇지만 담화의 수용 주체에서 생산 주체로서 학습자들을 자리매김할 필요가 있다. 이는 비판적 담화 분석의 지향점과도 어느 정도 일치한다. 즉 비판적 담화 분석은 말 그대로의 담화 분석에만 그치는 것이 아니라 사회적 실천으로서 의의가 더 크기 때문에 담화에 대한 비판적인 수용을 넘어서 담화의 산출을 강조할 필요가 있는 것이다. 국어교육

에서도 일차적으로 교과서에 제시되는 하나의 덩잇글뿐만 아니라 이와 주제나 이념, 태도와 관련이 있는 다른 글을 읽는 엮어 읽기와 같은 활동이 필요하다. 이를 통해 하나의 담화에 담긴 이념이나 태도를 다른 담화와 겹쳐 읽음으로써 더욱 분명하게 파악할 수 있다. 여기에 더하여 자신의 사회적 정체성과 비판적 언어 의식을 통해 좀 더 적극적인 행위, 즉 담화의 산출 행위에 참여함으로써 기존의 제도와 이념에 대한 비판의식을 기를 수 있게 된다. 이와 같은 점은 이 장에서 제시한 〈그림 4〉을 통해 좀 더 분명하게 제시하였다.

정희모(2017: 187)에서는 페어클럽의 비판적 담화 분석을 살핀 뒤, 논의의 결론으로 "페어클럽의 비판적 담화 분석 방법을 국어교육에 도입하는 것은 아직 시기상조이며, 이를 응용할 방법에 관한 연구가 더 필요하다고 보아야 한다. 국내 교육법에 맞게 교과서와 교육과정에 반영될 수 있는 사회 문화적인 텍스트 해석 방법을 찾아야 할 것이다."라고 지적하였다. 지금 이 시점에서 비판적인 담화 교육을 국어교육의 맥락에서 논의하는 것은 그와 같은 해석 방법이나 관점의 필요성을 성글게나마 제안해 보려는 데 일차적으로 그 의의가 있다.

2. 담화에 대한 연구와 국어교육

비판적 담화 교육의 관점에서 담화 혹은 언어에 대한 연구를 자리매김하고, 그 다음에 국어교육에서 담화 교육 특히 비판적 담화 분석 교육으로 논의의 폭을 좁혀 나가기로 한다. 국어교육을 논의하는 마당에서 언어에 대한 연구를 언급하는 것은 응용 언어학으로서 국어교육을 자리매김하는 한 방편이다. 즉 담화 혹은 언어에 대한 연구로부터 국어교육에 지니는 함의를 읽어낼 수 있는 토대를 마련하는 과정으로서 의의가 있다.

2.1. 담화 혹은 언어에 대한 연구

국어교육의 맥락에서 비판적 담화 연구가 제 자리를 잡기 위해서는 이전에 국어교육에서 염두에 두었던, 국어교육에 대한 관점 혹은 국어교육의 대상으로서 국어에 대한 생각을 고쳐나갈 필요가 있다. 지금까지 국어·담화교육에서 중요시한 개념들 가운데 정확성과 적합성을 다시 자리매김해야 할 필요가 있다. 먼저 정확성은 국어의 언어 체계의 습득에 필요한 개념이다. 3장의 〈그림 1〉에서 제시한 언어의 형식, 즉 음운에서 문장에 이르는 형식의 습득에서 정확성이 중시된다. 그런 의미에서 정확성은 문법성으로 볼 수 있다. 그렇지만 정확성이나 문법서에 대한 지나친 강조는 이상적인 국어표현만을 인정하게 되고, 국어의 실제 사용 국면을 무시하게 되어 학생들이 실제 생활에서 마주치게 될 언어 표현과의 거리감을 느끼게 할 수 있다.

다음으로 적합성의 개념을 보기로 한다. 이때 적합성은 의사소통의 목적을 이루도록 하는 의사소통의 속성들을 아우르는 개념으로 쓴다. 적절성이란 용어도 생각해 볼 수 있으나 이는 국어과 교육과정의 비판적 읽기 기준 가운데 하나와 겹치기 때문에 쓰기가 꺼려진다. 4장 2절에서 간단하게 제시한 것처럼 언어가 언제나 가지런하거나 균질적이지 않다. 심지어 카터(Carter, 1995: 91)에서 지적한 것처럼 "언어는 가능한 눈속임, 거짓말, 모든 종류의 사기, 다른 집단에 의한 한 집단의 지배, 모든 종류의 속임수를 만들어낸다"(김은성, 2013: 153

에서 재인용).

이를테면 표준어와 사투리의 경우에도 규범에서 제시한 것처럼 공식적인 자리에서 표준어를, 비공식적인 자리에서 사투리를 가지런하게 사용하지 않다. 때로 그 반대인 경우도 있으며, 심지어 이들이 뒤섞여 나타난다. 이를 페어클럽(Fairclough, 1992; 김지홍 뒤침, 2017)에서는 기존의 언어 규범에서 혹은 기존의 언어 교육에서 제시한 적합성이 맞지 않음을 보이기 위해서 다음과 같이 반박하고 있다. 언어 변이형과 맥락, 목적 사이의 일대일 적어도 다대일의 대응관계가 성립한다는 점을 중심으로 적합성을 지적하지만 이들 관계가 불확정성이 있다고 비판한다. 그리고 적절한 언어 사용과 부적절한 언어 사용의 구분이 명료하다는 적절성에 대해서도 다른 집단의 사람들은 변이형이나 맥락, 목적에 대해 다르게 판단할 수 있다고 비판하였다. 그리고 다양한 형태의 변이형이 나타나기 때문에 적합성을 정의하거나 규정하기 어렵다고 하였다.

담화에 대한 연구가 국어교육적인 함의를 지닐 수 있음을 보여주는 논의를 위해서 페어클럽(Fairclough, 2001; 김지홍 뒤침, 2011: 440)에서 제시한 그림을 참고할 수 있을 것이다.

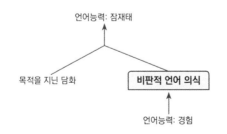

〈그림 1〉 언어학습을 위한 비판적 담화 분석 얼개

이 그림에서 언어 능력을 키우기 위한 중요한 토대는 경험이다. 이는 비판적 담화교육의 토대이자 방법이다. 경험을 토대로 "지배는 강요보다는 오히려 동의를 통해서, 이념을 통하여 그리고 언어를 통하여 작동한다."(Fairclough, 2001; 김지홍 뒤침, 2011: 429)는 비판적인 언어 의식을 키우고 이런 의식을 목적을 지닌 담화의 산출과 이해라는 실천과 결합시킴으로써 언어 능력이라는 지향점에 이를 수 있다. 말하자면 그 지향점은 목적을 지닌 담화 실천, 즉 산출과 이해와 비판적 언어 자각(critical language awareness: 언어 의식)과 짝을 지음으로써 가능하다(Fairclough, 2001; 김지홍 뒤침, 2011: 441). 이를테면 억압을 받고 있는 사람은 억압을 받고 있는 자신의 현실을 인식하지 못할 수 있다. 이는 자각이 제대로 자랄 기회를 부여하지 않는 지배계급 혹은 권력이 있을 뿐만 아니라, 이런 권력은 훨씬 은밀하고 교묘하게 이런 현실을 포장하고 위장하기 때문에 그럴 가능성은 더욱 높아진다. 그렇기 때문에 비판적인 의식은 갈등(투쟁)을 통해서만 더욱더 날카롭게 인식될 것이다. 그런 점에서 실천은 의식을 키우고, 다시 의식은 실천력을 키우는 관계, 즉 변증법적 관계에 있다.

〈그림 1〉을 통해서 언어 연구에 대해 함의하는 바는 비판적 언어 의식(혹은 자각)이 언어교육의 핵심 혹은 중요한 내용이 되어야 한다는 것이다. 1980년대 영국을 중심으로 언어교육을 개선하기 위해 언어 의식이라는 개념의 대안으로 페어클럽을 중심으로 한 비판적 담화 분석가들에 의해 제안된 개념이다. 김은성(2005)의 논의를 참고할 때, 비판적 언어 의식은 이전의 언어 의식을 아우르는 개념으로 볼 수 있다.

또한 〈그림 1〉을 통해서 비판적 언어 연구가 필요하다는 함의를 읽어낼 수 있다. 지금까지 이뤄졌던 문장 이하의 단위에 대한 연구뿐만 아니라 〈그림 2〉에서 보여준 덩잇말에 갇힌 언어 연구의 범위를 넘어서야 한다는 것이다. 녹록치는 않겠지만, 삶과 세계, 언어가 어떤 관계 속에서 어떻게 밀접하게 관련되어 있는지를 밝히는 작업이 필요하다. 페어클럽(Fairclough, 2001; 김지홍 뒤침, 2011: 430~447)에서는 비판적 언어 연구를 위한 세 가지 맥락을 제시하지만 여기서는 교육적 맥락에서만 언급하기로 한다.

먼저 도구로서 언어를 바라보는 관점을 교육과정의 기획에서 실행에 이르는 단계에서 강조하다고 있다는 점은 고려의 여지가 있다. 도구로서 언어를 바라보는 관점에 서면 국어교육의 일부인 기능교육, 즉 듣기·말하기, 읽기와 쓰기는 일정한 수준에서 요구하는 기술을 익히는 수준에서 교육의 목적은 이뤄진다. 아래의 〈그림 3〉에서 보여준 것처럼, 담화의 속성이나 담화 안에서 비판적 준거를 마련하는 것으로 충분히 그 목적이 이뤄진다고 할 수 있다. 실제로 우리나라 초중고 학생들의 독서 능력이 떨어진다거나 어떤 장면에서 효과적으로 언어를 구사하지 못한다는 비판의 한 축에는 이와 같은 기능주의적, 도구적 언어관이 자리 잡고 있다. 문학 교육에서는 종종 전통의 계승과 조상들의 사고 방식 교육을 중심으로 관례를 따르는 지혜, 지배층의 이념을 옹호하는 문학의 교육에 더 높은 가치를 매기고 있다. 물론 이와 같은 관례들과 실천 사례들을 모두 교육의 영역에서 몰아내자는 것은 아니다. 그렇지만 학습자들에게 한 쪽으로 치우친 이념이나 주류 사회에서 합법적이고 자연스러운 지식과 문학작품을 중심으로 한 교육과정은, 소외되거나 주변부에 머물고 있는 사람들 혹은 계층이나 집단의 언어를 버리고 심지어 폄하하게 함으로써 비판적인 언어 의식이나 자각을 마비시킨다는 데 문제가 있는 것이다. 표준어나 맞춤법과 같은 규범을 강조하는 맥락에는 그와 같은 측면의 한 단면을 보여준다고 추론해 볼 수 있을 것이다. 규범을 지키지 않은 행위들을 일탈로 보고 이를 부정적으로 보게 하는 프레임이 암묵적으로 작용하고 있다. 즉 규범을 지키는 것은 올바른 행위이고, 규범을 지키지 않은 것은 그릇된 행위라는 프레임이 작용하고 있는 것이다.

또 하나는 담화의 자동적 처리와 관련하여 비판적 언어 의식이 필요한 이유를 생각해 볼 수 있다. 학생들은 습관적으로 담화를 문제 풀이의 대상으로 읽은 경험이 많다. 고등학생들이 학습의 대상으로 삼은 대부분의 덩잇글은 온전한 전체의 글이 아니고, 출제의 목적에 맞게 가공된 글이다. 이와 같은 글을 읽으면서 나타나게 되는 문제 가운데 하나는 덩잇글의 이해에 초점이 맞추어져 있고, 문제에서 묻지 않으면 문젯거리로 고민하지 않는다는 데 있다. 이는 글 읽기 습관을 비틀어 놓을 뿐만 아니라 좀 분량에서 좀 더 긴 글을 읽어내기가 어렵고, 자신의 생각을 갖지 못한다는 점이다. 그저 문제를 잘 풀고 그에 대한 답이 맞으면 글을 잘 읽었다고 생각하는 것이다. 물론 이런 과정을 통해 길러진 여러 가지 사고 능력과 어휘 능력이 의미가 없는 것은 아니겠지만, 문제 풀이 이상의 의미를 지니기 힘들다. 더욱 더 문제가 되는 것은 제시되는 글과 그에 대한 활동이 삶의 문제에서 벗어나 있다는 것이고, 그에 따라 글이 지니고 있는 의미를 삶의 문제로 드넓힐 필요성을 갖지 못한다는 데 있다. 그렇기 때문에 결국에는 비판적으로 읽을 수 있는 능력이 길러지지 않는다.

오늘날의 시대에서 문제의 심각성은 다매체 시대를 살고 있는 디지털 원주민인 학습자들에게 그와 같은 현상이 매체 전반에 널리 퍼져 있다는 데 있다. 정보를 얻기 위해 누리그물과 스마트 폰을 뒤져서 얻은 정보들이 반드시 높은 품질의 정보라고 할 수 없다.

대기업을 중심으로 이뤄지는 다중 매체(muti-media)는 철저하게 매체 생산자의 이익에 이바지하도록 기획되었고, 이런 매체는 쓰면 쓸수록 익숙해지도록 되어 있다. 이용에서 자동화되고, 익숙하게 되면 될수록 관습화되고(김대희, 2015: 68), 자기가 이용하는 매체에 대한 비판의식은 자랄 수 없게 된다. 익숙하면 익숙할수록 편리하고, 선택에서 심리적 갈등을 줄여주기 때문이다. 그에 따라 매체에 담긴 메시지에 대한 가치 판단을 건너뛰거나 고민하지 않는다. 한 마디로 비판적인 언어 의식이 자랄 겨를이 없게 된다.

이와 같은 비판의 연장에서 김대희(2015: 75~78)는 매체 교육의 방향성을 제시하였는데, 특히 '학생들의 인지 구조에 각인된 자동화된 루틴을 걷어내고 비자동화된 인지를 가동하여 메시지의 본질적인 가치를 파악하는 데 목표를 두어야 한다.'는 지적은 눈여겨 볼 필요가 있다. 아울러 매체의 수용자에 머무를 것이 아니라, 호주의 모국어 교육과정에서 그러한 것처럼 매체 제작을 위한 응용 프로그램을 다룰 수 있는 기능을 가르쳐야 한다는 지적도 중요하다고 생각한다. 영상이나 사진을 의도대로 편집하고 텍스트뿐만 아니라 그것을 통해 자신이 전달하고자 하는 의도나 의미를 표현하는 일은 비판적 담화 교육의 목표 가운데 하나인 사회적 실천으로까지 이어지는 데 필요하리라 생각한다.

읽기 교육과 쓰기 교육이 이뤄지는 맥락에서 이 그림은 다시 해석될 수 있다. 지금까지 읽기와 쓰기 교육이 지나치게 기능적이어서 읽기가 사회적으로 어떤 의미를 지니는지, 한 편의 글(≒담화-덩잇말)이 사회와 어떤 영향을 주고받는지 제대로 다루지 못한 측면이 있다. 이와 같은 비판적 담화 교육의 맥락에서 읽기와 쓰기의 사회·문화적 의미에 대한 교육거리를 마련해야 할 필요가 있다. 물론 이와 관련된 교육내용이 없지는 않지만 주로 문화 발전이나 전통이라는 관점에서 자리매김되어 왔고, 학생들에게 공감을 불러일으키지 못하고 있다.

한편으로 비판적 담화 분석을 위해 담화를 다음과 같은 세 층위의 복합개념으로 설정해 볼 수 있다. 페어클럽(Fairclough, 1992; 김지홍 뒤침, 2017: 150)에서는 다음과 같은 그림을 제시하였는데, 담화에 대한 앞선 논의들을 아우르면서 담화 분석을 사회적 실천 관례들과 연결시켜 놓은 것이라 해석할 수 있다.

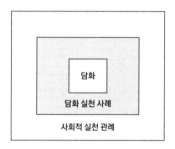

담화

담화 실천 사례

사회적 실천 관례

〈그림 2〉 담화에 대한 세 층위의 복합개념 층위

〈그림 2〉에서 핵심은 앞서 페어클럽의 일련의 저작들에서 지적하였고 이 책에서 여러 차례 언급하였듯이 텍스트 짜임과 이에 대해 언어적 분석과 함께 좀 더 넓은 차원에서 사회적 실천 관례들의 일부로서 담화를 자리매김하는 것이다. 담화 실천 사례에 대한 연구에서는 담화의 생산과 이해, 분배와 배포에 관련되는 연구뿐만 아니라 서로 얽혀 있는 담화들의 상호작용도 포함한다. 사회적 실천 관례에 대한 연구에서는 사회문화 혹은 경제적 제도나 배경과 담화와의 관련성에 대한 연구를 통해 사회적 맥락 혹은 구조 속에

서 이념이나 권력이 어떻게 작용하는지를 연구하는 일이 포함된다. 페어클럽(Fairclough, 1992; 김지홍 뒤침, 2017)의 뒤친이 각주에서 지적하고 있듯이 이들은 동심원 관계에 있지 않다. 이는 일차적으로 포함관계에 있지 않다는 것이다. 말하자면 어떤 담화1은 사회적 실천 관례로 볼 수 있지만 그 자체가 집합 관계에 있는 원소처럼 사회적 실천 관례 그 자체에 언제나 포함되는 것은 아니라는 것이다. 오히려 어떤 담화1은 담화 실천 관례이면서 하나의 사회적 실천 관례로서, 즉 사회적 실천으로서 의의를 지닐 수 있다. 담화 연구의 대상으로서 담화 실천 관례이면서 동시에 사회적 실천 관례, 즉 다른 층위들과 대등한 관계에 있다.

2.2. 담화 교육과 비판적 담화 교육

먼저 국어교육이 담화 교육이어야 한다는 점을 언급하기로 한다. 국어교육의 내용 영역에 대한 논쟁은 1970년대 후반부터 최근에 이르기까지 계속되고 있다. 특히 교육과정과 교과서가 새로 만들어지는 시기가 되면 그 논쟁은 심화되는데, 아직까지 명쾌하게 그 영역들이 정리되지 않고 있다. 대체로 내용 영역에서 기능 중심의 영역으로 듣기·말하기, 읽기와 쓰기는 자리 잡혀 있는 듯하다. 이들 기능 중심의 영역은 담화 교육이어야 한다는 점이다. 담화 혹은 덩잇말은 언어의 산출과 이해에서 상호작용과 상호작용에 참여하는 이들에 대한 관계 설정을 염두에 둔 개념이다. 따라서 국어교육에서는 담화의 산출과 이해를 중심으로 하여 학습자들의 실생활에 유의미한 활동이 되도록 교육 내용을 마련하여야 한다.

지금까지 국어교육에서 담화 교육은 기능 중심의 담화 교육으로 의미 연결과 통사결속에 초점을 맞추었다. 비판적 고등학교 교육과 정에 와서야 〈그림 3〉에서 왼쪽 그림의 〈교육내용〉 부분 아래쪽에 제시되어 있는 세 개의 내용, 즉 타당성, 효용성, 적절성을 따지는 이른바 비판적 사고 내용을 가르치도록 되어 있다. 이는 담화를 바라 보는 절차지식의 습득에 초점을 맞추고 있는 내용이라고 말할 수 있다. 그러나 이와 같은 담화 교육내용은 담화의 속성 가운데 일부분 만을 다루고 있어서 온전한 의미에서 담화를 제대로 가르칠 수 없다 는 데 문제가 있다. 김혜정(2008: 47~81)에서 지적하고 있듯이, 담화 가 실제와의 관련성이 떨어지고, 담화가 산출된 사회문화적 맥락이 분명하지 않아, '이름만 있고, 내용은 없거나 활동은 있지만, 그 핵심 을 알기 어려운 것'으로 비판을 받을 소지가 다분하다. 이와 같은 점은 박영민(2008)에서도 지적되었다. 즉 독서의 이해에 대한 논의에 서 비판적 독서가 빠진 적은 없지만, 교과서를 만든 사람이나 교사들 에게 비판의 의미가 명확하게 자리 잡지 않고 있는 것이다. 그 논의 에서 7차 교육과정 시기에 만들어진 두 권의 교과서를 분석한 결과

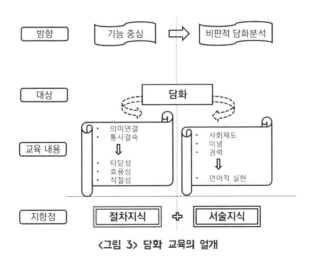

〈그림 3〉 담화 교육의 얼개

만 보아도 알 수 있는데, 구체적인 비판 활동이 빠진 것을 볼 수 있다(박영민, 2008: 16).

　담화는 3장의 담화 속성에서 제시한 것처럼 의미 연결과 통사결속의 속성뿐만 아니라 사회적 맥락과 이념에 따라 산출되기 때문에 그 의미의 다중성과 가변성을 고려해야 한다. 그렇다면 담화의 본질에 대한 재고가 필요하다. 말하자면 담화의 이념적 속성, 권력을 반영한 속성들이 반영되어야 하는 것이다. 그에 따라 기능적인 담화 교육과는 다르게 담화 교육에 접근해야 할 필요가 있다. 이는 앞 절에서 소개한 페어클럽(Fairclough, 1992; 김지홍 뒤침, 2017: 150)에서 제시한 담화에 대한 복합개념을 고려할 때도 타당성을 뒷받침할 수 있다.

　예를 들어 최근에 논란이 되고 있는 미세 플라스틱의 문제도 자유 경쟁의 논리를 따르는 기업의 이념을 좇을 것인가 아니면 생태·환경적 관점을 좇을 것인가에 따라 접근하는 방식이나 논리가 다를 수 있다. 학생들에게 실천 방안을 제시해 보자고 요구하는 것은 당연히 필요하지만 좀 더 근본적으로 따져 보면 기업이 감당해야 하는 책임을 소비자에게 떠넘기는 논리이고, 겉보기에는 생태·환경적 관점에 서 있는 듯하지만, 실제로는 기업의 논리에 서 있다고 판단할 수 있는 것이다. 따라서 이런 논리들을 제대로 간파하도록 하는 담화 비판적 교육이 필요하다. 실제 교육에서는 개인적인 차원의 실천도 중요하지만 이와 같은 담론의 흐름을 파악할 수 있도록 교육 내용을 마련해야 한다고 생각한다.

　이와 같은 내용에 대한 교육이 필요한 이유는 지금까지 담화교육에서 실시되어 온 기능중심의 담화 교육이 지니고 있는 문제점에서 비롯된다. 우선 기존의 담화교육은 담화의 이면에 깃들어 있는 사회 구조와 권력, 이념의 문제를 읽어내도록 가르치는 데 한계가 있기 때문이다. 더 나아가 학습자들이 자라서 사회의 구성원이 되었을 때를 겨냥하여 자신의 사회적 정체성을 확립하고, 삶의 주체로서 주관을 갖고 사회적 문제를 해결하기 위해 실천하도록 하는 방향으로 나아갈 수 없다는 데 뿌리 깊은 한계가 있다.

앞에서 언급한 내용을 바탕으로 하여 〈그림 3〉이 담고 있는 뜻을 생각해 보기로 한다. 듣기·말하기를 포함하여 읽기와 쓰기는 언어 사용 기능이다. 그에 따라 지금까지 이들 영역에 대한 가르침은 기능을 익히고 부려 쓰는 데 초점이 맞추어져 있다. 그렇지만 담화에 대한 이와 같은 교육 내용들은 담화의 참된 속성을 제대로 가르치지 못하고 있다. 따라서 담화, 즉 언어 사용의 과정이자 결과물을 제대로 가르치기 위해서는 비판적 담화 분석에 대한 가르침으로 나아갈 필요가 있다.

담화의 밑바탕은 맥락이다. 지금까지 국어교육에서 맥락은 담화 내적 맥락과 담화 외적 맥락으로 구분하여 왔다. 그리고 담화 외적 맥락으로 환경과 과제, 사회역사적 상황, 담화 동아리의 신념과 이념, 담화 관습을 지적하여 왔다. 이런 맥락 설정 자체가 잘못되었다고 할 수는 없으나, 사회 제도나 의식, 역사적 맥락은 학습자들의 실제 상황과 동떨어져 있다는 데 문제가 있다. "사회적 불평등, 환경 문제 등과 같이 '힘의 작용에 의해 본질이 훼손될 우려가 있는 영역'을 다루어 학습자가 비판적 사고를 실질적으로 발현할 수 있게 해야 한다."(김규훈, 2018: 7) 학습자가 국어를 배우고 익히면서 국어의 사용에 깃들어 있는 권력과 이념의 문제에 대해 탐구하는 것은 사회적 실천으로서 소통역량을 기를 수 있는 교육과정의 맥락과도 이어진다.

비판적 담화 분석에서 중요한 맥락의 속살은 사회제도와 이념,

권력이다. 이에 대한 자각을 바탕으로 이해의 과정에서는 맥락의 속살들이 어떻게 언어적으로 실현되는지 살필 수 있도록 가르쳐야 하는 것이다. 산출의 과정에서도 이런 맥락의 속살들을 충분히 담아 내고 있는지 점검하고 조정하도록 가르쳐야 한다. 이 책에서는 기능 중심의 담화 교육에서 비판적 담화 교육으로 나아가는 방향을 마련 하였지만, 지향점은 이 둘을 아우를 수 있도록 설정하였다. 이는 지 금까지 국어교육에서 힘을 쏟았던 기능 중심의 담화 교육의 기능과 비판적 담화 교육의 기능을 아우를 때에 옹근 모습의 담화 교육을 실현할 수 있다는 점을 염두에 두었다.

위의 내용과 관련하여 담화를 가르치기 위한 단계 설정에 대한 함의를 읽어낼 수 있다. 중학교까지 기능 중심의 교육을 통하여 담화 에 접근하는 기본적인 절차를 익히고 내면화하는 절차 지식의 습득 에 초점을 맞추도록 한다. 그리고 고등학교에서는 구체적인 시대상 황과 역사적인 맥락과 시대의 변화를 고려하여 담화의 내용에 대한 서술지식을 여러 가지 자료를 찾아내도록 한다. 그리고 이를 바탕으 로 좀 더 세세하게 담화 이면에 있는 논리들을 좀 더 비판적으로 담화를 읽을 뿐만 아니라 직접 담화 생산의 주체가 되도록 가르치는 방안을 찾아볼 수 있을 것이다.

다음은 이를 좀 더 구체적으로 정리하여 표현한 그림이다. 〈그림 4〉에서 뚜렷이 드러내고자 한 것은 비판적 담화 분석에 대한 국어교 육적 접근은 반드시 통합 교육이어야 한다는 점이다. 읽기를 비판적 담화 분석 차원에서 가르친다고 할 때 읽기 그 자체만으로 비판적 담화 교육이 이루어진다고 할 수 없다. 반드시 사회적 실천 관례로서 산출을 위한 활동이 곁들여져야 한다. 이는 담화를 산출하는 대다수 의 권력이 독자를 수동적인 독자에 머무르게 한다는 점, 더 나아가

능동적인 독자일지라도 수용자의 지위에 머무르게 한다는 점이다. 이와 같은 맥락에서 비판적 담화 분석과 교육의 궁극적인 목표는 쓰기를 통한 사회 참여, 즉 사회적 실천에 있다. 사회적 실천 행위로서 댓글 달기와 같은 짧은 글의 형태에서부터 대자보처럼 긴 글의 형태로 이어질 수 있다. 그런 점에서 김규훈(2018)은 비판적 담화 분석의 원리를 바탕으로 하여 비판적 담화 분석의 내용을 영역 통합적 내용과 실제 활동을 위한 수행활동으로 마련하였다는 점에서 의의가 있지만 이해와 수용에 그친 점은 아쉽다. 문법 영역 기반의 통합성을 염두에 두었기 때문에 주장이 어느 정도 수긍할 만하지만, 이런 경우에도 충분히 양방향, 즉 이해와 산출이 가능하다는 점을 고려할 때 그러하다. 더군다나 논의의 대상으로 〈언어와 매체〉라는 선택 교과의 통합 단원을 구성하는 자리라면 수용과 산출의 통합을 염두에 둘 필요가 있다.

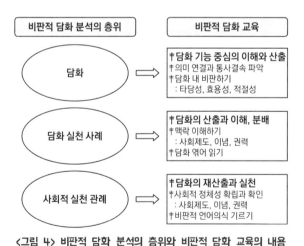

〈그림 4〉 비판적 담화 분석의 층위와 비판적 담화 교육의 내용

〈그림 4〉에서 "비판적 언어 의식은 모든 범위의 담화에서 사회·문

화적, 이념적 실천을 드러내고 감추는 양상을 읽어내는 것을 의미하며"(Carter, 1995: 87), "평등과 사회적 정의를 실현하기 위해 언어가 사용된 방식에서 누구의 이해가 반영되어 있는가? 누가 혜택을 받는가를 질문하고 그 답을 찾으려는 의식을 의미한다"(김은성, 2005: 325 참고). 그리하여 권력과 제도를 통해 사용되는 언어에 권력과 이념의 작용을 스스로 찾으려는 의식을 의미한다. 이는 담화의 수용에서 그러할 뿐만 아니라, 담화의 산출에서도 사회적 정체성을 바탕으로 가치, 태도, 이념의 문제를 적극적으로 다루려는 태도를 통해서 나타난다. 담화의 재산출과 실천에서 사회적 정체성 확립과 확인을 중시하는 것은 "하나의 담화는 하나의 '정체성 조립 묶음'"(Gee, 1990: 142; 김은성, 2013: 155에서 재인용)이기 때문이다. 시공간과 같은 물리적 상황, 제도와 같은 사회적 차원에서 자신의 정체성에 따라 자신을 점검하고 조정하는 과정이 사회적 실천을 위해서 필요하다.

2.3. 국어과 교육과정과 비판적 담화 교육

현재 시행되고 있는 국어과 교육과정은 2015 교육과정(교육부 고시 제2015-74호 별책[5])이다. 국어과 교과목은 1학년에서 10학년에 이르는 공통과목으로서 [국어]가 있으며 10학년 이후에 선택과목으로 일반 선택과 진로 선택을 편성하였다. 일반 선택 과목에는 [화법과 작문], [독서], [언어와 매체], [문학]을 편성하였고, 진로 선택 과목에는 [실용 국어]와 [심화 국어], [고전 읽기]를 편성하여 두고 있다. 여기서는 먼저 '비판'이라는 활동과 관련된 성취 기준을 중심으로 살펴보기로 한다. 이는 이 장의 1절에서 소개한 국어과 핵심 역량 가운데 하나로 비판·창의적 사고 역량을 들고 있기 때문에 이와 관

련되는 성취 기준도 마련되어 있을 것이기 때문이다. 교육과정에서
제시한 '비판'의 핵심적인 활동은 (1)에서 소개한 구절을 참고로 할
때 해석과 평가이다. 이를 중심으로 교육과정의 성취 기준을 정리하
면 다음과 같다.

〈표 1〉 2015 교육과정에서 제시한 비판 관련 성취 기준

학년	영역	성취 기준
3~4	읽기	[4국02-04] 글을 읽고 사실과 의견을 구별한다.
	쓰기	[4국03-05] 쓰기에 자신감을 갖고 자신의 글을 적극적으로 나누는 태도를 지닌다.
5~6	읽기	[6국02-04] 글을 읽고 내용의 타당성과 표현의 적절성을 판단한다.
	쓰기	[6국03-04] 적절한 근거와 알맞은 표현을 사용하여 주장하는 글을 쓴다.
중학교	화법	[9국01-05] 토론에서 타당한 근거를 들어 논박한다. [9국01-09] 설득 전략을 비판적으로 분석하며 듣는다. [9국01-10] 내용의 타당성을 판단하며 듣는다.
	읽기	[9국02-05] 글에 사용된 다양한 논증 방법을 파악하며 읽는다. [9국02-06] 동일한 화제를 다룬 여러 글을 읽으며 관점과 형식의 차이를 파악한다. [9국02-07] 매체에 드러난 다양한 표현 방법과 의도를 평가하며 읽는다.
	쓰기	[9국03-04] 주장하는 내용에 맞게 타당한 근거를 들어 글을 쓴다.
	문학	[9국05-04] 작품에서 보는 이나 말하는 이의 관점에 주목하여 작품을 수용한다. [9국05-07] 근거의 차이에 따른 다양한 해석을 비교하며 작품을 감상한다.
고등학교	화법	[10국01-03] 논제에 따라 쟁점별로 논증을 구성하여 토론에 참여한다. [10국01-04] 협상에서 서로 만족할 만한 대안을 탐색하여 의사 결정을 한다.
	읽기	[10국02-02] 매체에 드러난 필자의 관점이나 표현 방법의 적절성을 평가하며 읽는다. [10국02-03] 삶의 문제에 대한 해결 방안이나 필자의 생각에 대한 대안을 찾으며 읽는다.
	쓰기	[10국03-02] 주제, 독자에 대한 분석을 바탕으로 타당한 근거를 들어 설득하는 글을 쓴다.
	문학	[10국05-05] 주체적인 관점에서 작품을 해석하고 평가하며 문학을 생활화하는 태도를 지닌다.

담화와 관련된 교육과정 혹은 교육과정 요소에 대한 비판은 허선

익(2014)에서 개괄적으로 이뤄진 바 있다(부록 B 참고). 여기서는 〈그림 3〉과 〈그림 4〉에서 제시한 비판적 담화 교육의 얼개를 중심으로 이들을 분류하고 그 의미를 살펴보기로 한다. 교육과정에서 제시한 학년별, 학교 급별의 비판적 담화 교육의 내용을 보면 큰 틀에서 이 책에서 제시한 내용과 큰 차이가 없어 보인다. 학년과 학교 급이 올라가면서 기능 중심의 담화 교육에서 비판적 담화 교육으로 옮아가는 모습을 보이기 때문이다. 그러나 성취 수준에 대한 해설을 보면 이 책에서 제시한 방향과 차이가 있음을 보인다. 무엇보다 이 성취 수준 체계에서 문제가 되는 점은 선택 교과들의 내용이 공통 교육과정과 별다른 차이를 보이지 않다는 데 있다. 우선 꼬집을 수 있는 것으로 [심화 국어]와 공통 교육과정에 있는 [국어] 사이에 성취 수준의 차이가 과연 있는가 하는 점이다. 아울러 다른 선택교과는 제외하더라도 [언어와 매체]라는 과목을 설정한 논리적인 이유를 교육과정 안에서 찾아내기가 쉽지 않다는 점이다. 잘 알다시피 오늘날의 세태가 다매체 시대이고, 매체는 듣기·말하기 등 거의 모든 의사소통의 수단이다. 그렇기 때문에 매체에 대한 교육은 다른 기능 영역과 통합하여 가르쳐야 한다는 점에서 과목 설정의 설득력이 떨어진다.

이렇게 선택과목을 설정하고 그에 따른 성취 수준을 제시해야 한다는 점에서 교육과정을 마련한 사람들의 고민이 있었겠지만, 성취 수준 자체가 이렇게 세분화됨으로써 수준이 높아지는 것이 아니라 내용만 벌여놓는 결과를 가져왔다.

필자가 교육과정에서 제시한 성취 기준을 바탕으로 비판적 담화 활동의 가능성이 있는 것을 뽑아 보았지만, 실제 교육과정 안에서 제시하고 있는 설명을 살펴보면 대부분 기능적 담화 활동에 머무르고 있음을 알 수 있다(고등학교의 선택과목에서 찾을 수 있는 비판적 담화 활동 관련 성취 기준은 〈부록 11〉 참고). 이에 대해 몇 가지를 살펴보기로 한다. [4국03-05]의 성취 기준에 대한 설명은 제시되어 있지 않은데, 이는 사회적 실천 행위로서 의미라기보다는 또래들 사이의 소통을 위한 수단으로 설정되어 있는 성취 기준이다. [9국01-05]는 성취 기준 설명에서 상대방의 주장에 대한 논리적 오류나 허점을 반박하는 활동이므로, 기능 중심의 담화 교육에 드는 성취 기준이다. [9국01-10]의 성취 기준도 설득의 세 가지 전략을 구분하는 데 초점이 모여 있다. [9국05-04]은 문학 영역에서 비판과 관련이 있지만 이 성취 기준은 작품의 분위기와 주제 파악에 대한 성취 수준 설정이다.

일련의 비판적 담화 활동과 관련이 있는 성취 수준은 교과서에서 구체화되는데, 문제는 제시하는 주제의 대부분이 학생들의 입장에서 실현 불가능한 제재라는 점이다. 또한 찬반이 정해져야 하는 토론과 같은 활동에서 학습자들의 사회적 정체성을 확인하고 확립하는 과정이 없이 토론에 참여하도록 마련되어 있다. 이는 〈표 1〉에서 몇몇 성취 기준이 비판적 담화 활동이 이루어지도록 겨냥하고 있음에도 불구하고, 기능적 담화 교육의 틀에 갇혀서 기계적인 혹은 절차적인 지식만을 얻도록 하는 데 그치고 있다. 다음은 [10국02-03]의 성취 수준에 대해 교육과정에서 제시하고 있는 설명이다.

2) 성취 기준 [10국02-03]에 대한 교육과정 안에서의 설명(교육부, 2015: 60)

[10국02-03] 이 성취 기준은 여러 자료에 대한 비판적 독서를 통해 독자 자신이나 사회가 안고 있는 문제들에 대한 해결의 실마리를 얻고, 필자의 관점이나 생각에 대하여 다양한 대안을 마련하며 읽는 능력을 기르기 위해 설정하였다. 독자는 독서를 통해 삶의 문제를 해결할 수

있는 실마리를 발견하거나 문제를 해결할 수 있는 직관과 깨달음을 얻는 경우가 많다. 또한 글을 읽으면서 필자의 생각이나 주장을 비판하고, 이를 보완하거나 대체할 수 있는 창의적인 방안을 발견하기도 한다. 글을 읽으면서 해결 방안이나 대안을 떠올리며 읽는 것은 비판적·창의적 읽기의 방법으로서, 적극적인 읽기 태도를 기르는 데 도움이 된다.

독자(읽기 주체)에 대한 어떤 자리매김도 없이 어떤 글을 읽고 대안을 마련하면서 읽어보자는 것이다. 이는 비판적 담화 활동을 염두에 둔 성취 기준 설정이 아니라는 속뜻을 지니고 있다. 말 그대로 기능적 담화 활동의 범위 안에서 이뤄지는 비평 활동인 것이다.

이와 같은 담화 교육, 즉 기능적 담화활동에 초점을 맞춘 교육에 그치고 마는 가르침이 지니고 있는 문제점은 한연희(2014: 148)에서 지적한 것처럼 "논리적 결함이 없는 텍스트라 하더라도 소통되는 맥락에서 파생되는 의미와 텍스트가 유통됨으로써 사회에 미칠 파장의 적절성까지는 담보할 수는 없기 때문이다."

3. 비판적 담화 교육의 실제 활동

여기서는 먼저 덩잇말(텍스트) 수준의 비판적 담화 분석의 내용을 바탕으로 국어교육에 적용 가능한 항목들을 살펴보고, 비판적 이해와 산출을 위한 읽기와 쓰기의 방법들을 살펴보기로 한다.

3.1. 덩잇말 수준의 비판적 담화 분석 교육의 내용

비판적 담화 분석의 내용들은 앞 장에서 어느 정도 자세히 살펴보았다. 여기서는 이를 바탕으로 하여 덩잇말 수준에서 비판적 담화 분석을 국어교육에 적용하는 방안을 마련해 보기로 한다. 먼저 페어클럽(Fairclough, 2001; 김지홍 뒤침, 2011: 5장)에서는 덩잇말 수준에서 언어 분석과 기술을 위한 10개의 질문을 제시하였다. 그 질문들은 크게 어휘, 문법, 덩잇말 구조라는 세 개의 범주에 묶여 있다.

3) 비판적 담화 분석을 위한 언어 분석
① 낱말들이 어떤 체험적 가치를 지니는가?
② 낱말들이 어떤 관계적 가치를 지니는가?
③ 낱말들이 어떤 표현적 가치를 지니는가?
④ 어떤 비유가 쓰이는가?
⑤ 문법자질들이 어떤 체험적 가치를 지니는가?
⑥ 문법자질들이 어떤 관계적 가치를 지니는가?
⑦ 문법자질들이 어떤 표현적 가치를 지니는가?
⑧ 단순문장들이 서로 어떻게 연결되어 있는가?
⑨ 어떤 상호작용 관례들이 쓰이는가?
⑩ 덩잇말이 어떠한 거시구조를 지니는가?

①~④는 낱말, ⑤~⑧은 문법, ⑨~⑩은 덩잇말 짜임에 관련된다. 위에서 체험적 가치는 표현 주체의 내용, 지식, 신념과 관련된다. FTA와 같은 일에 대하여 신념이나 지식에 따라 긍정적 태도와 부정적 태도를 지닐 수 있다. 그에 따라 긍정적 어휘나 부정적 어휘가

선택된다. 말하자면 체험적 가치는 낱말의 차이를 통해 세계를 표상하고 이념을 드러내도록 하는 데 이바지한다. 관계적 가치는 지금 여기서 예를 들고 있는 FTA와 관련된 사회적 관련성에 대한 흔적 및 실마리를 어휘로 풀어내는 경우에 구체화된다. 이 사례에서 긍정적인 경우는 경쟁력 강화 등으로, 부정적인 경우는 피해를 입는 쪽의 절망감 등으로 어휘를 선택하여 표현된다. 입말에서는 상대방에 대하여 다루고 있는 문제를 완곡하게 에둘러 표현하는 경우 관계적 가치가 작용한다고 본다. 직접 표현/간접 표현, 우회적 표현/비유적 표현, 은유적 표현/환유적 표현뿐만 아니라 격식성의 수준에 대한 선택이 작용하는 것이다. 표현적 가치는 표현에 투영된 가치관을 의미하는데, 이를 통해 필자의 사회적 정체성이 드러난다고 본다. 비유는 앞의 세 가지 가치 모두에 적용될 수 있다. 비유를 다른 가치와 구별하는 것은 언어 표현에서 차이뿐만 아니라 "사물을 다루는 서로 다른 방식을 함의하기"(Fairclough, 2001; 김지홍 뒤침, 2011: 231) 때문이다. 예를 들어 2018년에 우리나라 사회에 적지 않은 영향을 미쳤던 미투[me, too]를 어떻게 비유하는가에 따라 사회적 정체성을 드러낸다고 볼 수 있을 것이다. 성적 불평등이나 성차별의 문제 해결에 적극적인 사람은 이를 우리 사회의 암으로 비유함으로써 반드시 해결해야 할 문제로 여기고 표현할 것이다. 결국 낱말의 사용에 관련되는 물음들은 덩잇말 산출 주체의 이념(체험적 가치)과 사회적 정체성(표현적 가치)을 어떻게 표현하는가(관계적 가치)와 관련된다.

문법의 경우에도 위의 세 가지 가치에 대한 질문이 있다. 체험적 가치와 관련되는 문법자질은 실세계에서 일어난 일을 언어로 표상하는 일과 관련된다. 세계에 대한 지식, 믿음이나 태도가 말을 통해 여러 방식으로 표상되는데, 낱말에 초점을 맞춘 ①~④와 달리 여기서는 문법자질에 초점을 맞추고 있다. 사건이나 행위, 속성을 긍정문/부정문으로 서술하든지, 능동형/피동형의 선택은 언어를 매개로 세계를 표상하는 여러 방식 가운데 문법을 통해 드러나는 표상에서 두드러진다. 문법적 자질 가운데 서법과 양태, 대명사의 선택은 관계적 가치와 관련이 있다. 표현적 가치도 양태와 밀접한 관련이 있다. 양태 표현은 대체로 확정된 관례 속에서 성립하는데, 양태 표현을 사용함으로써 해석 주체의 해석 가능성을 열어둔다. 한편 ⑧은 통사 결속과 관련되는 속성으로 접속사를 통해 논리적으로 묶이거나 어휘를 통해 앞뒤의 문장들이 서로 이어지는지 살핀다는 의미이다. 그리고 대명사를 통해 덩잇말 내부와 외부가 서로 연결되기도 한다.

⑨에 제시되어 있는 상호작용 관례들은 복잡하다. 발언권 교체 규범의 적용이나 불평등한 사회관계에서 다른 사람의 발언 기회를 다스리는 기제가 작동하기 때문이다. 이에 대한 구체적인 모습은 〈부록 1〉과 〈부록 9〉에 대해서 언급하고 있는 5장 3절을 참고하기 바란다. 페어클럽(Fairclough, 2001; 김지홍 뒤침, 2011)에서는 주로 덩이 입말에만 초점을 맞추기 때문에 대화와 관련된 내용들이 주로 언급되고 있다. 덩잇글말에서는 인용되는 자료나 권위자의 주장 등은 필자가 반박하거나 뒷받침하는 근거로 사용되기 때문에 이들의 작용에 초점을 맞출 수 있을 것이다.

⑩에 제시되어 있는 덩잇말의 거시구조는 사회적 논제들을 마련하고 마감하는 방식으로, 사회적 실천 관례들을 놓고서 더 높은 수준의 정형성을 부가할 수 있다(Fairclough, 2001; 김지홍 뒤침, 2011: 266). 〈부록 15〉에 있는 기사는 2018년 12월 11일에 우리나라에서 일어난 비극적인 사건인 비정규직원 김용균 씨의 죽음과 관련된 내용을 다루고 있다. 이 기사는 어떤 사건이 일어났으며, 원인이 무엇인가,

어떻게 처리되었는가, 어떤 효과를 가져 오는가, 오랜 시간에 걸쳐 어떤 결과를 가져올 것인가에 대한 해답을 찾을 수 있는 전형적인 내용을 담고 있다.

비판적 담화 분석에서 제시한 이러한 물음들을 학생들을 대상으로 수업 현장에 그대로 제시할 수 없으므로 이를 좀 더 다듬어 제시하면 다음과 같다. 이는 덩잇글을 비판적으로 접근할 수 있는 활동의 큰 얼개를 제시한 것이다.

4) 비판적 담화 분석 수업을 위한 질문거리
① 낱말을 통해 덩잇말 산출 주체의 이념과 사회적 정체성을 어떻게 표현하는가?
② 주장을 효과적으로 전달하기 위해 사용한 문법자질을 찾아보자.
③ (덩이입말) 발언권을 쥐고 있는 사람은 누구이며, 어떤 역할을 하는가?
　(덩잇글말) 어떤 자료가 인용되고 있으며, 그 역할은 무엇인가?
　　　　　　문제가 되는 사건은 무엇이고, 원인-해결책-결과를 정리해 보자.

이를 좀 더 자세하게 살필 수 있는 활동을 할 수 있는 세부 활동을 위해 〈부록 16〉의 덩잇말을 대상으로 제시하여 보기로 한다. 이 덩잇말은 초등학교 사회교과서 검정에 대한 반대 입장을 담고 있는데, 어휘의 사용에서 특히 그러한 입장을 분명히 드러내고 있다.

5) 실제 수업활동을 위한 질문들
5)-①에 관련된 세부 질문들

ⓐ 글쓴이는 초등학교 교과서 검정에 어떤 태도를 취하는가?

ⓑ 이런 필자의 태도가 반영된 문장을 찾고, 그런 태도를 드러낸 어휘를 찾아보자.

ⓒ 필자의 반대편에 서 있는 사람들의 태도를 평가하는 어휘를 찾아보자.

ⓓ 글쓴이는 지금의 교육 상황을 어떻게 보고 있는가? 이를 알 수 있는 낱말을 찾아보자.

ⓔ 비유적인 표현을 찾고 이와 같은 비유적 표현에 대한 자신의 생각을 말해 보자.

5)-②에 관련된 세부 질문들

ⓐ '것이다'는 어떤 효과를 가져 오는가?

ⓑ '사실상'이란 부사어가 사용된 이유를 말해 보자.

ⓒ 글쓴이가 자신의 입장이나 태도를 강화하기 위해 끌어들인 문장 연결 방법은 무엇인가?

ⓓ '까지'라는 조사가 세 번 사용되었는데 이들의 기능은 무엇인가?

ⓔ '-고 있다'와 '-ㄹ 것이다'가 이 글에서 어떤 역할을 하는가?

5)-③에 관련된 세부 질문들

ⓐ 두 번째 단락과 세 번째 단락에서 제시한 사실에 대한 출처는 분명한가?

ⓑ 이 글의 흐름으로 보아 두 번째 단락과 세 번째 단락은 겉으로 보기에 이 글에서 다루고 있는 일과 직접적으로 관련이 없어 보인다. 그럼에도 이것들을 제시한 이유는 무엇인가?

ⓒ 해결책을 제시한 부분을 찾아보고, 이글의 예상 독자와 목적을 말해 보자.

ⓓ ⓒ에 담긴 글쓴이의 전제를 생각해 보고, 이에 대해 비판해 보자.

5)에서 제시한 분석의 과정은 페어클럽(Fairclough, 2003; 김지홍 뒤침, 2012가: 38)에서 제시한 것처럼 덩잇말 받아들이기(수용)의 입장에서 이뤄지는 활동이다. 덩잇말을 읽는 과정이 ㉠ 산출자의 의도를 파악하고 그런 의도가 덩잇말을 통해서 나타나기 때문에 ㉡ 이를 분석하며, ㉢ 읽는 이의 해석을 통해 의미를 구성하는 과정이기 때문에 이 세 가지를 중심으로 하고 있다. 5)에서 5)-③과 관련된 ㉡과 ㉣의 물음은 덩잇말 산출 주체가 말하지 않은 내용을 찾아내는 과정으로서 의미가 있다. 권력은 분명히 말해지지 않은 사실을 바탕으로 자신의 의도를 숨겨놓기 때문에 숨은 전제나 생략된 전제를 파악하는 일은 언제나 중요하다.

명사화 구문(6장 5절 참조)과 마찬가지로 생략된 전제는 생략된 전제 자체를 기존의 사실처럼 인정하게 하는 효력을 지니고 있다. 〈부록 16〉에서 ㉢ 문장은 앞부분도 문제이지만 뒷부분의 주장에서 생략된 전제는 '학습자들의 나이가 어리면 백지 상태이다.'나, '백지 상태에 있는 학습자는 배운 그대로 색깔이 입혀진다.'와 같은 명제들이다. 과연 그렇다고 인정할 수 있을지는 의문이다.

이 단계의 수업이 끝나고 나면 다음의 3.2절이나 3.3절에서 다루고 있는 배움 내용을 수업의 목표에 맞추어 적용해 볼 수 있을 것이다.

3.2. 담화에서 이념 읽어내기

앞에서 여러 차례 언급하였듯이(특히 〈그림 4〉) 지금까지 담화 교육은 사실과 의견 구분하기, 의미 연결과 통사결속의 관점에서 파악하기 등에 초점이 맞추어져 있었다. 여기서 더 나아가 담화에 담겨 있는 이념을 읽어내는 교육이 필요하다. 여기서는 어떤 정책에 대한 찬반의 입장을 제시하는 덩잇말의 경우를 중심으로 생각해 보기로 한다. 앞서 수능 영역의 절대화에 대해 어떤 담화든 찬반이 분명하고, 그에 대한 논리들도 분명히 제시하리라 생각한다. 문제는 이와 같은 글이 찬반의 어느 쪽을 공평하게 다루고 있지 않다는 점이다. 그렇기 때문에 이런 당파성에 초점을 맞추어야 한다. 〈부록 13〉의 ①에 있는 자료에서 밑줄 그은 부분을 보면, 최저임금 인상과 관련된 문제를 해결하기 위한 여러 방안 중에 반드시 필요한 대기업의 이른바 '갑질' 뿌리 뽑기를 대기업 때리기로 보고 있다. 이는 분명히 대기업의 입장에 서 있거나 대기업의 이익을 대변한다고 볼 수 있다. 이와 비슷한 표현은 같은 일장의 보수 언론들에서 표제로 뽑은 제목들에서 그대로 나타나 있다. 이를테면 "대기업·가맹본부·카드사 때려 최저임금 고통 떠넘기기"(C신문), "최저임금 부담 기업에 떠넘기는 김상조"(J신문), "대기업·가맹본사·건물주 전방위 압박"(H경제) 등이 있다. 이와 같은 태도는 최저임금이 우리 사회에서의 역할 등을 고려할 때 지나치게 대기업의 입장에 바라보는 것이다. 이와 같은 입장이나 태도는 ②에서 취하고 있는 입장과는 분명히 다르다. 따라서 담화에서 이념을 읽어내기 위해서는 다음과 같은 질문을 해볼 수 있다.

6) 담화에서 이념을 읽어내기 위한 질문

(1) 이와 같은 문제가 등장하게 된 배경은 무엇인가?

(2) 이와 같은 문제의 해결 여부가 우리 사회에 어떤 영향을 미치는가?

(3) 문제 해결의 과정과 관련된 사람들은 누구인가?

(4) 그 사람들은 덩잇말에서

　　가) 어떻게 옹호되고 있는가?

나) 어떻게 비판을 받고 있는가?

(5) 읽을거리에서 필자 혹은 권력은 의도적으로 어떤 점을 고려하지
않는가?

(1)은 사회문화적 맥락에서 덩잇말을 이해하기 위한 질문이다. 그
리고 그와 연관되어 있는 것으로 사안의 중요성과 심각함과 관련된
질문을 던짐으로써 읽기 주체의 사회적 정체성을 확인하는 의미도
지니고 있다. (3)은 읽기 주체를 포함하여 문제되는 현실과 관련된
당사자들을 분류하고, 넓은 맥락에서 현실적으로 접근하기 위해 필
수적인 질문이다. 그리고 (4)의 가)와 나)는 담화 읽기와 관련된 본격
적인 비판이라고 볼 수 있다. 앞서 언급한 것처럼 담화는 본질적으로
당파성을 띠기 때문에 옹호하는 사람과 비판을 받고 있거나 배제
혹은 무시되는 입장이 있을 수밖에 없다. 이를 제대로 파악함으로써
당파성의 색깔, 즉 이념적 성향을 정확히 짚어낼 수 있다. (5)는 비판
적 담화 분석에서 여러 차례 언급하였듯이 의도적으로 사실을 숨기
거나 고려하지 않은 경우이다. 이는 숨은 권력이 담화의 이면에 작용
함을 보여주는 강력한 증거라고 하였다.

〈부록 13〉에 소개된 두 편의 기사를 가지고 이를 적용해 보기로
한다. 최저임금제는 사회적으로 약자를 보호하고, 빈부 양극화가 심
화되는 현상을 어느 정도 완화하기 위해 필요하다. 이는 현재 사회적
으로 문제가 되고 있는 저출산 문제와 관련하여 사회 안전망을 구축
하기 위해서도 필요하다. 이런 문제 해결과 밀접한 관련이 있는 최저
임금제 문제를 다른 프레임으로 끌어가는 논쟁 특히 을과 을, 병의
전쟁이라고 논리를 단순화하는 것은 문제의 본질을 덮어 버리는 일
이다. 이 문제와 관련된 사람들은 정책 입안자로서 정부, 실제 최저

임금을 받게 될 노동자, 이들에게 임금을 주는 점주 그 중에서 중소 가맹점 주인들, 그리고 이들에게 납품을 해주는 본사가 있다. 특히 이들 본사들은 중소 가맹점 주인들과 불공정한 계약으로 문제가 되기도 한다. 〈부록 13〉의 ①에 있는 자료는 본사는 옹호하고, 정부는 비판하는 논리를 펴고 있다. 이는 가맹점과 본사 사이에 있었던 불공정한 계약에 눈길을 돌리고 본사의 입장을 옹호하는 논리이다. 정부의 정책이 문제가 되는 현실과 관련되는 다양한 측면을 고려해야 하는 것은 맞지만, 이런 식으로 논리를 펴는 것은 본사의 손을 들어주는 불공정한 논리이다. 다른 한편으로 이런 자기들의 주장을 강화하기 위해 중소 가맹점의 어려운 점은 외면하고 있다. 이는 자료 ②에서 나타나 있듯이 제과점 점주들의 주장을 외면하고 있다.

한편 6)의 과정은 페어클럽과 페어클럽(Fairclough I., & Fairclough N., 2012)의 2장에서 제안한 실천적 논증(practical argumentation)의 형태로 구성함으로써 좀 더 명확하게 파악될 수 있다. 이는 아리스토텔레스가 『오르가논』이란 책에서 생략 삼단논법을 실천 삼단논법이라고 부른 것과 같은 맥락에서 이해할 수 있다. 실천적 논증에서는 실천적 추론(practical reasoning)의 과정을 파악하기 위한 논증 구조를 제시한다. 이와 같은 논증 구조는 분석과 평가를 위한 얼개로서 아리스토텔레스와 아우디, 흄에서 써얼에 이르는 학자들의 업적과 변증법적 논증에 대한 통찰을 바탕으로 하고 있다. 논증 구조는 상황 전제(circumstantial premise)(현재의 행위 맥락과 문제 상황)에서부터 행위 주체가 지니고 있는 가치에 의해 뒷받침되는 목표 진술(goal premise)(바람직한 것이 무엇인가, 혹은 이루고자 하는 이상적인 것은 무엇인가)로 이어지는 얼개를 이룬다. 이 얼개를 다시 펼치면 수단-목표 진술을 거쳐서 결론(어떤 조처가 이뤄져야 한다)에 이르는 과정이 된다. 이를 변증법적

과정이라고 부르는 것은 가치의 선택과정이 한 번으로 끝나지 않기 때문이다. 이와 같은 실천적 논증의 구조를 〈부록 2〉에 있는 ①의 자료를 통해 다음과 같이 분석해 볼 수 있을 것이다(흐름만 파악하면 되기 때문에 편의상 각 부분의 내용을 간추려 보임).

7) 실천적 논증을 통한 비판적 담화 분석

상황1) 한·미 자유무역협정(FTA) 개정 협상이 사실상 타결됐다.

가치1) 글로벌 무역전쟁이 격화되는 와중에 미국과의 통상마찰이라는 최악의 상황을 피하기 위한 협상 결과다.

상황2) 이번 협상에서 한국산 철강은 무역확장법 232조에 따른 25% 관세 일괄 부과 대상에서 제외됐지만 대미 수출물량은 쿼터(수입 할당량)가 적용돼 지난해의 74% 수준으로 줄게 됐다.

가치2) 정부는 한·미 FTA 개정 협상 타결로 한국 경제의 불확실성을 제거했다고 자평하는 분위기다.

논거) 자동차 분야에선 미국 측의 요구를 대부분 수용했다. 〈줄임〉 대미 무역흑자국인 한국은 언제든 중국과의 무역전쟁을 선포한 도널드 트럼프 행정부의 타깃이 될 수 있다.

결론) 정부는 글로벌 무역전쟁이 국가의 명운을 가를 중차대한 문제라는 것을 명심하고 모든 부처를 망라한 총체적인 대응체제를 갖춰야 할 것이다.

이렇게 정리한 논증 구조를 통해 원래의 자료를 비판적으로 읽을 수 있다. 다음은 이 글에 대해 던질 수 있는 질문으로 실제 수업에서 활용할 수 있을 것이다.

8) 실천적 논증의 구조 파악을 통해 이념을 찾아내기 위한 질문들

① 이 글의 필자/화자는 특정의 문제를 누구의/어떤 관점에서 파악하고 있는가?

② 이 글의 필자/화자가 결론으로 제시한 주장에는 어떤 가치가 담겨 있는가?

③ 논거에서 결론에 이르는 과정은 논리적인가, 이를테면 타당하고 건전한가?

8)의 질문들을 통해서 파악해 보건대 〈부록 2〉에 있는 ①의 자료는 논리적인 모순이 발견된다. 한편으로 무역협정의 원칙을 서로 이익을 주고받는 것으로 설정했음에도 불구하고 어느 정도 신자유의적인 관점에서 서 있음을 알 수 있다. 경제적인 문제에서 도덕적 논거(moral basis)를 요구하는 것은 무리일 수 있으나 자유와 평등에 기반을 둔 도덕적 논증이 이뤄지지 않아 아쉬운 점이 있다. 말하자면 타산적 논거(prudential basis)에 기대고 있기 때문에 신자유주의의 틀에서 벗어나지 못하고 있다. 아울러 논거에서 결론에 이르는 과정도 타당하지 않다. 이 사설의 앞부분 어디에도 부처별 협력이 이뤄지지 않았다는 지적은 하지 않았음에도 '모든 부처의 협력'을 언급함으로써 타당하지 않은 결론에 이르렀다.

정희모(2017: 184ff)에서 제시한 주장처럼 페어클럽의 비판적 담화 분석이 이념적이며 정치적인 성향을 띠는 것은 사실이다. 그러나 대다수의 기성세대들이 자신의 사회적 정체성에 대한 인식이 없이 주류 대중매체에서 양산되는 정보나 지식을 비판 없이 받아들이고 (이는 Fairclough, 2003; 김지홍 뒤침, 2012가: 605에서 뒤친이가 제시한 강남 고속버스 터미널에서 신문 가판대의 사례에서 분명히 드러남), 심지어 자

신의 것인 듯 당연시하는 현실을 생각해 볼 때, 그리고 대다수의 학습자들이 사회에 처음 발을 디딜 때 느끼게 되는 참담함이나 좌절 감을 생각해 본다면, 좀 더 현실의 문제[교실 밖의 문제], 혹은 삶의 문제를 배움의 대상으로 삼아야 하고, 이에 대한 비판적 언어 의식을 길러야 할 필요성이 있다고 생각한다. 그런 점에서 정희모(2017)에서 비판적 담화 분석에서 너무나 당연하고 상식적인 문제를 끌어온다 는 지적은 학습자가 현장에서, 즉 교실 밖에서 마주하는 담화를 생각 해 볼 때 고려의 여지가 있다고 생각한다. 언제나 의미 연결되고, 통사결속이 잘 이뤄지며, 적절성, 논리성, 타당성에서 흠이 없는 담 화 자료를 접하는 학습자들이 현실에서 마주하게 되는 담화와는 너 무 거리가 멀 것이다. 다만 덩잇말을 효과적으로 읽어낼 수 있는 담화 분석 방법에 대한 선택이나 읽을거리 선정에서는 신중을 기할 필요가 있으리라 생각한다.

3.3. 엮어 읽기를 통한 사회제도, 이념, 권력의 문제 파악하기

엮어 읽기가 가능한 것은 필자마다 사회제도 안에서 다른 사회문 화적 지위와 권력, 이념을 지니고 있기 때문이다. 따라서 중고등 학 생들에게 사회제도, 이념과 권력에 관련된 맥락을 잘 파악하도록 하기 위해서는 엮어 읽기를 하는 방법이 효과적이다.

비판적 담화 교육을 위해 엮어 읽기 단계에서는 먼저 다음과 같은 점을 생각해 볼 수 있다. 읽기 제재 선정에서는 관점이나 태도가 다른 두 편의 글을 골라야 한다. 이를 바탕으로 차이점이 무엇인지, 그런 차이의 밑바탕에 깔린 숨은 전제들이 있는지 자세하게 살필 수 있도록 한다. 구체적인 설명을 위해 〈부록 2〉에 있는 네 개의 신문 사설들을 예로 들면, 이들은 2018년에 재개된 한미 자유무역협정(FTA)을 다루고 있다. 네 개의 사설은 여러 면에서 공통점, 즉 대한민국의 이익을 우선시해야 한다거나 좀 더 치밀하게 맞설 필요성을 강조하고 있지만 이를 바라보는 이념에서 차이가 있다. 이런 이념의 차이는 다음과 같은 구절에서 선명하게 드러난다.

9) 2018년에 재개된 한미 FTA에 대한 신문사설(일부)

(가) 하지만 FTA 개정 협상의 목표였던 '상호 이익의 균형'을 완전하게 이뤄내지 못했다는 것은 아쉬운 대목이다.

(나) 국내 시장에서 미국차가 국산차나 독일 일본차에 비해 경쟁력이 떨어져 진입장벽을 다소 낮췄다고 해도 큰 피해는 없을 것으로 자동차 업계는 보고 있다. 픽업 완성차량의 대미 수출 물량도 미미하다. 내용도 내용이지만 협상이 시작된 지 3개월 만에 마무리돼 경제의 불확실성이 조기에 사라졌다는 점은 다행스럽다.

(다) 그럼에도 냉정히 따져보면, 우리 정부가 이번 협상에서 무역협정의 기본 원칙인 '상호 이익균형'을 지켜냈다고 평가할 수 있을지 의문이다. 트럼프 대통령은 취임 전부터 "한-미 자유무역협정 폐기"를 운운하며 우리 정부를 위협했다. 우리 정부로선 대미 무역흑자 축소에 신경을 쓰지 않을 수 없었다.

(라) 한국이 얻은 것은 대미 수출을 둘러싼 불확실성을 조기에 없앴다는 점이다. 당초 1년 이상 걸릴 것으로 전망됐던 FTA 협상이 석 달 만에 큰 틀의 합의로 이어졌기 때문이다.

9)에서 (가)와 (다)는 상호이익의 균형을 지켜냈는지 여부로 한미

FTA를 평가하고 있지만, (나)와 (라)에서는 경제의 불확실성을 없앴다는 점에서 이를 긍정적으로 평가하고 있다. 말하자면 자유 경쟁의 원칙을 밝히고, 드러내는 데 협상의 목표를 두고 있다. 이와 같은 평가의 밑바탕에는 신자유주의에 대한 태도의 차이가 깔려 있다. 말하자면 (가)와 (다)에서는 상호 이익의 균형을 통한 공정성을 국내뿐만 아니라 국제 무역에서도 유지해야 함을 강조하고자 하였다. 이는 무한 경쟁을 속뜻으로 깔고 있는 신자유주의 바탕을 둔 FTA를 어느 정도 부정하고 있다. 그렇지만 (나)와 (라)에서는 무역 조건만 개선된다면 시장 경제의 논리를 그대로 유지하는 쪽을 선호한다는 점에서 어느 정도 신자유주의의 입장에서 있다고 할 수 있다. 우리나라의 입장에서 신자유주의의 옹호가 문제되는 이유는 이런 입장이 지나칠 정도로 경제 개방과 통합이 미국이나 서구의 선진국을 중심으로 주도되고 있다는 점, 거대 자본주의의 무차별적인 침투로 인한 우리나라 기업들의 붕괴의 위험성을 높이는 데에 있다. 이와 같은 신자유주의는 경제적인 문제뿐만 아니라 사회 문화적인 면에서 약소국가의 문화 붕괴로 이어질 가능성마저 지니고 있기 때문이다. 결국 엮어 읽기를 통해 FTA에 대한 관점이나 입장뿐만 아니라 이들의 밑바탕에 깔려 있는 이념이나 가치관을 파악할 수 있다. 따라서 엮어 읽기를 위해서는 다음과 같은 점들을 고려해 볼 필요가 있다.

10) 엮어 읽기를 통한 비판적 담화 교육을 위한 활동
(가) 읽을거리의 거시구조 파악하기
(나) 읽을거리의 차이점 파악하기
(다) 질문하고 살피기: 차이점이 나타나게 된 원인이 무엇인가?

비판적 담화 교육을 위해서 반드시 필요한 절차는 읽을거리에 나타난 필자 혹은 기관의 태도나 입장을 파악하는 과정이다. 이와 같은 목적을 위해서 글의 거시구조를 파악할 필요가 있다. 밴 다익(van Dijk, 1980; 서종훈 옮김, 2017)의 논의에 따라 거시구조는 글 전체에서 주제와 관련이 있는 의미구조를 가리킨다. 이와 같은 거시구조는 나타내고자 하는 의미에 따라, 즉 거시명제 혹은 주제에 따라 여러 유형으로 묶을 수 있다. 평가의 경우는 결과의 어떤 측면에 초점을 맞추는지 파악하여야 한다. 그에 비에서 정책을 제안하는 경우나 정책에 찬반을 제시하는 글은 어떤 사실에 근거를 두고 있는지 파악해야 한다. 예컨대 수능에서 절대 등급화와 상대적인 석차 등급화에 대한 찬반의 입장을 밝히는 글이 있다면 이런 글들은 평가를 중심으로 하는 글과 읽기 방식에서 다를 것이기 때문이다. 평가를 담고 있는 글에서는 결과에 이르는 과정도 중요하지만 평가를 하는 결과와 근거에 초점을 맞추어야 한다. 그렇지만 정책 제안의 경우는 그러한 제안에 이르는 과정, 즉 사실에 바탕을 둔 결과, 혹은 그와 같은 정책 결정에 따른 결과에 대한 합리적이고 논리적인 추론도 함께 파악해야 한다. 분명히 어떤 글은 이념을 바탕으로 하고 있으며, 모든 관점이나 이념을 대변하지 않는다. 즉 당파성을 지닐 수밖에 없다. 그렇기 때문에 어떤 정책이 실시되면 이익을 보는 쪽과 그렇지 않은 쪽이 날카롭게 맞서게 되고 담화는 그런 당파성을 대변한다. 정책을 제안하거나 찬반을 나타내는 글을 좀 더 신중하게 읽어야 할 이유가 여기에 있는 것이다. 〈그림 4〉에서 제시한 담화 교육의 내용을 참고할 때 의미 연결을 고려하여 거시명제를 떠받치는 근거들을 파악하는 것도 담화 교육 안에 포함될 수 있다.

위에서 제시한 것과 같은 평가, 즉 FTA 협상의 결과를 다룬 글에서는 평가의 내용과 결과에 초점을 두어 엮어 읽기를 하도록 교육 내용의 얼개를 마련해야 한다. 그 과정에서 차이점을 파악하고 이를 비판적 담화 분석에서와 같이 사회제도나 이념, 권력과 같이 담화 이면에 작용하는, 겉으로 드러나거나 안으로 숨겨져 있는 손을 파악하는 단계로 나아갈 수 있다. 김누리(2015)에서는 엮어 읽기에서 차이점을 발견하기 위하여 다음과 같은 전략을 제시하고 있다. 김누리(2015)에서는 엮어 읽기에서 차이점을 발견하고 그 다음에 이데올로기 설명하기 단계로 나아가도록 설정하고 있다. 한편 김누리(2015: 327~328)에서는 이데올로기를 '사회 내 지배적인 믿음이나 편견, 사회 문화적 가정이며, 좀 더 넓은 관점으로 지배 권력뿐만 아니라 다양한 이해 집단의 시각과 관점을 정당화하기 위한 언어적·비언어적 상징체계'로 자리매김하였다.

〈표 2〉 덩잇말의 차이를 발견하기 위해 김누리(2015: 326)에서 제안한 전략(엮어 읽기)

읽기 전략	하위 질문 유형
다양한 관점 고려하기	다른 텍스트와 비교할 때 빠져 있는 내용은 무엇인가?
	다른 텍스트를 읽으면서 대상에 대해 새롭게 알게 된 내용은 무엇인가?

엮어 읽기는 모든 학습자들에게 그리고 모든 덩잇말을 대상으로 반드시 이뤄져야 하는 활동은 아니다. 어느 정도 수준에 이른 학습자들은 엮어 읽기를 하지 않더라도 거시구조를 구성하면서 어느 부분에서 어떤 이념이 반영되고 있는지 읽어낼 수 있다.

비판적 담화 교육에서 엮어 읽을거리는 주로 논설문이나 신문의 사설을 중심으로 선정하게 되는데, 경우에 따라 어떤 한 담화가 다른 담화를 읽어내는 데 읽기의 사회·문화적 맥락을 제공하고, 독자에게 배경지식을 제공하는 의미를 지닐 수 있다(김유미, 2013). 그리고 점점 더 발전적인 형태로서 스스로 엮어 읽을 담화를 골라서 주체적이고 능동적으로 읽을 수 있도록 한다면 좋을 것이라 생각한다. 특히 엮어 읽기를 처음으로 시작할 때는 엮어 읽기의 긍정적인 효과를 학습자들이 스스로 경험할 수 있도록 점검하고 비교하는 활동을 실시해 보는 것이 좋다. 그리고 찬반이 대립적인 의견을 보이거나 정책의 실시 여부에 대한 입장이 뚜렷한 경우에도 쟁점이 무엇인지 파악하는 연습을 곁들이도록 하는 것이 좋다.

이와 같은 엮어 읽기의 마무리 단계에서는 반드시 사회적 실천으로 이어지는 활동을 하도록 한다. 자신의 사회적 정체성과 찬반의 입장을 정하고 읽을거리에서 미처 고려하지 못한 내용이나 관점, 사실을 바탕으로 자신의 입장을 분명히 하고, 이를 글로 표현하여 발표하는 활동으로 이어지도록 한다.

한편 현장에서 서로 다른 입장으로 쓰인 글을 발견하기가 쉽지 않을 때에는 누리그물을 활용해 볼 수 있다. 누리그물에서는 대체로 기사와 댓글로 이뤄지는데, 찬성과 반대의 입장에 따라 댓글이 달린다. 먼저 학습자들이 관심을 가질 만한 기사를 고르고 난 뒤, 찬성과 반대에 대해 호응도가 높은 댓글을 함께 제시하고 다음과 같은 활동을 해볼 수 있다.

11) 누리그물에서 기사와 함께 댓글을 활용할 때의 학습활동
(가) 기사의 내용을 자신의 입장에서 정리해 보자.
(나) 댓글 가)와 나)에서 드러난 필자의 의도를 알아보고, 그 의도를 비교해 말해 보자.
(다) 필자의 의도를 드러내기 위해 사용한 어휘의 특징이나 문법적

요소를 찾아보자.

(라) 기사에서 사진이 지닌 특징을 이야기해 보고 기사의 내용과 관련지어 그 효과를 말해 보자.

(마) 기사의 내용과 댓글을 바탕으로 자신의 입장을 정리하고

　(1) 공감 혹은 반대의 댓글을 달아보자.

　(2) 자신의 입장에서 설득하는 글을 써 보자.

(가)는 기사의 내용을 명확하게 정리하는 데 필요한 활동이다. 무엇보다 기사 내용에 대한 표면적인 이해를 위해서 필요한 활동이다. 이를 좀 더 구체화시켜 보면 ① 무엇이 일어났는가, ② 그것의 원인이 무엇인가, ③ 그것을 처리하기 위해 어떤 일이 실행되었는가, ④ 그것이 즉각적인 어떤 효과를 지녔는가, ⑤ 그것이 어떤 장기간의 산물이나 결과를 지녔는가 하는 질문을 추가적으로 제시할 수 있다. 특히 ②와 같은 질문은 기사의 이념적 성향을 보여주는 부분이므로 유의하여야 할 질문거리 가운데 하나이다. (나)는 다른 사람의 의도를 이해하고 비판하기 위해 필요한 활동이다. (다)는 필요에 따라 문법적인 요소나 어휘의 특징을 함께 배울 수 있는 통합 학습으로서 의미가 있다. (라)는 기사라는 다매체의 특성도 함께 배울 수 있는 활동으로서 의미가 있다. (마)는 기사를 읽고 산출의 주체로서 커갈 수 있는 연습을 할 수 있는 활동이다. 시간 형편에 따라 두 개의 활동 가운데 하나를 고를 수 있다.

이와 같은 활동에서 반드시 찬성과 반대에 따라 댓글을 나누어 제시할 필요는 없을 것이다. 학습활동에 필요한 요소들이 포함된 댓글도 활용할 수 있다.

3.4. 비판적 담화(분석)의 실천으로서 쓰기 교육

담화 분석이라는 용어 자체에 함의되어 있듯이, 담화 분석이 이뤄지기 위해서는 먼저 담화가 있어야 한다. 그런 면에서 담화를 만들어 내는 행위인 쓰기가 비판적 담화 분석을 통한 실천이 될 수 있을까 하는 점에 의구심을 가질 수도 있다고 생각한다. 국어교육에서 비판적 담화 분석을 다루고 있는 대부분의 논의들이 수용(읽기)에만 초점을 맞추고 있다는 점이 이를 방증한다. 그렇지만 국어교육의 맥락에서 산출(쓰기)의 중요성을 강조하였듯이 비판적 담화 분석을 실천하기 위한 방안으로 비판적 언어 의식에 바탕을 둔 쓰기를 강조할 필요가 있다(〈그림 4〉 참고).

비판적 담화 분석을 활용한 쓰기는 먼저 댓글 쓰기에서 출발할 필요가 있다. 어떤 기사나 논설문 혹은 사설에 대한 비판적 읽기를 통해 나온 생각들을 비교적 짧은 형식의 글쓰기를 해볼 수 있다. 자신의 사회적 정체성을 확인하는 기회가 되기도 하고, 자신의 생각과 다른 사람의 생각을 견주어 볼 수 있는 유용한 기회가 될 수 있다. 여기서는 〈부록 13〉의 ③의 사설에 대한 댓글을 쓰기 위해 다음과 같은 질문을 해볼 수 있다. 부록의 자료에는 12)에서 제시한 질문과 관련되는 부분들에 금을 그어 놓았다.

12) 비판적 담화 분석을 활용한 댓글 쓰기를 위한 기초적인 질문
① 필자는 지금의 현상을 어떻게 파악하고 있는가, 그 비유는 적절한가?
② 이런 부정적 평가는 근거와 이유가 타당한가?
③ 어떠한 해결 방안을 제시하고 있는가? 해결 방안은 실현 가능한가?

④ 필자는 어떤 정책을 지지하거나 반대하는가? 그것은 공정하고 타당한가?

⑤ 나는 어떤 입장에서 필자의 의견에 반대하거나 동조할 것인가?

12)에 제시한 질문거리들이 본보기로 든 사설을 비판적으로 분석하기 위해 흠이 없지는 않지만, 이를 바탕으로 댓글을 달기 위해 필요한 질문이 될 수 있으리라 생각한다. 그리고 댓글을 달기 위해 읽었던 덧잇말과 다른 입장에서 쓴 글 이를테면 〈부록 13〉의 ②에 제시한 글을 읽고 앞서 〈표 2〉에서 제시한 질문을 통해 자신의 생각을 다듬어 나갈 수 있다. 여기서는 쓰기를 염두에 두고 있으므로 다음과 같은 질문을 통해 쓸거리를 다듬어 나갈 수 있다.

13) 비판적 담화 분석을 통한 글쓰기를 위한 질문

① 나는 어떤 사회적 정체성을 지니고 있는가? 그에 따라 쓰고자 하는 문제에 대해 어떤 태도를 견지하고자 하는가?

② 나는 엮어 읽은 두 개(혹은 그 이상)의 글 가운데 어떤 글에 동조하는가?

③ 내가 다루고 있는 문제에 대해 알고 있는 지식은 무엇인가? 읽은 글들에서 제시한 자료들에 부합하는가, 아니면 읽은 글에서 제시한 내용이 잘못이 있는가?

④ 읽은 글들에서 내가 타당하고 믿을 만하다고 생각하는 자료들은 무엇인가? 이를 내가 쓰는 글에서 어떻게 활용할 것인가?

⑤ 나의 입장과 다른 글들을 어떻게 비판하면서 나의 입장을 드러낼 것인가?

⑥ 인용은 어떻게 할 것인가?

⑦ 활용할 수 있는 비유적 표현은 무엇인가?

⑧ 대안을 제시할 것인가, 말 것인가?

13)의 질문들 가운데 ①, ②는 글의 거시구조를 결정하는 데 필요한 질문이다. 사회적 정체성은 학습자의 경우 발달의 과정에 있기 때문에 내세우기가 쉽지 않은 개념이다. 그렇지만 다루고자 하는 사회 현상 혹은 학교 문제들에 대하여 '우리'라고 느끼는 부류가 무엇인지 질문해 봄으로써 간접적으로 정체성을 내세울 수가 있다. "초기 진화 단계부터 무리를 지어 살아온 인류에게 내부자와 외부자의 구분은 매우 원초적이었다."(장대익, 2017: 102) 따라서 사회적 정체성을 확인하는 일차적인 연모가 될 수 있다. 또는 문제 삼고 있는 현실의 문제로 인해 누가 고통을 받고 있는가, 혹은 받을 수 있는가에 대한 질문으로부터 '우리'인가, '그들'인가를 따져볼 수 있을 것이다.

③은 사회문화적인 실천 주체로서 자신의 지식을 점검하고, 축적된 지식을 활용하는 데 필요할 뿐만 아니라 사회적 정체성을 확인하는 것에 관련된다. 구체적으로 말한다면 이를테면 불평등이나 차별과 같은 문제에 책임을 져야 하는 사람들은 누구라고 생각하는가와 같은 문제에 대한 지식도 포함되며, 그러한 불평등이나 차별을 해결할 방법이나 기회를 지니고 있는 사람이 누구인가에 대한 지식을 포함할 수 있다.

④와 ⑤는 읽은 덩잇말을 바탕으로 자신의 입장과 맞는 내용은 받아들이고, 맞서는 내용은 비판하는 확산적 사고에 관련된다. 읽은 내용에서 이념의 문제를 해석할 수 있다면 좀 더 넓은 맥락에서 쓰고 있는 현실의 문제를 바라볼 수 있는 안목을 얻을 수 있다. 이를테면

FTA에 찬반의 입장으로 글을 쓸 경우, 신자유주의에서 전제로 하고 있는 무한경쟁의 이념을 읽어낼 수 있을 때 좀 더 넓은 맥락에서 사회문제를 바라볼 수 있으며 글감도 풍부해질 것이다. ⑤는 비판에 초점을 맞출 것인지, 혹은 인식에 초점을 맞출 것인지, 도덕적인 당위성이나 의무감을 강조할 것인지 결정하는 것과 맞물려 있는 문제이다.

③~⑤에 이르는 질문은 양태 표현의 문제와도 관련이 있다. 이를테면 두 개의 명제 '지구는 태양 주위를 돈다.', '지구는 태양 주위를 돌 것이다.'의 차이에서처럼 확실하게 알고 있는 지식에 대한 문장 끝맺음 방식과 추측이나 가정에 바탕을 둔 명제의 표현에는 차이가 있다. 또한 상대방의 주장에 대한 반박에서도 이와 같은 양태 표현뿐만 아니라 비유의 범위가 결정될 수 있다.

⑥은 6장 5절에서 지적한 것처럼 평가와 관련성이 높다. 비판적 담화의 주체로서 학생들에게 인용은 글을 꼼꼼하게 읽는 버릇을 들이는 데도 유용하기 때문에 읽은 글에 대한 평가의 한 방법으로 꾸준히 가르칠 필요가 있다. ⑧은 비판적인 글에서 주로 빠뜨리는 내용이기도 하다. 그리고 대안을 제시하는 것이 추상적인 경우도 많으므로 구체적인 대안을 제시하지 못한다면 글을 쓰고자 하는 계획 단계에서 고려하지 않도록 가르칠 수 있다.

[부록 A]

〈부록 1〉 학생과 교사의 담화

교 사: Ⓐ 우리 경제생활에서 뭐 산업활동이라든지 기업 간에 이런
경쟁을 할 때, 경쟁이 주는 이점이 뭐가 있을까?

학생1: 서로 기업들 간에 경쟁을 하면 소비자는, 소비자들은 좋게
되요. 왜냐하면 서로 경쟁할수록 더 품질이 좋고 물건 값을
더 싸게 해주기 때문에 소비자는 더 좋은 서비스와 더 좋은
품질과 더 좋은 가격으로 살 수 있어요.

교 사: 아~ 진짜, 그럼 또 다른 의견, 또 다른 생각 있는 사람. 다른
생각 있는 사람 없나?

학생2: 기업 간에 경쟁을 하면 좋아요. 왜냐하면 소비자는 기업 간에
경쟁을 하면서 싸게 살 수 있으니까.

교 사: 싸게 살 수 있다, 물건 값이 싸진다. 또, 좋은 점이 또 좋은
점이 또 뭐가 있을까? 물건 값이 싸진다. 또?

학생3: 품질도 좋아지고, 가게에 오면은 친절하게 대해주고 인사
를...

교 사: 어.

학생3: 갈 때 인사를

{중략}

교 사: ⓑ 그러면 이런 경쟁이 무조건 좋은 점만 있을까?

일 동: 아니오. 나쁜 점도 있어요.

교 사: 나쁜 점은 또 뭐가 있을 것 같애?

학생1: 서로 이렇게 싸우다 보면 품질이랑 가격이랑 서비스 같은 소비자들에게는 좋지만 자기들이 서로 싸우다가 더 안 좋은 관계가 될 수 있어요.

교 사: ⓒ 그 안 좋은 관계가 어떤 걸 말하는 거야? 어떤 식으로...

학생1: 어....

교 사: 안 좋은 관계란 우리 다 같이 얘기해 보자. 다 같이. 안 좋은 관계가 어떤 게 있을까? 예를 들면 우리 생활에서 예를 들어 볼까? 어렵나?

학생1: 우리가 더 안 좋아져요.

교 사: 우리가 더 안 좋아져요. 왜?

학생1: 계속 싸우면, 심하게 싸우면 물건 값을 비싸게 할 수도 있어요.

{중략}

교 사: 물건을 제대로 팔지 못할 수도 있고. 그러면 우리 지금까지는 기업 간에 경쟁이 일어나면 좋은 점과 나쁜 점에 대해서 한 번 알아 봤잖아? 그러면 이번엔 기업 간에, 그러면 이러한 경쟁이 일어날 수 있는 거는 뭐 땜에 일어날 수 있는 거야?

학생1: 더 많은 소득을 얻게 되요.

교 사: 어, 일단 경쟁이 일어날 수 있다는 거는 그 기업들마다 자기들이 하고 싶은 대로 할 수 있는

학생3: 능력

교 사: 어, 자유가 있는 거지, 자유

학생4: 아, 자유와

교 사: 맞지? 그러면 그러한 자유를 어떻게 어떻게 써야지 좋은 영향을 미칠 수 있을까? 기업에 그런 자유를

학생4: [?]

교 사: 기업들이 누가 딱 시키는 대로 이렇게 하세요, 이렇게 하세요 해서 하는 게 아니고 자기들이 자율적으로 이런 점에서는 이런 부분 때문에 뭐, 어떻게 어떻게 합시다, 이거는 어떻게 어떻게 합시다, 하고 자기들 생각대로...

학생4: 내 마음대로

교 사: 근데 내 마음대로라는 거에서는 규칙이라든지 그냥 진짜 하고 싶은 대로만 하는 게 아니고 어떤 계획을 가지고 하는 거잖아.

학생3: [?]

교 사: 기업으로 보면 기업에서 어떤 식으로 자유를 누려야지 기업이 잘 운영될까? 어떤 식으로 자유를 누려야 하지?

학생2: 적절한 경쟁

교 사: 어, 적절한 경쟁 또, 이거를 쉽게 우리 교실로 가지고 오면 쉽게 우리 교실로 가지고 오면, 우리 교실이 잘 돌아가기 위해서는 누가 딱 한 사람이 힘을 딱 가지고 막, 이렇게 해, 이렇게 해, 이렇게 해, 하고 시켜야 되는 거야?

학생1: 아니요.

교 사: 학생들 개개인마다 다 장단점이 있으니까, 걔네들의 자유를 다 살려서 해줘야 하잖아, 근데 막 애들이 자기 하고 싶은 대로 다 하게 내버려둬도 돼?

학생2: [?]

교 사: 그면 어떻게 해야 되지? 그 아이들을? 자기의 자유를 지키면 서... 어떻게 해야 되지?

학생4: 규칙적인 생활...

> ※ 이 담화 자료는 2008년도 진주교육대학교 듣기·말하기 교육론을 수강한 김초롱 학생이 교생실습 과정에서 전사해 온 자료임을 밝혀둔다.

〈부록 2〉 개정 한·미 FAT 협상에 대한 신문사설

① [K 신문 사설] 한·미 FTA 협상, 상호 이익 균형 이뤘나(2018.3.27.)

한·미 자유무역협정(FTA) 개정 협상이 사실상 타결됐다. 산업통상자원부는 26일 국무회의에서 "한·미 FTA 개정과 미국 무역확장법 232조에 따른 철강 관세 부과 협상에서 미국과 원칙적인 합의를 이뤘다"고 보고했다. 미국 워싱턴에서 지난 1월 협상을 시작한 지 3개월 만이다. 당초 예상과 달리 속전속결식 협상 타결을 이뤄낸 것이다. 이번 한·미 FTA 개정 협상은 미국산 자동차에 대한 한국시장 추가 개방과 한국산 철강에 대한 관세 면제를 두고 '패키지 딜'이 이뤄지는 모양새가 됐다. 미국이 대(對)한국 무역적자의 '주범'으로 지목해온 자동차 분야 추가 개방을 위해 철강 관세 25% 부과 카드를 꺼내들자 한국이 이를 수용한 것이다. 글로벌 무역전쟁이 격화되는 와중에 미국과의 통상마찰이라는 최악의 상황을 피하기 위한 협상 결과다. 하지만 FTA 개정 협상의 목표였던 '상호 이익의 균형'을 완전하게 이뤄내지 못했다는 것은 아쉬운 대목이다.

Ⓐ 이번 협상에서 한국산 철강은 무역확장법 232조에 따른 25% 관세 일괄 부과 대상에서 제외됐지만 대미 수출물량은 쿼터(수입할당량)가 적용돼 지난해의 74% 수준으로 줄게 됐다. 판재류의 경우 지난해 대비 111%에 해당하는 쿼터를 확보했지만 유정용 강관 등에선 큰 폭의 수출량 감소가 불가피하다. 자동차 분야에선 미국 측의 요구를 대부분 수용했다. 특히 미국 안전기준을 통과해 국내로 들어오는 자동차 물량을 기존 2만5000대에서 5만대로 늘리기로 해 국내 자동차 업계의 피해가 예상된다. 국산 픽업트럭의 관세 철폐 시한을 2021년에서 2041년으로 연장한 것도 미국으로 수출될 국산 픽업트럭의 개발과 생산에 차질을 빚게 한다는 점에서 부정적인 영향을 미칠 수 있다. 다만 미국산 자동차 부품을 의무적으로 사용하고, 원산지 검증을 강화하라는 미국의 요구를 수용하지 않은 것은 협상의 성과로 평가할 만하다.

정부는 한·미 FTA 개정 협상 타결로 한국 경제의 불확실성을 제거했다고 자평하는 분위기다. 하지만 한·미 FTA 협상과 철강 관세 문제가 일단락됐다고 미국과의 통상현안이 모두 해결된 것은 아니다. 대미 무역흑자국인 한국은 언제든 중국과의 무역전쟁을 선포한 도널드 트럼프 행정부의 타깃이 될 수 있다. 정부는 글로벌 무역전쟁이 국가의 명운을 가를 중차대한 문제라는 것을 명심하고 모든 부처를 망라한 총체적인 대응체제를 갖춰야 할 것이다.

② [D 신문사설] 韓美 FTA 타결··· 급한 불 껐지만 강력한 협상체제 구축하라 (2018.3.27.)

진통을 거듭하던 한미 자유무역협정(FTA) 개정 협상과 이와 동시에 진행됐던 철강관세 협상이 사실상 타결됐다. 김현종 산업통상자원부 통상교섭본부장이 어제 발표한 협상 결과를 보면 한국은 농업 분야에서 농산물 추가 개방을 피했다. 철강관세 분야에서는 25% 부과 대상국에서 빠지기는 했으나 대신 수출물량(쿼터)이 평년의 70%로 줄었다. 손해는 봤지만 최악의 사태는 피한 셈이다. 앞으로 세부 실무작업이 남아 있으나 한미 양국 모두 협상 결과를 긍정적으로 평가하고 있어 합의안대로 최종 서명이 이뤄질 것으로 보인다.

자동차 분야에서는 미국 자동차가 한국 시장에 쉽게 진입할 수 있도록 비관세 장벽을 낮추고 미국에서 팔리는 한국산 픽업차량에 물리는 관세는 철폐 시한을 20년 연장했다. 국내 시장에서 미국차가 국산차나 독일 일본차에 비해 경쟁력이 떨어져 진입장벽을 다소 낮췄다고 해도 큰 피해는 없을 것으로 자동차 업계는 보고 있다. 픽업 완성차량의 대미 수출 물량도 미미하다. 내용도 내용이지만 협상이 시작된 지 3개월 만에 마무리돼 경제의 불확실성이 조기에 사라졌다는 점은 다행스럽다.

이번 협상 결과에 대해 스티븐 므누신 미 재무장관이 한 방송에 출연해 "완벽한 윈윈(absolute win-win)"이라고 말한 걸 보면 미국 측도 만족한다는 평가를 내리고 있다. 도널드 트럼프 대통령으로서는 강력한 지지층인 러스트 벨트(낙후된 북부·중서부 제조업 지대)의 자동차 철강업계에 체면을 세우게 됐다.

이번 협상을 통해 트럼프 행정부의 통상원칙이 여실히 드러났다. 외교안보 동맹국이라도 경제적 이익 앞에서는 가차 없다는 점을 보여준다. '역사상 전례가 없는 긴밀한 동맹'이라던 일본 아베 신조 정부도 철강관세 부과 대상에서 면제를 받지 못했다. 앞으로 미국이 또 언제 어떤 이슈를 들고 나올지 알 수 없다. 당장 중국을 상대로 무역전쟁의 방아쇠를 당긴 트럼프 정부가 한국을 비롯한 동맹국들에 어느 편에 설 것인지 선택하라는 압박을 가하고 있다.

이번 협상 과정에서 김현종 본부장이 고군분투했다. 막판에 대통령을 비롯해 청와대 국가안보실장, 경제부총리가 힘을 실어줬다. 일단 한미 FTA 개정 협상의 급한 불은 껐지만 갈수록 글로벌 통상마찰은 격화될 게 분명하다. 포괄적·점진적 환태평양경제동반자협정(CPTPP) 가입 검토 등 국가 경제에 심대한 영향을 미칠 통상 현안들도 코앞에 닥쳐 있다. 과거 어느 때보다 민첩한 통상조직이 필요한 때다. 이참에 우리도 미국의 무역대표부(USTR) 못지않은 강력한 협상기구를 구축하는 것도 검토해야 한다. 현재 차관급인 교섭본부를 다시 장관급으로 격상하는 방안도 생각해 볼 만하다.

③ [H 신문사설] 최악 피한 '한-미 FTA 협상', 가시밭길 끝나지 않았다 (2018.3.27.)

한-미 자유무역협정(FTA) 개정 협상이 타결됐다. 김현종 통상교섭본부장은 26일 정부서울청사에서 기자회견을 열어 협상 결과를 발표했다.

미국은 최대 관심 분야인 자동차와 제약 등에서 이익을 챙겼다. Ⓐ 미국산 자동차에 대한 안전·환경기준이 완화됐다. 한국산 화물자동차(픽업트럭)의 관세 철폐 시점은 2021년에서 2041년으로 20년 더 늦춰지게 됐다. 다만 가장 우려했던 미국산 자동차부품 의무 사용은 빠졌다. 미국 제약업계의 불만인 한국의 신약 가격 결정 제도도 개편된다. 약값 인상으로 이어질 수 있다. 구체적인 방향은 추후 협상을 통해 결정된다.

반면 한국은 협상 전부터 '레드 라인'으로 설정한 농축산물 시장 추가 개방을 막아냈다. 또 미국의 수입 규제 조사 과정에서 절차적

투명성·공정성 의무를 부과하는 조항을 협정문에 추가하기로 했다. 한국에 투자한 미국 기업들이 투자자−국가 분쟁 해결(ISDS)제도를 남용하지 않도록 하는 내용도 반영하기로 했다.

자유무역협정 협상과 함께 진행된 철강 관세 협상에선, 미국이 한국산 철강을 대상에서 제외하는 대신 한국은 수출 물량을 지난해의 74%로 줄이기로 합의했다. 관세는 면제받고 수출 물량을 제한하는 방식으로 타협점을 찾은 것이다.

정부는 미국의 관심 분야에서 일부 양보하는 대신 우리의 핵심 민감 분야를 방어했다고 자평했다. 김현종 본부장은 "그동안 미국이 강경한 입장이라 우리가 밀리지 않느냐는 걱정이 있었는데 협상가로 말하자면 제가 꿀릴 게 없는 협상판이었다"고 말했다.

사실 이번 협상은 처음부터 미국이 창, 우리는 방패일 수밖에 없는 구조였다. 트럼프 행정부가 '무역수지 불균형 해소'를 명분으로 내세워 일방적으로 우리 정부를 밀어붙였다. 또 북핵 문제 해결을 위해 그 어느 때보다 한−미 공조가 긴요한 시점에서 통상 이슈를 마냥 끌고 가기도 어려운 상황이었다.

그럼에도 냉정히 따져보면, 우리 정부가 이번 협상에서 무역협정의 기본 원칙인 '상호 이익균형'을 지켜냈다고 평가할 수 있을지 의문이다. 트럼프 대통령은 취임 전부터 "한−미 자유무역협정 폐기"를 운운하며 우리 정부를 위협했다. 우리 정부로선 대미 무역흑자 축소에 신경을 쓰지 않을 수 없었다. 그 결과 우리의 대미 무역흑자가 2016년 232억 달러에서 지난해 179억 달러로 대폭 줄었다. 본격적인 협상에 착수하기도 전에 트럼프 행정부는 절반의 성공을 거뒀다.

또 트럼프 행정부는 협상 시작 때는 없었던 '철강 관세 카드'를 돌연 꺼내 들어 지렛대로 활용했다. 협상이 예상보다 빨리 타결된 것도 철강 관세 압박 영향이 크다. 미국은 한국을 봐줬다고 생색을 내면서 수입을 30% 가까이 축소시키는 실리를 챙겼고 자동차 분야의 양보까지 얻어냈다. 또 한국과의 협상 조기 타결을 앞세워 북미자유무역협정(NAFTA) 재협상 상대국인 캐나다와 멕시코를 압박하고 나섰다. '뼛속까지 장사꾼'인 트럼프의 협상술에 혀를 내두르게 된다.

문제는 이번이 끝이 아니라는 점이다. 트럼프 행정부의 그동안 행태를 감안하면 앞으로도 계속 '미국 우선주의'를 내세워 통상 압력을 가해 올 가능성이 크다. 대미 통상 리스크가 끝나지 않았다는 것이다. 여기에 더해 미-중 무역전쟁까지 불이 붙었다. 우리에게 언제 어디서 불똥이 튈지 모른다. 급변하는 통상 환경에 능동적으로 대처할 수 있도록 통상조직을 재정비하고 전문인력 보강을 서둘러야 한다. 근본적으로는 수출 시장을 다변화해 미국과 중국 의존도를 줄여야 한다. 외생 변수에 크게 흔들리지 않으면서 경제를 안정적으로 운영해나갈 수 있는 체질 개선이 시급하다.

④ [J 신문사설] 한·미 FTA 협상 봉합했다지만 앞으로가 더 문제다
  (2018.3.27.)

도널드 트럼프 미국 대통령의 강력한 보호무역 정책으로 불거진 한·미 양국의 통상 갈등이 일단 봉합되는 분위기다. 미국의 철강 관세 문제와 한·미 자유무역협정(FTA) 개정을 연계한 양국 협상이 지난 주말 사실상 타결됐다. 한국의 민감 부문인 농업의 추가 개방은 없고, 기존 FTA의 양허안은 유지됐다. 한국산 철강에 대한 25%의 관세를 면제받는 대신 올해 대미 철강 수출물량은 쿼터를 적용해 지난해의 74% 수준으로 줄였다. 미국의 가장 큰 불만사항이었던 자동차 부문에서 한국이 양보했다. 한국의 안전 기준을 충족하지

않는 미국산 자동차에 대한 수입 쿼터를 2배 늘려 주고, 한국산 픽업 트럭에 대한 미국의 관세 부과 시기도 20년 늦춰 줬다.

한국이 얻은 것은 대미 수출을 둘러싼 불확실성을 조기에 없앴다는 점이다. 당초 1년 이상 걸릴 것으로 전망됐던 FTA 협상이 석 달 만에 큰 틀의 합의로 이어졌기 때문이다. 김현종 산업부 통상교섭 본부장은 "꿀릴 게 없는 협상판이었다"고 주장했다. 하지만 대놓고 자랑할 일이 아니다. 현 정권이 야당 시절 비판했던 2010년 재협상 협정문보다 한국이 훨씬 불리해진 것은 부인할 수 없는 사실이다. 철강 쿼터로 미국 시장 의존도가 높은 강관류업계는 당장 피해가 예상되고 생산·수출 감소로 힘겨워하는 국내 자동차업계에도 중장 기적으로 부담이 될 것이다.

이제 정치권은 정치적 계산 대신 냉정하게 국익을 생각해야 한다. 앞으로도 대미 무역 흑자 폭이 큰 한국은 언제든지 미국의 타깃이 될 수 있다. 미·중 무역전쟁이 고조되면 한국이 직격탄을 맞기 십상 이다. 이미 미·중 물밑 협상 과정에서 미국이 중국에 한국산 대신 미국산 반도체를 수입하라고 압박한다는 외신 보도가 나왔다. 언제 어디서 유탄이 날아올지 모르는 세상이다. 통상 갈등에 선제적으로 대처하기 위해 정부는 더 긴장감 있게 움직여야 한다.

〈부록 3〉 박지원의 『양반전』의 일부

"하늘이 민(民)을 낳을 때 민을 넷으로 구분했다. 사민(四民) 가운데 가장 높은 것이 사(士)이니 이것이 곧 양반이다. 양반의 이익은 막대하니 농사도 안 짓고 장사도 않고 약간 문사(文史)를 섭렵해 가지고 크게는 문과(文科) 급제요, 작게는 진사(進士)가 되는 것이다. 문과의 홍패(紅牌)는 길이 2자 남짓한 것이지만 백물이 구비되어 있어 그야말로 돈자루인 것이다. 진사가 나이 서른에 처음 관직에 나가더라도 오히려 이름 있는 음관(蔭官)이 되고, 잘 되면 남행(南行)으로 큰 고을을 맡게 되어, 귀밑이 일산(日傘)의 바람에 희어지고, 배가 요령 소리에 커지며, 방에는 기생이 귀고리로 치장하고, 뜰에 곡식으로 학(鶴)을 기른다. 궁한 양반이 시골에 묻혀 있어도 무단(武斷)을 하여 이웃의 소를 끌어다 먼저 자기 땅을 갈고 마을의 일꾼을 잡아다 자기 논의 김을 맨들 누가 감히 나를 괄시하랴. 너희들 코에 잿물을 들이붓고 머리끄덩을 희희 돌리고 수염을 낚아채더라도 누구 감히 원망하지 못할 것이다."

〈부록 4〉 마키아벨리의 『군주론』의 일부

① 군주는 자신의 백성들을 한데 모으고 충성을 바치도록 만들 수만 있다면 잔혹하다는 비난에 대해 걱정할 필요는 전혀 없습니다. 도에 넘친 인자함을 베풀어 혼란한 상태가 지속되어 백성들로 하여금 약탈과 파괴를 경험하도록 만드는 군주보다 아주 가끔 가혹한 행위를 하는 군주가 더 자비로운 것이기 때문입니다. 도에 넘친 인자함은

모든 사람들에게 해를 끼치지만, 군주가 집행한 가혹한 조치들은 특정한 개인들에게만 해를 끼칠 것이기 때문입니다. (140쪽)

②군주는 짐승의 성품을 잘 활용할 수 있어야 하며 짐승들 중에서도 여우와 사자의 성품을 선택해야 합니다. 사자는 함정을 피할 수 없으며 여우는 늑대를 피할 수 없기 때문입니다. 함정을 알아차리기 위해서는 여우가 될 필요가 있으며 늑대를 깜짝 놀라게 하려면 사자가 될 필요가 있는 것입니다. 단순히 사자의 역할만 하려는 군주는 모든 일의 본질을 제대로 이해하지 못합니다. 그러므로 현명한 통치자라면 약속을 지키는 것이 자신에게 불리해지거나 약속하도록 만들었던 이유가 사라지게 되면 약속을 지킬 수 없을뿐더러 지켜서도 안 됩니다. 만약 모든 인간이 선하다면 이 교훈은 적절하지 않을 것입니다. 그러나 인간들은 사악하여 군주에게 했던 약속들을 지키지 않을 것이기 때문에 군주 역시 그들에게 약속을 지킬 필요가 없는 것입니다. {중략} 그러나 여우의 기질을 교묘하게 감추는 방법을 알고 있어야 하며 가장 위선적이어야 하며 가장 위선적이어야 하며 거짓말을 능숙하게 할 필요가 있습니다. (148쪽)

▷ 마키아벨리 지음, 권혁 옮김(2015), 『군주론』, 돋을새김.

〈부록 5〉 문재인 대통령 특별사절단 관련 기삿글 제목, 표제와 부제

다음은 2018년 3월 7일 문재인대통령의 특별사절단을 북한에서 맞이한 일을 두고 세 개의 신문사에서 작성한 기삿글의 제목과 표제, 부제이다. 제목은 큰 글씨, 표제는 굵은 글씨이고 나머지는 부제이다.

① H신문

노동당사 공개·리설주 동반 '김정은의 파격' … 북 정상국가 부각

'특사맞이' 개방적 모습 보인 북

특사단 3시간만에 접견하고

4시간 12분간 만찬 등 이어가

'권력상징' 노동당사 첫 개방

부인 동석 외교무대에 데뷔

김일성·김정일보다 더 전격적

"남북·북미관계 개선 적극 의지"

② J신문

김정은, 부인·동생 데리고 노동당 본관서 만찬

4시간 12분 만찬회동 이례적 환대

정의용 실장, 문 대통령 친서 전달

김정은, 다 읽은 뒤 김여정에 건네

리설주, 만찬 중간 특사단과 건배

철갑상어 등 서양식 요리로 준비

전문가 "정상국가로 보이려 애써"

③ D신문

'핵단추 집무실' 있는 노동당 본관, 남측인사 처음 발 들여

특사단-김정은 5일 회동 이모저모

김정은 '북의 청와대' 이례적 공개

文 대통령 친서 두 손으로 받아

기념사진 찍을 땐 혼자 뒷짐

만찬 뒤엔 주차장까지 나와서 배웅

회담 때 정의용 일어나서 모두발언

김정은에 보고하는 모양새 논란도

〈부록 6〉 강원도 산불 관련 사설

① M 신문사설 강원 산불 더 큰 참사 막은 영웅들(2019.4.8.)

〈앞부분 줄임〉 몰아치는 강풍에 초대형 재난으로 이어질 뻔했던 산불이 빠르게 진압될 수 있었던 것은 목숨을 걸고 화재 현장으로 달려온 소방관, 군인, 시민 등 영웅들이 있었기 때문이다. 산불이 강원 일대로 번지자 전국 각지의 소방차 872대, 소방대원 3251명이 밤새 어둠을 뚫고 화재 현장으로 출동해 불을 껐다.

㉯ 전국 소방차량의 15%, 가용 소방인원의 10%로 단일 화재에 투입된 사상 최대 규모였다. 이는 2017년 소방청 개청 이후 대형재난에 대해 관할 지역 구분 없이 국가 차원에서 대응하게 비상출동시스템을 강화한 덕분이었다. 화재 진압을 위해 전국 각지에서 모여든 소방차 행렬이 양양 고속도로를 달리는 모습은 감동을 자아내기에 충분했다. 소방관들은 속초시 교동의 한 LPG 충전소로 치고 들어가는 불길을 잡아냈고, 불길에 휩싸인 요양원을 뚫고 들어가 노인 환자들을 구해냈다. 강원도가 보유한 소방 장비와 인력만으로는 역부족이었는데 시·도 간 공조했기에 피해 규모를 줄일 수 있었다. ㉮ 군장병 1만6599여 명, 경찰관도 1700여 명이 투입돼 산불 진화와 인명 구조 등에 팔을 걷어붙였다. 강원도청 소속의 한 산불 진화 대원은 자신의 집이 불타고 있는데도 현장에서 산불을 껐다고 한다. 시민 영웅들의

활약도 빛났다. 속초시 식당 배달원들은 오토바이를 몰고 미처 대피하지 못한 노인들을 구조했고, 병원 직원들은 구급차가 모자라자 자기 차로 환자들을 옮기기도 했다. 속초시 한 횟집에 불이 붙자 인근 상인들이 횟집 호스를 뽑아 불을 껐다. 산불이 발생하자 대형 폭발을 막기 위해 발화 지점에서 7.5km 떨어진 민간화약고의 위치를 경찰에 알려 함께 화약 5t을 옮긴 시민도 있었다. 재난을 이기기 위해 협력하는 이들의 모습은 이 세상이 아직 살 만하다는 희망을 가지게 만든다.

반면 국회의 행태는 실망스럽기 짝이 없다. 자유한국당은 화급을 다투는 상황에서 재난 컨트롤타워인 정의용 국가안보실장을 운영위원회에 붙잡아둬 여론의 뭇매를 맞고 있다. 이후에도 여야는 재난을 공동 수습하기보다는 정의용 실장 '늦은 이석', 민주당 소속 김철수 속초시장의 제주 휴가를 놓고 연일 네탓 공방을 벌이고 있다. 국민은 안중에도 없고 정쟁에만 목청을 높이는 정치권은 대오각성하고 화재 현장의 영웅들에게서 용기와 진정성을 배워야 한다.

② D 신문사설 火魔 피해 줄인 주민들 용기와 제복 영웅들의 헌신 (2019.4.8.)

강원 동해안 일대를 사흘간 휩쓴 산불은 서울 여의도 면적의 2배가 넘는 임야를 태우고 지역 경제에 심각한 피해를 입혔다. 산불이 할퀴고 간 상처가 아물려면 오랜 시간이 걸리겠지만, 민관이 화재 진압과 인명 구조에 신속하게 나서 인명 피해를 최소화한 것은 그나마 다행스럽다.

소방청이 화재 발생 1시간여 만에 수도권과 충북 지역의 소방차 출동을 지시하고 곧 이를 전국으로 확대한 것은 피해 규모를 줄이는

데 주효했다. 순식간에 출동한 870여 대의 소방차와 3200여 명의 소방관은 강풍을 타고 빠르게 번지는 불길과 용감하게 싸웠다. 특히 소방헬기가 투입될 수 없었던 야간에 속초의 한 액화석유가스(LPG) 충전소에서 소방관 5명이 방화복과 소방호스에 의지해 주택가로 불길이 번지는 것을 막으려 애쓰는 모습은 사명감으로 헌신하는 영웅의 모습 그 자체였다.

경찰은 화재 현장 인근에 위치한 화약고에 보관 중이던 폭약 5t을 신속하게 안전한 장소로 옮겨 대형사고를 막았다. 산림청 산림항공관리소 공중진화대원들도 불갈퀴를 들고 깊은 산속에서 불길을 막아섰다. 시민들의 용기도 기억해야 한다. 속초의 음식 배달원들은 강풍 속에서 오토바이로 거동이 어려운 홀몸노인들을 대피시켰다. 수학여행 중학생들을 태운 버스가 산불과 맞닥뜨렸을 때, 교사와 버스 기사는 불이 붙은 차문을 침착하게 수동으로 열고 대피 조치를 취해 참변을 막을 수 있었다.

화마가 두렵지 않은 사람은 없다. 하지만 제복을 입은 영웅들은 사명감으로 밤을 하얗게 밝히며 이번 화재가 더 큰 비극이 되는 것을 막았다. 생명과 전 재산이 경각에 처한 상황에서도 침착함을 잃지 않고 이웃을 챙긴 주민들의 성숙한 대응도 우리 사회에 희망을 줬다. 숱한 재난을 겪으며 업그레이드시킨 재난 대응 시스템과 교육과 홍보로 숙지한 행동수칙 등이 실제 위기에서 빛을 발한 것이다. 자랑스럽고 고맙다.

〈부록 7〉 학교 석면 해체·제거 왜 엉망인가 했더니…공사업체 절반이 '함량미달'

지난 겨울방학 때 각급 학교 석면해체·제거 공사를 한 업체 중약 절반이 함량미달 업체였던 것으로 드러났다. 고용노동부의 업체 안전성평가에서 최하위인 D등급을 받거나 최근 1년간 작업실적이 없는 미평가 업체가 전체의 47.5%에 달했다.

30일 국회 환경노동위원회 강병원 의원(더불어민주당)이 고용부로부터 제출받은 석면해체·제거작업 안전성평가 결과에 따르면, 지난 겨울방학 기간 학교 석면해체를 한 1227개 업체 가운데 D등급이 203곳(16.5%)으로 조사됐다. 고용부는 등록된 석면해체·제거업자를 대상으로 주기적으로 안전성을 평가한다. D등급은 S~D 5단계로 구분된 평가 등급 가운데 최하위다.

아예 평가 결과가 없는 미평가 업체도 380곳(31.0%)이나 됐다. 미평가 업체는 석면해체업자로 등록한 지 1년이 안 됐거나 최근 1년간 실적이 없어 작업능력을 검증하기 힘든 경우다. '엉터리 학교 석면 공사' 뒤에는 함량미달 업체가 있었던 것이다. 가장 높은 S등급 업체는 37곳(3.0%)에 지나지 않았다.

환경부와 고용부는 지난 2월 겨울방학 중 석면 해체 과정에서 81건의 위반사항을 적발한 바 있다. 당시 적발된 69개 업체 중에서도 D등급과 미평가 업체가 37곳(53.6%)으로 절반을 넘었다. 학교 석면 공사는 지난해 여름 시민단체인 환경보건시민센터가 "석면 철거가 끝난 학교에서 석면 잔재물이 검출됐다"고 발표하며 부실 공사 문제가 제기됐다. 논란이 커지자 몇달 뒤 이낙연 국무총리까지 나서 대책 마련을 지시했다. 그럼에도 자격이 부족한 업체가 학교 석면공사를 맡았던 것이다. 이는 기본적으로 높은 등급의 석면업체가 몇 개 없고, 최하위 등급을 받더라도 공사를 수주하는 데 아무 걸림돌이 없기 때문에 빚어진 일이다.

고용부에 등록된 석면해체업자는 지난해 말 기준으로 3115개소다. S등급 업체는 87곳(2.8%)뿐이고, A~C등급은 1178곳(37.8%)이다. C등급까지 합쳐도 반을 넘지 못한다. 나머지는 D등급(367곳·11.8%)이거나 미평가(1483곳·47.5%) 업체다.

고용부 관계자는 "가급적 D등급이나 미평가 업체를 피하도록 교육부에 의견을 주지만, 방학기간 공사가 몰리다 보니 어려운 점이 있는 것 같다"고 말했다. 이에 교육부 관계자는 "국가계약법상 학교 석면 철거는 업체 등급과 상관없이 진행할 수 있다"며 "임의로 등급에 따라 제한을 가할 수는 없는 것 아니냐"고 반문했다. 결국 부실 업체를 걸러낼 근거조항이 만들어지지 않는 한 이런 업체가 학교 공사를 떠맡는 일은 되풀이될 수밖에 없다.

〈부록 8〉 이미지 선택의 사례(2018.5.1, 일간신문)

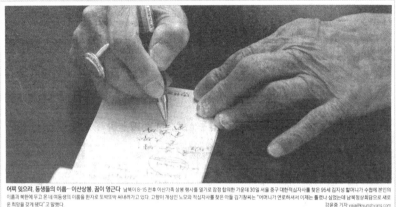

어찌 잊으랴, 동생들의 이름… 이산상봉, 꿈이 영근다 남북이 8·15 전후 이산가족 상봉 행사를 열기로 잠정 합의한 가운데 30일 서울 중구 대한적십자사를 찾은 95세 김지성 할머니가 수첩에 본인의 이름과 북한에 두고 온 네 여동생의 이름을 한자로 또박또박 써내려가고 있다. 고향이 개성인 노모와 막내여동생의 이름을 찾은 김기철씨는 "어머니가 연로하셔서 이제는 틀렸나 싶었는데 남북정상회담으로 새로운 희망을 갖게 됐다"고 말했다.
강윤중 기자 yaja@kyunghyang.com

〈그림 1〉 어찌 잊으랴, 동생의 이름… 이산상봉, 꿈이 영근다(G신문, 2018.5.1)

문무대왕함, 阿 피랍선원 3명 귀환작전 가나 해역에서 조업하던 중 나이지리아 해적에 납치됐다 한 달여 만에 구출된 한국인 선원 3명이 지난달 29일 소말리아 아덴만 해역에 파견된 청해부대 고속단정에서 문무대왕함으로 옮겨 타고 있다. 청해부대는 이날 나이지리아 라고스항 인근 해역에서 이들의 신병을 나이지리아 해군으로부터 인계받았다. 청해부대는 문재인 대통령의 지시에 따라 3월 28일 출동해 지난달 15일 인근 해역에 도착한 뒤 피랍자 석방을 위한 작전을 진행해 왔다. 청와대 제공

〈그림 2〉 문무대왕함, 阿 피랍선원 3명 귀환작전(D신문, 2018.5.1)

"망명은 권리다" 미국 캘리포니아주 샌디에이고와 멕시코 티후아나 사이의 장벽에 중남미 출신 '캐러밴'과 이들을 지지하는 이들이 모여 집회를 열고 있다. 일부는 장벽을 타고 넘었다. '캐러밴'은 중남미에서 마약 조직과 폭력 조직을 피해 멕시코와 미국 등 북쪽으로 이동하는 이들의 행렬을 일컫는데, 도널드 트럼프 미국 대통령은 이들을 막기 위해 주방위군을 투입했다. 그러나 트럼프 행정부에 맞서는 캘리포니아주는 주방위군 투입을 거부했다.　샌디에이고/로이터 연합뉴스

〈그림 3〉 망명은 권리다(H신문, 2018.5.1)

장벽에 올라… "미국 국경을 열어달라" 멕시코 티후아나의 미국-멕시코 국경에 도착한 중남미 출신 이민자 행렬인 '캐러밴'들이 담 위에 앉아 미국 쪽을 바라보며 국경을 열어 달라고 요구하고 있다. 3월부터 4000km를 행군해 이곳에 도착한 1500여 명은 미국에 난민 지위를 신청할 계획이다. 하지만 도널드 트럼프 미 대통령이 불법 이민자를 받을 수 없다는 강경한 태도를 보이고 있어 이들의 미국 입국이 가능할지는 미지수다. 티후아나=AP 뉴시스

〈그림 4〉 장벽에 올라 … "미국 국경을 열어달라"(D신문, 2018.5.1)

〈부록 9〉 토의 및 면접

① 토의수업 자료

교 사: 자, 태풍이 온다면 항상 피해를 준다고 생각하잖아 그지?
이는 높새 바람이 일어났을 때 이로운 점과 해로운 점과 관련지
어 이야기할 수 있을 거야. 이번에는 뭘 이야기하고자 하느냐
하면 우리가 화산 폭발하면 제일 걱정되는 게 뭐꼬? [13초]

학생1: 집, 인명 피해. [2초]

교 사: 마그마, 흘러내려오는 마그마가 대체로 용암이잖아, 그치?
용암이 흘러내리는 경우, 그 다음에 화산 분출물이 약 한
250미터, 센 거는 400미터 정도 날아가거든. 저번에 선생님
이 동영상으로 보여준 일본에 그거, 화산재 매몰에 의한 피
해도 있단 말야. 그 다음에 화산이 폭발하기 전에는 반드시
지진이 통과해. 그게 지진인데 지진은 겁나잖아. 그런데 이
러한 것도 있지만 화산 폭발이 생겼을 때의 그 이로운 점에
대해 생각해보고 이야기해 보라는 거지. 대체로 그런 것들은
책에 안 나와. [51초]

학생2: 봤는데

모 두: 웃음

학생3: 인구를 줄일 수 있어.

학생1: (학생3의 내용 되풀이)

모 두: 웃음

교 사: 그렇다면 이런 문제를 생각해볼 리도 없지만, 인구를 줄일
수 있다. 예를 들면 전쟁이 났을 때의 좋은 점, 인구를 대폭적
으로 줄일 수 있다, 그게 되겠냐? 자, 화산 폭발에 의해서,

화산 폭발이 가져올 수 있는 걸 세 가지 정도, 선생님이 생각하기에 세 가지 정도 되거든. 지금까지 자신이 중학교 때든, 고등학교 때든 배웠든 걸 가지고 한 번 생각을 해 봐. 이게 과연 말을 하는 게 생각하는 게 이로운 건지, 해로운 건지 생각을 하고 말을 해야 돼. 안 그러면 공격을 받을 거야. 그러니까 잘 생각해 보고 화산 폭발이 생겼을 때 이로운 점이 뭐가 있겠는가? [43초] (1초)

학생1: 화산 폭발의 장점? [2초] (12초)

학생4: 일단은 기본적으로 생각해 볼 수 있는 게 화산 폭, 의 일단은 어, 해안가 근처에서 화산일 경우를 생각해 보면, 화산 폭발을 하고 마그마가 굳어지면서 그 육지의 확장을 통해, 어 당장은 아니라도 어 장기적으로 보면 어 영토의 확장 이런 개념으로도 볼 수 있을 것 같습니다. [19초]

교 사: 어- 영토의 확장은 지리적인 거고, 니가 생각하는 거는 맞아. 그 새로운 지각이 만들어지는 거지. 새로운 암석이 만들어진다 이 말이야. 이해되나? 영토 확장이 아니고 그 위에 덮여지는 건대 무슨 영토 확장이 되노? 해안선으로 가가지고 조금 넓어지는 건 있겠지만 그 정도는 아닐 거고 그자. 여하튼 새로운 암석이 만들어지는 건 있어. 용어 사용이 아니라서 그라는기고. [25초]

학생5: 그리고 제가 생각하는 건 지구가 외핵, 내핵, 맨틀 이렇게 지표로 이뤄져 있는데 그러니까 밑으로 갈수록 위에서 위에서 받는 압력이 점점 증가하게 됩니다. 그러면 그러면 밑, 자연스럽게 밑으로 갈수록 온도가 커지게 되는데 화산 폭발을 하게 되면 아래 쪽에 있는 열이 이렇게 지표면으로 분출되

는 것이기 때문에 지구상에 열적 평행을 도울, 열적 평행을 도울 수 있다고 생각합니다. [34초]

교 사: 그리고 열적 평행?

학생5: 그러니까, 한, 계속 지구 중심으로 열이 모이게 되면, [5초]

교 사: 결국 그 열이 폭발해서 우로 나오면 안정되고, 다시 모이면 폭발을 하게 된다. 음- [10초]

학생6: 그리고 일단 지구 우리가 살고 있는 지구를 연구하는 데 큰 도움이 됩니다. [7초]

교 사: 그건 아니다.

모 두: 웃음

학생7: 그리고 바다 내에서 화산 폭발이 일어나면 무기 염류들이 방출된다고 들었는데, 그것으로 인해 바다 깊은 곳에서 화산 폭발이 일어난 곳에서 조금 더 먼 지역에까지 이렇게 무기 염류들과 함께 가서 생명체들이 그것을 받고 살 수가 있습니다. [14초]

교 사: 그건 해저뿐만 아니고 밖에서도 마찬가지고 새로운 원소 그러니까 아까 처음에 나왔던 새로운 지각은 뭐냐면 터지잖아. 그런데 휘발성 성분들은 대기에 새로운 원소들을 공급시켜 주는 거라. 그러이 처음에 원시 지구에서 바다가 만들어질 때 H_2O가 65~95%거든. 거기서 물이 공급되어 바다가 만들어진 거라는 거지. 마찬가지로 새로운 대기에 원소를 공급시켜주는 효과도 있어. 또 하나 뭐가 있을까? [29초]

학생8: 그리고 봄페이를 보면 알 수 있듯이 그게 그대로 보존됐거든요. 만약에 [4초]

모 두: 웃음

학생8: 그대로 보존되면 후손들이 그걸 보고 후손들이 우리를 탐구하는 데 도움이 될 [6초]

교 사: 후손들이 뭐? [2초]

학생1: 우리를 탐구하는 데, 물어주면-- [2초]

학생8: 좋은 자료가 될 수 있습니다. [4초]

학생6: 그건 아니라고 하셨는데 열적-- 이런 걸 보면 열 이동하는 것도 알 수 있고 일단 지구 내부에 있던 물질을 직접적으로 받아들이 건 그런 분출뿐이니까, 우리가 사는 지구를 연구하는 데 [13초]

교 사: 근데 그 아니라고 한 건 심한 말로 순간적으로 한 거고. 지구 내부에 있는 물질은 분출하고 나면 끝이라. 다시 말하면 안에 내부 상태에서 상태 변화가 나버리거든. 그래서 분출하기 전의 물질을 끄집어내야 돼. 분출하면 뭐가 없어지노? 휘발성분이 다 날아가버린다 말이야. 그래서 안에 있는 물질하고 밖에 있는 물질이 달라. 그래서 마그마라고 이야기하고, 용암이라고 이야기하지. 마그마를 용암 플러스 휘발성분이라고 그리 이야기하지. 전에 이야기했다 아이가. 이거 퍼러 가다가 죽은 사람 많다고, 용암이 화산 폭발이 이렇게 되는 데는 못 가잖아. 근데 열구 분출하는 데 있잖아. 지각이 갈라진 틈으로 쫄쫄 나오는 거. 열구 분출이라고 요만한 틈으로 이게 흘러나온단 말이야. 힘이 약해서. [중간에 설명] 마지막에 하나 뭐가 있겠노? [130초]

학생9: 제 생각으로는 그 화산 폭발로 직접적으로 얻을 수 있는 장점은 아니지만, 화산 폭발하는 그 구간이 원래 원래 불안정하고, 화산 폭발 후에도 불안정할 가능성이 높으니까 그 불안정하면 위에서 어 밑에서 에너지가, 에너지 같은 게 많이 올라올건대 그걸 이용해서 인제 지열 발전이나 지열발전이 개발되어 있지 않다면 개발할 수는 여건이 될 수 있다고 생각합니다. 여건이 될 수 있다고. [30초]

교 사: 여기서 인제 열이 나오니까 00이 같은 경우에 지열발전이라고 하는데, 지열발전은 주로 지각 열류량이 많은 곳에 나타나거든. 근데 화산 폭발 같은 데는 불안하잖아. 거기서 발전소를 세웠다 [17초]

학생9: 시험을, 아니 연구를 한다고 [2초]

교 사: 연구는 할 수 있겠지. 연구를 하면 되지. 근데 그런 것들은 조금 불안하지 않은 곳 있잖아 그지 그런 곳에 하지. 열 막 나오길래 선생님이 생각했던 답이 나오는가 싶었는데 뭐냐하면 온천. 관광할 수 있다는 거지. [19초]

학생(여러명): 그곳도 위험하지 않아요? [2초]

학생1: 불똥 튀고.

교 사: 일본 사람들도 화산 옆에 있는 온천에도 살잖아. 여러분들은 온천 폭발한다는 기 오늘 하고 난 다음에 2년 뒤에 3년 뒤에 하는 기 아니고 몇 백 년 몇 천 년 뒤에 한단 말이지. 그기 지구 전체에서 보면 잠깐이지만 인간 사회에서 봤을 때 오랜 세월이란 말이지. [23초]

학생10: 선생님 화산 폭발의 장단점이라셨잖아요? [3초]

교 사: 화산이라고 했는데. [2초]

학생9: 몇 백년이라고 하면 그것도 저--

교 사: [중간 생략] 어른들 중에 일본의 온천 갔다 오면 어디 갔다 오노? 화산에 갔다온다. 그리고 경남도 화산지대라. 근데 지금은 화산형태가 하나도 없제. (전체:15분30초)

② 면접시험 자료

학생: 안녕하세요. A069입니다.

교수: 어 그래. 여기 앉지 말고 앞에 보이는 화이트보드에서 설명해
　　　보게.

학생: 예. 그럼 1번 문제부터 설명해 보겠습니다. [중략]

교수: 그래 잘 설명하는군. 2-2 문제로 돌아가 보자. 자네 기질을
　　　잘못 본 것 같은데 문제를 다시 한 번 읽어 보겠나?

학생: 제가 긴장을 해서 문제를 잘못 읽었나 봅니다. 조금만 생각할
　　　시간을 주시겠습니까?

교수: 그래. 천천히 생각해 봐.

학생: (10초 정도 생각하다가 문제지를 보여주며) 음... 그러면 기질
　　　이 두 화합물의 반응 결과 생성된 $[BF(CH_3)_3]^-$ 입니까?

교수: 아니 시험지를 보여주지 말고, 네 생각을 해 봐.

학생: 예... 효소는 단백질의 삼차원 입체구조를 하고 있습니다.
　　　$[BF(CH_3)_3]^-$ 를 기질로 생각해 보면 효소의 활성자리가 다음
　　　과 같이 사면체구조를 하고 있습니다.

교수: 그렇지. 그럼 그 모형으로 2-3과 2-4를 설명해 보겠나?

학생: 2-3에서 주어진 화합물 역시 규소를 주위로 메틸기 3개와 플
　　　루오르기가 사면체 구조를 이루고 있으므로 효소의 기질은
　　　$[BF(CH_3)_3]^-$ 와 매우 경쟁적으로 효소와 결합할 수 있습니다.
　　　그리고 2-4에서는 기질이 전체적으로 -전하를 띠고 있으므로
　　　+전하를 띠고 있는 효소의 산성형에서 정전기적 인력에 의해
　　　효소와 효율적으로 결합할 수 있습니다.

교수: 그러니까 중성에서 효소의 활성이 좋다는 거지?

학생: 예.

교수: 효소와 기질 사이에서 일어나는 특이적 반응을 설명하는 기작에는 여러 가지가 있어. 그 중에서 자네가 설명한 방법이 무엇이지?

학생: 열쇠-자물쇠이론입니다.

교수: 그렇지. 그럼 혹시 열쇠-자물쇠 이론 말고도 다른 방법으로도 설명할 수 있지 않은가?

학생: 열쇠-자물쇠이론 말고도 책에서 유도적합설을 이용하여 효소-기질 간의 특이적 반응을 설명한다는 것을 봤습니다. 그러니까- [중략]

교수: 그래 자네는 열쇠-자물쇠모형을 이용하여서 설명하였군. 열쇠-자물쇠 모형은--[중략]

교수: 시간이 다 됐군. 나가 보세요.

학생: 안녕히 계세요.

〈부록 10〉 의사 환자 사이의 의료 담화
(고재필, 2017: 42~43에서 따옴)

1 의사: 불안해서 오신 건데↘ 《《빠르게》 지금 뭐 특별히 집에서 하는 거는 없는데 인제 좀 신경 쓰는 일이 좀 있다고 그러시는데》 그걸 좀 얘기를 잘 해 주셔야 돼요.

2 환자: 아니 우리 며늘애가 쪼금 저기 뭐야 마음이 좀 약간 우울증이 온 거 같더라구요

〈중략: 며느리의 산후 우울증과 아들이 하는 승마장 사업과 관련된 이야기〉

3 의사: [음-] 금- 요즘에도 고민이 있어요?

4 환자: 없어요

5 의사: 며느리 우울증하고 증상하고 관계가 있나요↗

6 환자: 뭐 별- 그런 거는 없고 인자 조금 걱정이 스럽죠. 인자-

〈중략: 승마장 사업, 폐경, 수면 패턴, 수술과 관련된 이야기〉

7 의사: 쪼-끔 일이 과되시나요↗ 고되시나요↗

8 환자: 쪼금 피곤하죠. 많죠.

9 의사: 음- 지금 조금 무리가 오시죠. 몸에 일하는 데에 있어서

10 환자: 뭐- 음- 그렇죠- 집에서는 요즘에는 그냥

11 의사: 신경 쓰이는 일이 있으시네. ((웃으며)) 없으시다고

12 환자: ((웃으며)) 〈〈큰 소리로〉 내가 매일 다니니까〉 내 시간이
　　　 없잖아요.

〈부록 11〉 말뭉치 담화 자료

1 남: 전형적인 핵가족이네.

2 여: 그렇다고도 할 수 있지.

3 남: 아 그렇다고 하는 거야 할 수 있지가 아니라.

4 여: 아빠랑 엄마랑 맞벌이하시기 때문에.

5 남: 응::.

6 여: 가사분담. 엄청 잘 하시고.

7 남: 응. 피곤하겠다 애들이.

8 여: 애들이?

9 남: 응.

10 여: 나랑 오빠? 피곤하긴::, 그냥 되게 내가 봐두 우리 엄마 아빠

참 열씸히 사시는 거 같애. 아빠두 그냥 오시면은 설거지 〈웃음〉 맨날 하시구,〈웃음〉

11 남: 〈웃음〉

12 여: 〈웃음〉 내가 거의 안 하는 편이구.

13 남: 아니 니가 해야 될 것 아니야. 하는 것두 없는 애가 설거지두 안 해.

14 여: 그건 그런데 내가 〈웃음〉 쫌 괜히 바쁘다 보니까,〈웃음〉

15 남: 뭐래 뭐래,

16 여: 아빠가 설거지 자주 하시구, 청소두 아빠가 자주 하시구.

17 남: 응::.

18 여: 밥두 아빠가 아침에 자주 하시구. 나는 하는 거 거의 없어서 맨날 혼나구.

19 남: 거의 그러니까, 아부지한테 빌붙어 살구 있구나 우리 아버지는 설거지 이런 거 상상두 못한다 진짜

20 여: 우리 집 보수적이면서 두 아빠가 그런 게 있는 거 같애,내가 돈을 많이 벌었으면 엄마가 돈을 안 벌 텐데 고생을 안 할 텐데, 내가 돈을 많이 못 벌어다 주니까 내 마누라가 고생을 하는구나 이런 생각이 쫌 있으셔서.

남: 음::.

여: 엄마가 나가시면 그만큼 피곤한 걸 아니까 되게 집안 일을 많이 해 주셔. 나는 우리 아빠가 옛날에 근까 아빠 엄마가 직장 나가시기 전에는 일을 잘 안 하니까 그런 거 안 하실 줄 알았어. 되게 보수적이구 이래서, 근데 막상 나가니까 아빠가 되게 일을 많이 하셔.

〈부록 12〉 2015 국어과교육과정의 선택과목에서 비판적 담화 활동과 관련이 있는 성취 기준

일반 선택 과목	화법과 작문	[12화작01-03] 화법과 작문 활동에서 맥락을 고려하는 일이 중요함을 이해한다. [12화작02-03] 상대측 입론과 반론의 논리적 타당성에 대해 반대 신문하며 토론한다. [12화작02-04] 협상 절차에 따라 상황에 맞는 전략을 사용하여 문제를 해결한다. [12화작03-04] 타당한 논거를 수집하고 적절한 설득 전략을 활용하여 설득하는 글을 쓴다. [12화작03-05] 시사적인 현안이나 쟁점에 대해 자신의 관점을 수립하여 비평하는 글을 쓴다. [12화작03-06] 현안을 분석하여 쟁점을 파악하고 해결 방안을 담은 건의하는 글을 쓴다.
	독서	[12독서01-02] 동일한 화제의 글이라도 서로 다른 관점과 형식으로 표현됨을 이해하고 다양한 글을 주제 통합적으로 읽는다. [12독서02-03] 글에 드러난 관점이나 내용, 글에 쓰인 표현 방법, 필자의 숨겨진 의도나 사회·문화적 이념을 비판하며 읽는다. [12독서02-05] 글에서 자신과 사회의 문제를 해결하는 방법이나 필자의 생각에 대한 대안을 찾아 창의적으로 읽는다. [12독서03-01] 인문·예술 분야의 글을 읽으며 제재에 담긴 인문학적 세계관, 예술과 삶의 문제를 대하는 인간의 태도, 인간에 대한 성찰 등을 비판적으로 이해한다. [12독서03-02] 사회·문화 분야의 글을 읽으며 제재에 담긴 사회적 요구와 신념, 사회적 현상의 특성, 역사적 인물과 사건의 사회·문화적 맥락 등을 비판적으로 이해한다. [12독서03-03] 과학·기술 분야의 글을 읽으며 제재에 담긴 지식과 정보의 객관성, 논거의 입증 과정과 타당성, 과학적 원리의 응용과 한계 등을 비판적으로 이해한다. [12독서03-04] 시대의 사회·문화적 특성이 글쓰기의 관습이나 독서 문화에 반영되어 있음을 이해하며 다양한 시대에서 생산된 가치 있는 글을 읽는다. [12독서03-05] 지역의 사회·문화적 특성이 다양한 형식과 내용으로 글에 반영되어 있음을 이해하며 다양한 지역에서 생산된 가치 있는 글을 읽는다. [12독서03-06] 매체의 유형과 특성을 고려하여 글의 수용과 생산 과정을 이해하고 다양한 매체 자료를 주체적이고 비판적으로 읽는다.
	언어와 매체	[12언매03-01] 매체의 특성에 따라 정보가 구성되고 유통되는 방식을 알고 이를 의사소통에 활용한다. [12언매03-02] 다양한 관점과 가치를 고려하여 다양한 매체 자료를 수용한다. [12언매03-03] 목적, 수용자, 매체의 특성을 고려하여 매체 자료를 생산한다. [12언매03-06] 매체를 바탕으로 하여 형성되는 문화에 대해 비판적으로 이해하고 주체적으로 향유한다.
	문학	[12문학02-04] 작품을 공감적, 비판적, 창의적으로 수용하고 그 결과를 바탕으로 상호 소통한다.
진로 선택 과목	실용 국어	[12실국02-02] 정보에 담긴 의도를 추론하고 내용을 비판적으로 평가한다. [12실국03-01] 타당한 근거를 들어 자신의 주장을 설득력 있게 표현한다. [12실국03-02] 집단의 의사 결정 과정에 참여하여 합리적 방안을 탐색한다. [12실국03-03] 대화와 타협으로 갈등을 조정하여 문제를 협력적으로 해결한다. [12실국05-01] 자신이 속한 공동체의 의사소통 문화를 이해한다.
	심화 국어	[12심국02-01] 타인의 의견을 비판적으로 이해한다. [12심국02-02] 자신의 생각으로 논점을 구성한다. [12심국02-03] 문제 해결에 필요한 방안을 탐색하여 합리적으로 의사 결정한다. [12심국04-01] 쓰기 윤리의 중요성을 인식하고 책임감 있는 태도로 글을 쓴다. [12심국04-02] 협력적이고 비판적인 태도로 문제를 탐구한다.
	고전 읽기	[12고전02-03] 현대 사회의 맥락을 고려하여 고전을 재해석하고 고전의 가치를 주체적으로 평가한다. [12고전03-01] 국어 고전에 나타난 글쓰기 전략과 표현 방법을 분석하고 그 효과를 평가한다. [12고전03-02] 고전을 읽고 공동의 관심사나 현대 사회에 유효한 문제를 중심으로 통합적인 국어 활동을 수행한다.

〈부록 13〉 최저임금에 대한 입장의 차이

① [C신문 오피니언] 최저임금 공약 불이행 아니라 고용 쇼크에 사과해야
(2018.7.17)

문재인 대통령이 "2020년까지 최저임금 1만원 공약을 지키지 못하게 됐다"면서 "사과드린다"고 했다. 2년 뒤 1만원이 되려면 내년 인상률이 15%는 돼야 했지만 10.9%에 그쳐 공약을 못 지키게 됐다는 것이다. 문 대통령은 "가능한 한 조기에 1만원이 되도록 최선을 다하겠다"고 했다. Ⓐ 소상공인과 중소기업들은 최저임금이 지킬 수 없을 만큼 급속하게 올랐다고 비명인데 대통령은 거꾸로 인상폭이 작아 죄송하다고 한다. 공약을 이행할 수 없게 된 데 사과할 수 있으나 대통령의 인식이 고용 현장 현실과 동떨어진 것은 아닌지 걱정하지 않을 수 없다.

〈가운데 줄임〉

문 대통령은 "최저임금 인상이 내수를 살리고 일자리 증가로 이어진다"며 선순환 효과를 강조했다. 그러나 현장에선 정반대의 악순환이 벌어지고 있다. 최저임금의 급속한 인상이 저소득층 일자리를 빼앗고 이들의 수입을 줄여 소득 분배를 악화시키는 역설이 벌어지고 있다. 모든 통계와 대부분의 전문가, 국제기구까지 급속한 최저임금 인상의 부작용을 말하고 있다. 경제 부총리조차 "최저임금 인상이 하반기 경제 운용에 부담으로 작용할 수 있다"고 인정했다. 그래도 대통령은 이런 진짜 문제에 대해선 아무런 입장을 밝히지 않았다. 최저임금 두 자릿수 인상 결정 이후 소상공인 등이 격렬하게 반발하자 정부와 여당은 화살을 대기업 등에게 돌리고 있다. 여당 대표는 "대기업 프랜차이즈의 갑질 횡포와 불공정 계약, 높은 상가 임대료"

가 문제라고 했고, 공정거래위원장은 "프랜차이즈 가맹본부의 불공정 행위를 조사하고 있다"고 했다. 중소벤처기업부 장관은 대기업의 납품 단가 인상을 요구했고, 기획재정부와 금융위원회는 카드 수수료 인하와 임대료 인상 억제를 추진하겠다고 한다. 작년에 했던 그대로다. 그 결과가 지금의 고용 쇼크다.

청와대 경제수석이 올해 '3% 성장, 일자리 32만개 창출'이라는 정부 목표 달성이 불가능해졌다는 것을 결국 인정했다. 검증도 안 된 소득 주도 성장 실험을 계속하더니 결국 이런 결과를 낳았다. 일자리 줄이고 서민 경제 죽이는 자해(自害) 정책을 펼 때부터 예상됐던 일이다. 미국, 일본 등 세계경제는 호황인데 우리만 침체를 겪는 이유는 다른 것이 아니다. 정부가 정책 역주행만 멈추면 된다. 대통령은 최저임금 공약 불이행이 아니라 고용 쇼크와 어려운 서민 경제 현실에 대해 사과해야 한다.

② H신문 사설 '갑질 근절'을 '대기업 때리기'로 호도하는 보수 언론 (2018.7.16)

ⓑ [전국편의점가맹점협회는 16일 성명에서 최저임금 인상을 비판하면서도 "근로자와 영세자영업 간 '을과 을의 싸움'을 원하지 않는다."며 본사에 가맹수수료 인하와 근접 출점 제한 등을 요구했다. 파리바게뜨와 뚜레쥬르 등의 가맹점주 모임인 전국가맹점주협의회도 "지배계층이 그들의 이익을 위해 사회적 약자 간 싸움을 조장하지 말 것을 촉구한다."]며 본사에 부당한 물품 강요 중단 등을 요구했다. 그런데도 보수 언론들은 집요하게 '을들의 싸움' '대기업 때리기' 프레임을 확대 재생산하고 있다. 불순한 정치적 의도가 있다는 의심을 지울 수 없다.

우리 경제에서 중소기업과 소상공인이 전체 고용의 88%를 맡고 있다. 이들이 일한 만큼 정당한 보상을 받아야 경제가 제대로 굴러갈 수 있다. 내년에 최저임금 적용을 받게 될 노동자가 500만 명이다. 전체 노동자의 4분의 1이 임금으로 최소생계비를 겨우 충당할 수 있다는 얘기다. 대기업, 중소기업, 소상공인, 노동자, 소비자 등 경제 주체들이 서로 양보하고 책임과 부담을 나눠져야 할 때에 소모적인 갈등을 부추기는 것은 언론의 올바른 태도가 결코 아니다.

③ J신문사설 소득주도 성장 멈추고 혁신성장으로 돌파하라(2019.2.14)
　예상대로다. 고용 참사가 계속됐다. 어제 통계청에 따르면 올 1월 취업자는 1년 전보다 1만9000명 늘어나는 데 그쳤다. 2017년 매달 30만 개씩 일자리가 증가했던 것과 비교하면 참담한 수치다. <u>찔끔 증가조차 세금으로 쥐어짜 만들었다.</u> 65세 이상 취업자는 14만4000 명 늘어난 반면 15~64세는 12만5000명 감소했다. 고령자 단기 일자리가 아니었다면 고용은 마이너스로 돌아섰을 것이란 소리다. 전체 실업자는 122만4000명으로 정보기술(IT) 거품이 꺼졌던 2000년 이래 최대(1월 기준)를 기록했다.

이젠 결단이 필요한 때가 왔다

고용 재앙은 최저임금을 가파르게 올린 영향이 뚜렷했다. 도소매·숙박·음식점·사업시설관리 분야에서 일자리 18만3000개가 날아갔다. 정부가 내세우던 '일자리의 질' 또한 곤두박질쳤다. 주당 36시간 이상 근로자는 33만8000명이 줄었고, 36시간 미만은 42만 명 증가했다. 최저임금과 주휴수당 때문에 업주들이 15시간 미만 '쪼개기 알

바'를 늘린 탓이다. '고용원 있는 자영업자'도 4만9000명 감소했다. 소득주도 성장 때문에 일자리를 잃는 피해는 고스란히 임시·일용직 같은 사회·경제적 약자의 몫이다. 이로 인해 양극화는 갈수록 심해지고 있다. 국민 모두 이런 소득주도 성장의 부작용을 알고 있다. 고용노동부 조사에서 국민 77%가 "최저임금 결정 기준 개편이 필요하다"고 답했다. 그런데도 정부는 소득주도 성장을 도그마처럼 끌어안고만 있다. 그러나 정부가 여기에 매달리는 한 고용은 늪에서 헤어날 수 없다. 가격(임금)을 인위적으로 급격히 올리면 수요(일자리)가 줄게 마련이어서다.

소득주도 성장에 대한 주류 경제학자들의 진단은 명료하다. 억지로 소득을 먼저 높여 성장을 끌어낼 수는 없다는 것이다. 소득주도 성장이 '역주행 경제 정책'이라 불리는 이유다. 이대로 가면 자칫 한국 경제는 '고용 감소 → 소비 위축 → 투자 감소 → 고용 감소'라는 악순환에 빠질 수 있다. 정책 역주행을 멈추고 혁신성장 우선으로 유턴해 돌파구를 찾는 게 시급하다. 머뭇거릴수록 한국 경제는 더 깊은 늪에 빠져들 뿐이다

〈부록 14〉 마틴 루터 킹 목사 연설문 '나에게는 꿈이 있습니다.'의 일부

〈앞부분 줄임〉

나의 친구인 여러분들에게 말씀드립니다. 고난과 좌절의 순간에도, 나는 꿈을 가지고 있다고. 이 꿈은 아메리칸 드림에 깊이 뿌리를 내리고 있는 꿈입니다. 나에게는 꿈이 있습니다. 언젠가 이 나라가

모든 인간은 평등하게 태어났다는 것을 자명한 진실로 받아들이고, 그 진정한 의미를 신조로 살아가게 되는 날이 오리라는 꿈입니다. 언젠가는 조지아의 붉은 언덕 위에 예전에 노예였던 부모의 자식과 그 노예의 주인이었던 부모의 자식들이 형제애의 식탁에 함께 둘러 앉는 날이 오리라는 꿈입니다.

언젠가는 불의와 억압의 열기에 신음하던 저 황폐한 미시시피 주가 자유와 평등의 오아시스가 될 것이라는 꿈입니다. 나의 네 자녀들이 피부색이 아니라 인격에 따라 평가받는 그런 나라에 살게 되는 날이 오리라는 꿈입니다. 오늘 나에게는 꿈이 있습니다. 주지사가 늘 연방 정부의 조처에 반대할 수 있다느니, 연방법의 실시를 거부한 다느니 하는 말만 하는 앨라배마주가 변하여, 흑인 소년 소녀들이 백인 소년 소녀들과 손을 잡고 형제자매처럼 함께 걸어갈 수 있는 상황이 되는 꿈입니다.

오늘 나에게는 꿈이 있습니다. 어느 날 모든 계곡이 높이 솟아오르고, 모든 언덕과 산은 낮아지고, 거친 곳은 평평해지고, 굽은 곳은 곧게 펴지고, 하나님의 영광이 나타나 모든 사람이 함께 그 광경을 지켜보는 꿈입니다. 이것이 우리의 희망입니다. 이것이 내가 남부로 돌아갈 때 가지고 가는 신념입니다. 이런 신념을 가지고 있으면 우리는 절망의 산을 개척하여 희망의 돌을 찾아낼 수 있을 것입니다. 이런 희망을 가지고 있으면 우리는 이 나라의 이 소란스러운 불협화음을 형제애로 가득 찬 아름다운 음악으로 변화 시킬 수 있을 것입니다. 이런 신념이 있으면 우리는 함께 일하고 함께 기도하며 함께 투쟁하고 함께 감옥에 가며, 함께 자유를 위해 싸울 수 있을 것입니다. 우리가 언젠가 자유로워지리라는 것을 알기 때문입니다.

그날은 하나님의 모든 자식들이 새로운 의미로 노래 부를 수 있는 날이 될 것입니다. "나의 조국은 자유의 땅, 나의 부모가 살다 죽은 땅, 개척자들의 자부심이 있는 땅, 모든 산에서 자유가 노래하게 하라." 미국이 위대한 국가가 되려면, 이것은 반드시 실현되어야 합니다. 그래서 자유가 뉴햄프셔의 거대한 언덕에서 울려 퍼지게 합시다. 자유가 뉴욕의 큰 산에서 울려 퍼지게 합시다. 자유가 펜실베이니아의 앨러게니 산맥에서 울려 퍼지게 합시다. 콜로라도의 눈 덮인 로키 산맥에서도 자유가 울려 퍼지게 합시다. 캘리포니아의 굽이진 산에서도 자유가 울려 퍼지게 합시다. 조지아의 스톤 마운틴에서도 자유가 울려 퍼지게 합시다.

〈부록 15〉 H신문 기사(2018년 12월 11일)

〈앞부분 줄임〉

이 청년 김용균(24) 씨는 그러나, 밤샘 일을 하다 기계에 끼여 숨졌다. 11일 오전 3시 20분께 충남 태안군 원북면 태안화력 9·10호기 트랜스포머 타워 04시(C) 구역 석탄이송 컨베이어벨트에서 현장 점검을 위한 순찰 업무를 하던 도중이었다. 김씨를 발견한 동료 이아무개(62)씨는 경찰에서 "전날 밤 근무에 투입된 김씨가 전화를 받지 않아 찾다 보니 기계에 끼여 숨져있었다"고 진술했다. 김씨는 10일 오후 6시에 현장에 투입돼 11일 아침 7시30분까지 발전소 내부 4~5km 정도 거리를 혼자 걸어서 순찰하는 업무를 맡았다. 하지만 김씨는 밤 10시21분 이씨와 한차례 통화했고 14분 뒤 사고 현장 폐회로텔레비전(CCTV)에 걸어가는 모습이 찍혔다. 그게 마지막 모습이었다. 그리고 기계에 끼여 숨진 지 4시간여 만에 발견됐다.

365일 24시간 쉬지 않고 돌아가는 화력발전소에서 김씨는 동료 11명과 함께 1일 4조2교대로 일했다. 주간-야간-휴무-휴무로 돌아가는 시스템이다. 주간일 때는 아침 7시30분에 출근해 저녁 6시30분까지 11시간, 야간일 때는 저녁 6시30분에 출근해 13시간이 지난 다음 날 아침 7시30분에 퇴근한다. 근무 시간에는 휴식이 없다.

김씨의 비극적인 죽음은 이날 오전 11시 서울 중구 프레스센터 19층에서 열린 기자회견에서 알려졌다. 비정규직들이 문재인 대통령과의 면담을 요구하는 기자회견이었다. 기자회견을 연 '비정규직 그만 쓰개! 1100만 비정규직 공동투쟁'은 지난달 12일부터 나흘간 문 대통령과의 대화를 요구하며 청와대와 대검찰청, 국회 앞 등에서 비정규직 문제 해결을 촉구하는 활동을 했다.

〈아래 줄임〉

〈부록 16〉 초등학교 교과서 검정 제도에 관련된 사설 (C신문, 2019.1.4)

Ⓐ 교육부가 초등학교 3~6학년 학생들이 배우는 수학·사회·과학 국정 교과서를 2022년부터 검정으로 전환한다고 밝혔다. 잘못된 교과서 내용이라도 출판사가 거부하면 심사에서 통과시키는 조항도 마련했다고 한다. Ⓑ 역사·정치·경제·문화 등 다양한 내용을 담는 초등 사회 교과서까지 검정으로 전환하겠다는 발상은 철회돼야 한다.

우리 교육 현장은 좌파 세력이 사실상 독점하고 있다. 17명 시·도 교육감 중 14명이 좌파 성향, 이 가운데 10명은 전교조 출신이다. 일부 좌파 교육감들은 당선되자마자 첫 공동 행보로 중·고교 한국사

보조 교재를 만들었다. 그 교재는 '대한민국은 한반도 유일 합법 정부' '자유민주주의'가 빠졌다. 6.25 남침(南侵)과 천안함 폭침, 연평도 포격 사건 등 북한 군사 도발과 북한의 인권 문제, 3대 세습 문제도 없다. 대신 대한민국이 성취한 기적적 산업화와 경제성장은 저평가하고 있다.

조희연 서울교육감과 김석준 부산교육감은 전교조 출신 해직 교사 8명을 최근 특별 채용하기까지 했다. 이들의 해직 이유는 선거에서 친전교조 후보에게 돈을 대주며 조직적 선거운동을 했거나, "(김일성) 항일 무장투쟁의 불길 속에서 참다운 주체형의 공산주의 혁명가들이 자란다"는 등 북한 주장을 그대로 실은 자료를 만들고 배포한 것이다. 법원에서 유죄가 확정돼 6~10년 전에 해직된 사람들을 "교육의 공익적 가치 실현을 위해 힘써왔다"며 학교로 다시 불러들인 것이다. 현재 교사 임용 대기자들이 3400명이 넘고 임용 시험을 준비하는 청년이 수만 명에 이른다. 전교조 해직 교사 특채는 '채용 비리'나 마찬가지다.

이렇듯 좌파 교육 권력의 억지와 무리수가 판치는 상황에서 초등학교 사회 과목까지 검정을 허용하면 어떤 일이 벌어질지 생각만 해도 섬뜩하다. 북한은 미화하고 대한민국의 정통성은 폄하하는 ⓒ 왜곡된 역사관이 어린 학생들의 빈 도화지 같은 머릿속에 심어질 것이다. 어린 학생들에게 편향된 역사관이 한번 주입되면 고치기도 쉽지 않다. 학부모들이 나서서 이 일만큼은 막아야 한다.

[부록 B]

Positioning of Discourse in Korean Education

Positioning of Discourse in Korean Education

Heo, Seonik Changwon Science High School

I. Introduction

As widely acknowledged, language is a vehicle for man's thoughts and feelings. Especially discourse[1] as language use is not only the performance of a task but also the construction and reproduction of social relation, social identity and power relations. In this respect, discourse as a product of social activity is a significant concept of the individual and societal level. It is all the better for the students because they will get along with others who communicate with them. For them, at the same time, it is learning media to see how it does, how it works effectively and how it has to be used. In Korean[2] education(Korean as native language), we should teach them.

---

1   In this article discourse is used to embrace the concept of text which is part of language use or written language. This terminology reflects the fact that discourse as a social practice has been regarded as a critical discourse analysis. And it is a theoretical concept which has the denotation of language use, that is, written language and spoken language.

2   According to the phrase of National Language Curriculum, common course subject *national language* as a English subject name might be used. However, the term 'national language' is not widely accepted except in Korea and Japan (in this country as a result of militarism). So, this term is not used obstinately and the term Korean education is used to refer to native language education in this article.

Owing an awareness to the crisis of grammar education, studies on identity and position of school grammar have increased in Korean education (Heo Seonik, 2009). The contents, goal and various teaching methods of grammar education have been proposed. In those proposals, the contents of discourse education or discourse grammar have been constructed. It is not clear where discourse education is and what we should teach, however. That being said, appropriateness of doing discourse education has been made known, there is still a lack of concreteness about how and what we should do. Sources of this defect would be many. First of all, what is discourse and what functions of introducing it is in Korean education not have been clear.[3] It could be noted that there is deficiency of concreteness of contents and the role of discourse in Korean curriculum and textbooks. And there is ignorance of the social function of language at the base of this. The latter means that discourse that might cover realm in Korean education is narrow. That is, the thought that discourse is a social practice is not reflected in Korean education curriculum properly. The role of discourse is only another level of explanation about language use. Disorder of terminology, between discourse and text, is likely to work as a secondary factor that causes discourse education to be insufficient. So, the concept of discourse to which corresponds with the goal of Korean education should be established. And the contents of discourse competence should be constructed by it. To do so, the position of discourse in Korean education should be clear.

---

3   Actually, textbook, published according to the 2009 revision curriculum, *Korean I* for highschool, includes a composition lesson which is composed of concepts like cohesion and coherence. These are concepts of discourse. This fact reflects that composition and discourse are not strictly discernible in the textbook writer's intention or curriculum designer's mind.

II. Raising Issues and Goals of the Study

The term discourse was first introduced in the 7th Korean curriculum (henceforth KC).[4] As an 'object of understanding Korean', discourse is one of the elements of grammar such as the following: phoneme, word, vocabulary, and meaning. Though it has a narrow[5] role, discourse has a part in grammar education. In the 2009 revision of KC, discourse referred to spoken language data which show its use.[6·7] There are not any expression about discourse except addressing genre.[8] In this case it is always contrast to the term text.[9] If we take into consideration this situation, the reason for introducing discourse into Korean education is not clear.[10]

If the reason for this is an economic one, it would not be the case. If so, spoken data which corresponds to written data would be more

---

4　More accurately it appears as *iyagi* (or discourse) in the 4th KC. It's in the 6th KC that the concept of discourse has a role in units of communication.

5　It is narrow in that discourse is limited to the part of grammar. So to speak, as objects of inquiry, structure, conception, and meaning of discourse are presented. It is irony that the concept of discourse is being taught but we are not teaching of its practice.

6　In KC, *Korean* used data that have been composed of three parts; discourse, writing and literature work. There is a general tendency to refer written language to text, and spoken language to discourse. But in this article, as pointed out before, discourse is used to indicate written and spoken language. The reason will be addressed below.

7　In Heo Jaeyoung and Seong Heuiyoung (2013: 62~63), the transition of the usage of text and discourse is scrutinized in domestic and overseas studies (Goffman, 1981; Halliday and Hasan, 1976; Widdowson, 1979; van Dijk, 1977). They point out disorder of the usage, and also refer discourse to spoken language (in *speech*). On the other hand, Lim Gyuhong (2012) points out that scholars have their own extensions according to their disciplines.

8　In *Reading and Grammar*, it is used partially (cf. footnote 4).

9　It is rarely possible for everyone to use terminology unanimously at one time, but it need be suitable to achieve an educational goal.

10　Although there are contents for discourse teaching in a selective subject in *Reading and Grammar* partly, those who don't select it can't have the opportunity to understand them. In this case, the reason for determining selective subjects should be transparent. The core or common contents of discourse teaching should be established and its rationale should be validated.

proper because it is more noticeable and economic. When we take into consideration that the term text[11 · 12] has not been used, using the term would not be more equitable.

I suspect this problem might result from the presupposition that written language and spoken language are strictly different.[13] These have more common things than discrete things in language usage. For example, the presentation of a report after writing on some films: what is it? Is it spoken or written language? In Korean education, it is natural that we focus not on difference but on similarity.[14] A way to teach and treat them is that we could constitute the contents of teaching focused on features of them respectively in the elementary school. We could also center around contents consolidating them to develop communication competence in upper middle school. When we do that, the way of consolidation between different media would be open.

The more important thing we need to attention to is that there have been no relations between 『Reading and Grammar』, 『Speech and Composition』, and high school 『Korean I』 or 『Korean II』. In a view of logic of the curriculum, the contents of discourse teaching in these textbooks should be related to spoken language. But there isn't any correlation between them.

Eventually the concept of discourse is limited to the conception, structure and meaning of it. If the content of textbooks have been constructed like this, it might be impossible to teach students discourse as a language use. So we needs to establish the concept and a

---

11 In the 2009 revision KC, the term *geul* (or writing) is used. Rather, it is more proper to use *deongi-s-geul* (or text) which corresponds to text rather than to use *geul*. *Geul* is not addressed in a grammar area, as Lim Gyuhong (2010) pointed out.

12 In Korean education studies, it is practice to consider that production is related to discourse, whereas expression occasionally corresponds to text.

13 This means written language and spoken language only have something in common.

14 As have been pointed out by Chafe (1982), Ong (1982), Halliday and Hasan (1976), there are distinguishable differences between written language and spoken language. What is more important feature should be determined in teaching. It is register that would be one of them.

new realm of discourse. And we need to widen its scope.[15]

To achieve this goal, it needs to identify the concept of discourse. First of all, discrimination of the concept between grammar and discourse will be made in this paper. To identify the concept of discourse, I distinguish discourse and grammar which confines object of study to under sentence. And then, because the term discourse and text have been widely used in the studies of communication and language, it is useful to make use of them for further discussion about discourse. Through this argument, the level of addressing discourse is plain in discourse education. Then we can establish the contents of discourse education. Finally, it is reasonable to present the practices of applying what has been discussed in this paper. Doing so, the discussion of this paper would have concreteness and justification.

III. Concept of Discourse and Contents of Discourse Teaching

1. Concept of discourse vs grammar

Discourse consists of written language and spoken language. These are divided into subparts according to the activity in which they are used: reading, writing, listening and speaking. So, learning to use Korean means discourse learning. Language use itself would be impossible with isolated sentence in a sense. For example, a one-line advertisement, on the assumption of having internal linguistic knowledge of the mother tongue inherently, might be possible to understand wholly when we realize when it is used, where it is, and

---

15 This paper is different from that of Lim Gyuhong (2007) in that this paper insists on the demanding of teaching discourse in grammar and communication widely, while Lim Gyuhong (2007) argues the necessity of teaching it in grammar. That is to say, owing to achievements so far (cf. Lim Gyuhong, 2007) and to the 2009 revision KC, it is ready to support the logical need to teach discourse grammar to some degree.

what comes together.

What we say one can understand an utterance or a text whatever the length of it may be, we mean that one primarily has knowledge of a language. It also means that one has the knowledge of its usage. Knowledge of language has been called grammar. Knowledge of given language or grammar is, currently assumed to be innate in humans (cf. Kim Jeehong 2010) and important to be obedient to rules which are inherent in a language. That is to say, it is more important to consider rules than interlocutor and context or situation. Complying to rules or parameters[16] of grammar determines the acceptability of expressions. Grammar in this dimension focuses on explaining and identifying particular grammar rules and units which belong to a sentence. Hierarchy of language units (1) represent the objects of traditional school grammar, and each unit has been treated roughly under the name of phonology, morphology, semantics, syntax, etc.[17] These are subcategories of grammar,[18] and each member is devoted to discover and search rules which work on units to construct a sentence.

(1) hierarchy of language units
sound ≤ syllable ≤ [phoneme] ≤ morpheme ≤ word ≤ word cluster ≤ phrase ≤ sentence

When we consider aspects of language use, grammar in this case, they are not sufficient for explaining other parts of units of grammar. In other words, hierarchy has been shown in (1) is needed to lengthen to encompass language use as in (2).

---

16   For example, there is an honorific system in Korean.

17   Morris (1938) has classified semiotics into syntax, semantics and pragmatics (recite in Song Kyongsook, 2003: 17). Song (2003) has introduced the methodology of discourse study: pragmatics, speech act theory, conversational analysis, variation analysis, interactional sociolinguistic and ethnography of communication.

18   The term grammar fluctuates to indicate parts of studies on language from all of the given studies to only syntax. For the sake of explanation, in this context, it indicates all of the inquiries into language except for discourse.

(2) prolonged hierarchy of language units
sound ≤ syllable≤ [phoneme] ≤ morpheme ≤ word ≤ word cluster ≤ phrase ≤ sentence ≤ **paragraph ≤ text or discourse**

If we consider the prolonged hierarchy of language units in (2), it would be transparent that traditional school grammar units is insufficient. Because these aspects of language units go beyond the boundaries of a sentence. Actually sentences' sequence compose discourse: classroom discourse (among others, Baek Jeong-i, 2010), dealing discourse (Seo Yugyeong 2004), etc.

In discourse as language use, it is important to consider interlocutor, context and situation for communicating smoothly. This point may be well explained by considering a situation of a conversation.[19] Conversation between interlocutors will progress differently according to the interlocutors.[20] For example, student-student dialogue and student-teacher dialogue are different from each other because of the change in participants. Even in a student-student one that has same characters, the conversation will be different due to where and when it takes place. Place and time always change and they alter situations, for the better or worse. Even in a single sentence, the meaning of a sentence fluctuates according to context.[21]

A summary of the discussion so far will be shown in table 1.

Table 1. differences between grammar and discourse

Level	Language units	Acceptability	
		Criterion	Element or rationale
grammatical	from sound/alphabet to sentence	grammaticality	grammar
discursive	from sentence to text or discourse	relevance	interlocutor, context or situation

---

19 Conversation is basal communication as indicated in Heo Seonik (2013: 13).
20 It indicate both speaker-hearer and writer-reader.
21 For example, "I'll come tomorrow." has several meanings: a promise, threat and willingness.

In table 1, relevance is a concept from an application of Wilson and Sperber (1986). It's a byproduct of humanity that appears in the process of communication. Man has a tendency to give one's attention to something related to himself. It affects the context of communication which makes possible trade-off for information at the least cost and lessens the cognitive load of interlocutors. It also makes the situation or context concrete afterwards successively.

So far I have discussed the need for the concept of discourse in contrast to grammar. This argument will be requisite for a proposal to educate discourse. This implies not that grammar education doesn't need to be done but that discourse education should be executed more actively and different from grammar.[22] This implies that discourse is not only a part of an object of grammar but also an independent realm of communication.

2. Dimension of discourse: internal vs external

I will use the term discourse as a metalanguage to cover written language ($\rightleftharpoons$ text) and spoken language ($\rightleftharpoons$ discourse) in this article. It is assumed that discourse as a language use has two aspects in this article.

These aspects is divided into two dimensions: internal and external. Internal means the elements which exist in discourse interrelate and work to form self-contained discourse. Sources which are in discourse are utilized, for participants in order to construct and form, information and interaction between interlocutors in discourse. External means that the constituents of discourse contribute so that participants can integrate and generate information and interaction[23 · 24]

---

22 The idea that grammar treats the order of words seems incompatible with this proposal because discourse is a kind of word. That is not the case. I only stress the necessity of discourse education.

23 Kintsch (1998), proposing a comprehension model as a comprehender's reading process, consider comprehension as a construct-integration process of information.

between interlocutors can happen beyond a discourse. Such a distinction may require not so much for discourse study itself but for discourse education because it needs to consider the phase and easiness[25] of teaching in preparation and design of contents of education.

The difference of these dimensions will be shown in table 2.1 and continued in table 2.2 which is devoted to the application of these dimensions. This distinction will help us design the contents of discourse education. On the other hand, it will bring to us what should be taught in both dimensions.

Table 2.1. contrast between dimensions: internal and external

Dimension	Range	Discursive Factors		
		Elements	Activity	Required sources
internal	in a dscourse	cohesion	construction and formation of information or interaction	basal literacy and oracy
		coherence		↓↑↓↑↓↑↓↑↓↑
external	beyond a discourse	Strategies of communication	integration and generation of information or interaction	knowledge of practice of communication, world knowledge

---

I borrowed from his concept. To integrate information which exists in discourse, it needs to use resources which are in a comprehender's mind. These resources include background knowledge and world knowledge.

24 In KC (Ministry of Education, Science and Technology, 2012), the purpose of communication is divided into three subsets: conveyance of information, persuasive writing/speaking and the expression of friendship and emotion. I suggest that these are classified into roughly two subparts: trading-off information and interaction. They are centered around the goal of the speaker and hearer according to focus. Such a distinction is more explanatory in that genres of discourse have a tendency to have a fuzziness about them. This fuzziness will be shown as follows:

←	More informative	informative+interactive	more interactive	→
expository lectures	text - report -	essay -	miscellany - private intimate	letters dialogue

25 It means that the presentation of content and method of teaching should be constructed in order of level. the low level of learning is more familiar, more frequent, easier and more contactable.

Until now, I have set the scope of treating language units. This may show a kind of inclusive relation as seen in figure 1. Figure 1 implies that base of study on discourse is grammar, but addressing discourse need to broaden its scope goes beyond a sentence. Dealing with dicourse, the focus of analysis and study could be seen in two dimensions: internal and external.

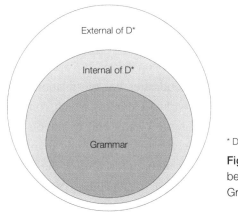

* D is the abbreviation for discourse

Figure 1. the inclusive relation between Discourse and Grammar

In conclusion, the basis of all communication is grammar which results in the production and understanding of acceptable expressions. Since the object of communication is discursive, it's education is discourse education and internal dimensions concentrate on the production and expression of coherent and cohesive discourse. Further, it needs to the effective communication which might take into consideration interaction with other interlocutor(s). In the external dimension, such an efficient interaction may be attained through various communication strategies. Strategies of communication could be available if we presuppose interaction.

1) foci of internal dimension in terms of discourse education

Because the dimension of discourse have been explicated, I will begin at the focus of discourse study. I will briefly address the core of discourse nature in the internal dimension first. First of all, it is important to identify whether a sequence of utterances or clusters of a sentence is discourse in the internal approach of discourse. It is textuality that could be used as the criterion. Textuality has been discussed widely. Beaugrande and Dressler (1981) have indicated seven criteria of textuality: cohesion, coherence, intentionality, acceptability,[26] informativeness, situationality, and intertextuality. Though we could consider all these criteria, we can't consider all of them in detail, especially under middle school, in an educational context because there is variation between them in the scope of application and the importance of them.[27] Cohesion has been taken as capital criteria in the study of textuality. Cohesion indicates linkage relation which results from a dependence on individual elements which constitute a discourse. It has been identified more clearly and works on more elements of discourse more frequently and consistently than other criteria. Therefore, it is the primary content of teaching of the internal dimension in discourse education. Focus of teaching consist of the recognition of types of cohesion in this dimension.

According to Halliday and Hasan (1976), there are five types of cohesion: substitution, ellipsis, reference, conjunction, and lexical cohesion. These cohesive devices make a discourse more clear and concise, which in turn contributes positively to meaning construction and interaction with hearers and readers. The devices, also, help interlocutors more effectively acquire information[28] and interact with each other relevantly.

Construction and formation of interaction are taken into account property of discourse activity in this dimension.[29] Discourse is self-

---

26   It is not identical to that of table 1. In table 1 it is a superordinate concept which encompasses grammaticality and relevance.

27   Even Beaugrande and Dressler, the first proposers of these criteria, have pointed out its variability. For other additory explanations, see Renkema (1992: 63).

28   Information covers meaning, idea and feeling which would appear in a discourse.

29   Kintsch (1998) addressed construction as a process of comprehension. Here I propose

contained and an object of construction and formation in a given discourse for smooth communication in the dimension. Therefore a speaker or writer who can't construct and form discourse could not be a competent speaker. What is worse is that he could not be an interactive community member. Construction and formation of discourse is necessitated to both expression and understanding. Awareness of cohesion keeps the relevance of production and make the comprehender's records memorable. So the internal dimension of discourse, especially cohesion, should be the basic content of teaching.

There is a constitution of micro-proposition ($\fallingdotseq$ micro-theme) in discourse. This micro-proposition is not a stable proposition, but a temporal one. That is to say, it has a text or discourse base and it is easy to vary through the process of dialogue or reading in the process of the constitution of theme, especially like this kind of micro-theme, coherence would occur in a range and it would be often judged that coherence doesn't exist when a range of micro-proposition goes over a given discourse.[30] It is well explained with the following example.[31]

(3) Jeongrae Jo wrote more than 20 novels. Will you have dinner with me tonight?

At first glance, these two sentences have no linkage relation. but if we take into consideration the situation that there is a dinner wager on how many novels Jeongrae Jo has written it make sense. As a result, someone has to serve dinner. When we think collectively about this situation, it has coherence. To grasp its coherent mean-

---

the formation to encompass an aspect of production. Construction corresponds to the aspect of understanding, while formation corresponds to aspect of expression in a discourse.

30 As an example of a non-lingual source, the sequence and conventionalized knowledge have been indicated in Brown and Yule (1983).

31 Following the example shows coherence which goes beyond discourse. I only want to emphasize a lot of coherence has an aspect of external dimension.

ing, it needs to consider situation. In order to reflect on this fact, the coherence range from internal dimension to external dimension in table 2.1.

2) foci of external dimension in terms of discourse education

The external dimension is related to the enlargement of the interlocutor's mind. That is to say, based on what discourse says, it needs to be involved in the interpretation and reception of information or interaction in an interlocutor's mind to integrate it. It needs to keep discourse records and recall information which has been in the producer's mind or memory in order to generate information and interaction related to discourse.

The integration and generation of information and interaction is requisite to both production and understanding just as constitution and formation are. In the process of production, integration works to recall discourse records and take into account the coherence of newly updated contents.[32] This is the procedure of understanding, integration of discourse into what one have known already is arisen. In the summary task, a generation of macro-proposition (≒theme of whole discourse) would be generated if it is needed. In the production and comprehension, integration and generation work through the whole process whether it is conscious or not.

Generation of interaction means that relations between interlocutors that already have been formed change according to the contents or aspects of discourse. Contrary to the formation of relations in the internal dimension, it reflects the fact that relations formed more concretely. For example, two participants who do not know each other, as discourse develops, the relations may vary considerably. The relation of the speaker and hearer will change into friends, lovers, enemies, etc. That is, the relations have been made more concrete.

---

32 Macro-proposition of a discourse do not always come from interlocutor's mind. As noted in van Dijk (1980), there's zero rules which generates macro-proposition.

Because text has interrelation between textures, participants such as the speaker or reader should recognize it. This recognition is inclusive in generation.[33] In conclusion, relevance to discourse situation and interlocutors might be gained through integration and generation. The comprehension of a situation should take place to accomplish proper integration and generation of information and interaction because fixed meanings of a expression and unchanging relations are unlikely to exist. Additionally, strategies of communication should be used to understand and express harmonious and effective communication according to types of discourse.

3) provisional conclusion

In the discussion so far, textuality which shows the nature of discourse, cohesion and coherence which belong to textuality might be the contents of teaching for discourse at stand point of internal dimension. In the internal dimension, construction and formation of information and interaction is executed in discourse.

Integration and generation of information is requisite to production and understanding in the external dimension. A series of studies, for example Heo Seonik (2007, 2010, 2013b, 2014a[34 · 35]) have showed how most students generate and integrate information. These studies indicate that constitution and formation have been discovered in some degree, but integration and generation haven't. As a result, a

---

33 In the era of electricity, hyper text is well used. Integration and generation will be more needed in communication through hypertext.

34 Heo Seonik (2014a) shows the consequence of analyzing hearer's constitution of a situation model (according to Kintsh, 1998) making use of a qualitative method. 4 Remarkable features have been identified. One of them is the deficiency of the metalanguage and recognition of maco structure. Metalanguage should result from a students' background knowledge.

35 Heo Seonik (2007) studies aspects of utilizing other texts for expository text. Heo Seonik (2010) also shows aspects of the summarization of essay. Heo Seonik (2013b) analyzed students' essay summarization to identify the summary rule. Focus of study of Heo Seonik (2014a) has shaped of the situation model of listening comprehension for high school students. These studies encompass writing, reading and hearing.

situation model which could take various shapes is not sufficient for integration and generation of information and interaction. The fact that students don't integrate and generate information and interaction correctly is problematic. This means that students can not generate new knowledge and view phenomena from their own critical perspective against another's view.[36] In this context, discourse education, more specifically the practice of strategies of communication, is most needed. Effective strategies of communication should be mobilized more actively.

3. Implication for discourse teaching

The implication for discourse teaching will be treated, as before, in two dimensions. Because two dimensions do not imply that they have stage, these don't need to divorce. That being said, these could be taught in the same discourse activity in a task.

In the internal dimension, the goal of teaching discourse is recognition and practice of basic discourse type. This goal reflects the principles which are innate to discourse should be taught in this dimension. Principles which should be taught is not simple and easy but basic and obligatory. For these principles, we should teach these contents : cohesive device, summarization rule[37] and management of interaction.[38]

---

36 This idea would be thought real state of Korean Education is extremely exaggerated but if we scrutinize classroom of reading and writing, and take count of Heo Seonik's discussions, it would not be the case. This situation is not restricted to Korean Education. In America 45% of university students don't progress remarkably in composition and critical thinking (Arum and Roksa, 2011)

37 Heo Seonik (2010) distinguished a summarization in a broad sense from one in a narrow sense of word. The former indicates a more general summarization rule which applies to most of texts freely. The latter represents a more specific summarization which is specific to particular genre or task. In internal dimension summarization indicates the former summarization which includes information accretion and information deletion. They have been proposed as the five summary rule in van Dijk (1980).

38 In speaking, the management of interaction is treated by Heo Seonik(2013a) which

(4) content of discourse teaching in the internal dimension[39]

a. textuality – coherence, cohesion – cohesive device – repetition, ellipsis, substitution. conjunction, lexical chain

b. summarization rule – selection, deletion, generalization, zero rule, construction

c. management of interaction – governing rules of interaction – rules of taking – turn, intervening, schema, deixis[40]

Since (4a) has been explicated before, I will begin with (4b). (4b) is related to basal literacy while (4c) is basic oracy. Summarization could be presented as a task in two dimensions. At internal dimension, it is performed via construction and formation. So to speak, the summarization could be executed by the construction and formation of contents which are in a discourse in this dimension. (4c) is needed to form interaction. First of all, the turn assignment rule (Levelt, 1989: 31; Heo Seonik, 2013), adjacent pairs (Clark, 1996: 197ff; Heo Seonik, 2013) should be recognised and practiced as governing interaction rules or aspects. Knowledge of the schema, which is named differently frame or script, is helpful for teaching to form interaction.

Achievement of this goal would be more convenient through basic discourse activities and genesis like text-based summarization or introduction of oneself in front of class. It should be remembered that written language data and spoken data are treated equally.

(5) content of discourse teaching at external dimension: strategies of communication[41]

---

applies Levelt (1989) to Korean.

39   '-' indicate level of details. That is to say, there are four levels in a. Moving from left to right shows more details.

40   This is not translated properly into Korean. It's meaning is a discourse situation oriented reference. In some case, it refers an object that go beyond a discourse. However most of it's referent is delimited in a discourse. For more details, see Renkema (1992).

41   Summarization is treated specially in (5). Because summarization is core part of producing and comprehension, regardless of grade or level and difference of media.

a. summarization strategies – accretion and reduction of information – inference; proposition and implication

b. contextualization – rules of politeness, cooperative principle, conventions of discourse, knowledge of discourse frame, rhetorics[42]

c. self-regulation – revision – substitution, amalgamate, addition, deletion

In briefly, the contents of external dimension for discourse teaching are strategies of communication. This could contain several strategies which connect discourse to the real world via an interlocutor's mind. Therefore, making use of strategies[43] of communication is most important in the external dimension. This does not mean that strategies, if any, are not important in the internal dimension. Rather, this means that those are restricted and finite. It is a strategy related to the external dimension that requires a real performance. The problem of designing contents to teach discourse strategies is not simple. A few strategies have been discovered, and even they are not elaborated enough to apply to discourse teaching.[44] So, I will present only a few of strategies which are widely acknowledged and relatively clear in the study of discourse. These are divided roughly into three subcategories as in (5). In the design of these categories, I tried to cover four communication activities: reading, writing, speaking and hearing. (5a) is related to literacy, that is, the ability to read and write. (5b) is related to oracy, that is, the competence to speak and hear. This distinction may not apply to four areas strictly. For example, cooperative

---

The significance of summarization has been widely discussed (Heo Soenik, 2010, among others).

42 Rhetorics is a undeveloped field in Korean education. Though several of rhetorical techniques are illogical, it bases the logic. So, as a kind of logical training its teaching should be encouraged upper high school. Kim Yonggyu (2007) would be helpful for a realistic reference.

43 Since strategy is related to war, the term cognitive activity or cognitive ability is preferred recently (Levy and Ransdell, 1996).

44 Although the circumstance is not good, it is valuable to the endeavor to elicit contents of dicourse teaching. More effort is needed to apply appropriately this to the context of education.

principle in (5b) would be applied to writing a letter and strategies of summarization would be applied to hearing a lecture.[45]

Because (4a) has properties of the internal, contrary to (4), the textuality of (4a) is omitted in (5). (5a) becomes simpler than (4b), but accretion and reduction of information needs high level thinking, that is to say, inference. According to Kintsch (1993), inference is roughly divided into two categories. These are either automated or controlled. Controlled inference especially need to composition and decomposition of discourse. The meaning of presupposition and implication could be gained through inference.

In (5b), contextualization means that expression and production is to be made appropriately in the context of discourse. The complication of it depends on the communication activity, but the contents of teaching have not any specification centered around core principle or strategy in KC.

Politeness strategies originated in Goffman (1956), and are developed by Brown & Levinson (1978). They are needed for interaction in various situation. They would make expression more careful, so it would make interpersonal relations smooth. The contents of politeness strategies might be 1) the effect of indirect expression, 2) the grade of politeness, and 3) the felicity condition of illocution.[46] Both daily conversation and writing of essays might necessitate politeness strategies. Habermas (1981) proposes a basic illocution of verbs: invite, presume, defy, offer condolences, request, describe, acquit, guarantee, and order (recite in Renkema, 1992: 51). For extension of thinking skills, an inquiry of the felicity of these verbs will be helpful.

Grice's cooperative principle is relatively well known. These principles governing cooperation in conversation are two fold. One rule

---

45   The discussion of application on the main learning activity of a realm (i.e. speaking), to a another (i.e. writing) is to go beyond the scope of this paper.

46   This idea comes from Austin (1976). He distinguished utterance in three kinds of speech acts: locution, illocution, perlocution. In theory of speech acts, the most interesting is illocution.

is for the allocation of turns, which is presented in (4c). The other is the characterization of the contribution of participants. Although it is vague to some degree as in maxim of quantity, four maxims could be used as a means of care for others in the writing of expository text, essay, or greetings.

A frame[47] is mental construction that forms the method which we view our world(Lakoff, 2004: 11). And it reflects our mode of thinking, planning and ways of deciding. Though Lakoff says it in regards of discourse of politics, it shows us a method of language use. So, it is helpful to comprehend another's intention and express one's thought within these frames in daily life. The difference of frame reflect especially the distinction of opinion and idea, so comprehension of it will be useful in negotiation, debate, and public speech.

(5c) has been neglected in Korean education but reflexive awareness of oneself is human nature. Especially, communication as intention realization, it is always necessary.[48] The degree of manifestation of it would be variable from person to person, so completeness of discourse may result from this, but not all, of course.

Knowledge on types of discourse is identified by Im Chilsung (2008), which classified genres of speech by a criterion of sememe into eight genres in the 2007 revision KC. When determining what should be taught related to the types of discourse is important to consider authenticity. That being said, it is not the easiness of teaching but usefulness when students enter college or work place. So, discourse teaching for types of discourse should focus on academic or professional context in high school.[49]

---

47 It' meaning has related to Lakoff. It has been used differently in cognitive science, which has same meaning of script as in (4c).

48 In Heo Seonik (2014), native language awareness as specific kind of introspection has been proposed. Self-monitoring is needed in communication, whether it is conscious or not,

49 As subjects for achievement of this goal, there are *Korean II*, *Speech and Composition*, *Reading and Grammar* in sub-subject of Korean at high school.

Summary of discussion has done so far is below.

Table 2.2. contrast between dimensions: internal and external

Dimension	Teacing-Learning		Representative teaching-learning activity	
	Goal	Details	Reading & Writings	Speaking &Hearing
internal	recognition and practice of discourse of bsic genre	repetition, ellipsis, substitution lexical chain, conjunction, schema, etc.	text-base summarization	Introduction oneself in fornt of class
external	practical use of srategies	rules of politeness, cooperative principle, knowledge on types of discourse, rhetorics frame, self-regulation, etc.	summarization based on situation model	entrance interview

IV. Practice of Discourse Teaching

Here, I will introduce an example of teaching, on the basis of the debate. The script used in teaching is Martin Ruther King (1929-1968)'s speech[50] in the Washington peace march. This discourse is persuasive and an example of using effective strategies. I will plan a teaching-learning activity to be centered around each question. The lesson plan was designed in two steps: internal dimension and external dimension.[51]

(6) teacher question in the internal dimension
  a. What is the topic of this script?
    - what is not coherent to this topic?

---

50 This script is presented in <appendix> in Korean. This text is in *Speech and Composition* was published as a textbook according to 2009 revision KC.

51 Of course, this example can not show all of the lesson plan. That is to say, writing (i.e. a letter to him) and speaking (i.e. performance of his voice or students' own text in a self-selecting theme) activity could be possible. I will only focus on what I have discussed here.

b. Is the connection between sentences natural?

c. What element of a cohesive device being used?

d. What is the referent in the phrase 'this place, we' etc?

e. What word is in relation to manacles, Negro, dream, prison etc.(in lexical chain with)?

f. Summarize this text, keeping in mind 'what is his dream?'

(7) teacher question in the external dimension

a. How did use the rules of politeness?

b. What did he suppose the audience would know?

c. On the base of frame that we have learned, what word should he not use? (for example, Negro)

d. What strategies of communication have been used?
  - to emphasize the sadly crippled life of Negro
  - to justify his assertion
  - to elicit of the cooperation of Negro
  - to elicit of the cooperation of White

e. What features of the text of this speech have appeared?

f. What cooperative rule has been violated intentionally?
  - why? when?
  - if in your case, could it be utilized?

V. Conclusion

Until now, I have discussed the positioning of discourse. Distinction between grammar and discourse is established in terms of concept of acceptability and relevance and scope of dealing with language units. This is favorable in order to set up a goal of discourse teaching. To present discourse teaching contents concretely, I have divided the dimensions of discourse into two: internal and external. According to this division, the order of discourse teaching is transparent. In the process of discussion, on the basis of the assumption that the groundwork of strategies is to interact with interlocutor(s), I stress that strategies of communication are contents of discourse education. As a result, the contents of teaching become abundant. However the hierarchy of contents for discourse teaching is not strict. This is a residual issue for the next article.

*   Submitted: 2014.10.31.
    first Revision Received: 2014.11.30.
    Accepted: 2014.11.30.

REFERENCES

Arum and Roksa (2011). *Academically Adrift*. University of Chicago Press.

Austin (1976). *How to do things with words*. Harvard University Press.

Beaufort (2007). *College Writing and Beyond*. Utah State University Press.

Beaugrande and Dressler (1981). *Introduction to textlinguistics* (translated into Korean by Taeok Kim (1990), 『텍스트언어학 입문』, Yangyeonggak).

Brown, P., and Levinson (1978). *Politeness*. Cambridge University Press.

Brown, G., and Yule (1983). *Discourse analysis*. Cambridge Univ. Press.

Clark, *Using Language* (translated into Korean by Jeehong Kim (2009), 『언어사용 밑바닥에 깔린 원리』, Kyungjin).

van Dijk (1980). *Macrostructures*. Lawrence Erlbaum Associates.

Fairclough (2001). *Language and Power*, Pearson Education (translated into Korean by Jeehong Kim (2011), 『언어와 권력』, Kyungjin Publishing Company).

Halliday and Hasan (1976). *Cohesion in English*. Longman.

Kintsch, W. (1993). Information accretion and reduction in text processing: Inferences, *Discourse Process*, 16, 193-202.

_____ (1998). *Comprehension* (translated into Korean by Jeehong Kim and Seonmo Mun (2010), 『이해』, Nanam).

Lakoff (2004). *Don't think of an elephant* (translated into Korean by Nayoung Yu (2006), 『코끼리는 생각하지 마』, Sam-in).

Levelt (1989). *Speaking* (translated into Korean by Jeehong Kim (2008), 『말하기』, Nanam).

Levy and Ransdell (1996). *Science of Writing*. Lawrence Erlbaum.

Renkema, J. (1992). *Discourse Studies* (translated into Korean by Wonpyo Lee (1996), 『담화연구의 기초』, Hankook-munhwasa).

Sperber, D., and Wilson, D. (1986). *Relevance*. Havard University Press (translated into Korean by Tae-ok Kim and Hyonho Lee (1994), 『인지적 화용론』, Hanshin Publishing Co.).

교육과학기술부(2012), 『국어과 교육과정』.

강연임(2013), 『매체와 텍스트』, 한국문화사.

김용규(2007), 『설득의 논리학』, 웅진 지식하우스.

김은성, 「문법교육 내용의 표상체로서의 담화」, 『문법교육』 16, 83-110.

김지홍(2010), 『언어의 심층과 언어교육』, 경진문화사.

백정이(2010), 「교실수업담화 구성교육 내용 연구」, 서울대학교대학원 석사학위논문.

서유경(2004), 「비즈니스 대화의 구조 및 단계별 발화 특징 연구」, 연세대학교대학원 석사학위논문.

송경숙(2003), 『담화 화용론』, 한국문화사.

윤석민(2011), 「텍스트언어학과 화용론」, 『한국어의미학』 34, 1-24.

임규홍(2007), 「담화 문법 교육에 대하여」, 『문법교육』 4, 161-183.

_____(2010), 「'문법'과 '독서'의 통합성」, 『문법교육』 12, 39-64.

_____(2012), 「탐구학습을 통한 담화문법지도 방법에 대하여」, 『문법교육』 16, 297-326.

임칠성(2008), 「화법 교육과정의 '담화 유형'에 대한 범주적 접근」, 『한국화법학회 제17회 전국학술대회 논문집』.

허선익(2007), 「설명문 쓰기에서 다른 덩잇글의 활용 양상」, 『배달말』 39, 299-338.

_____(2010), 「논설문 요약글의 산출과정에 관련된 변인 분석」, 경상대학교대학원 박사학위논문.

_____(2013a), 『국어교육을 위한 말하기의 기본 개념』, 도서출판 경진.

_____(2013b), 「논설문 요약의 과정에 관련된 요약 규칙과 덩잇글 활용 양상 분석」, 『국어교육연구』 52집, 231-262.

_____(2014a), 「듣고 이해하기에서 청자의 상황 모형 구성 분석」, 『국어교육연구』 55집, 77-114.

_____(2014b), 「국어의식의 자리매김」, 『국어교육』 146, 121-144.

허재영·성희영(2013), 「문법의 담화와 화법의 담화」, 『한국문법교육학회 제18차 전국학술대회 자료집』, 61-72.

ABSTRACT

Positioning of Discourse in Korean Education

Heo, Seonik

This study investigated the position of discourse in Korean education. First I have discussed the necessity of argument, pointing out the fact that the contents of discourse teaching is not sufficient. For the goal of discourse education to be apparent, I have distinguished discourse from grammar. Dividing it into two dimensions, I have presented it according to these dimensions. In the internal dimension, comprehension and expression of cohesive and coherent discourse have been set up as a teaching-learning activity. On the contrary, strategies of communication have been an established goal of the teaching-learning activity. The strictness and hierarchy of these contents in teaching setting should be residual issues for further debate.

KEYWORDS internal dimension, external dimension, textuality, interaction, strategy of communication, discourse teaching

Martin Luther King' text of speech in Washington peace march

나에게는 꿈이 있습니다

마틴 루서 킹

저는 오늘 우리 역사에서 자유를 위한 가장 위대한 행진으로 기억될 이 자리에 여러분과 함께하게 되어 기쁩니다.

100년 전, 우리 위대한 미국인(링컨 대통령)이 노예 해방령에 서명했습니다. 지금 우리는 그를 상징하는 자리에 서 있습니다. 그 중대한 선언은 부당함이라는 불길에 몸을 데이며 시들어 간 수백만 흑인 노예들에게 희망의 등불이었습니다. 그선언은 노예 생활의 기나긴 밤을 걷어 내는 환희의 새벽이었습니다.

그러나 그로부터 100년이 지났지만 흑인은 여전히 자유롭지 못합니다. 100년이 지났지만 흑인은 여전히 인종 분리 정책이라는 족쇄와 인종 차별이라는 쇠사슬에 묶인 채 절뚝거리며 비참하게 살고 있습니다. 100년이 지났지만 흑인은 이거대한 물질적 풍요의 바다 한가운데에 가난이라는 섬에 고립되어 살고 있습니 15다. 100년이 지났지만 흑인은 여전히 미국 사회의 후미진 곳으로 내몰려, 자신의땅에서 추방당한 채 살고 있습니다. 그리하여 우리는 이 치욕스러운 현실을 알리고자 오늘 이 자리에 모였습니다. 〈중략〉

동지 여러분, 저는 오늘 여러분에게 말씀드리고 싶습니다. 절망의 구렁에 빠져허우적대지 맙시다. 20

비록 우리는 지금 고난을 마주하고 있지만 나에게는 꿈이 있습니다. 그 꿈은 아메리칸드림'에 깊이 뿌리를 내리고 있습니다.

나에게는 꿈이 있습니다. 언젠가 이 나라가 '모든 인간은 평등하게 태어난다는사실을 우리는 자명한 진리로 받아들인다.'라는 이 나라 건국 신조의 참뜻을 되새 25기며 살아가리라는 꿈입니다.

나에게는 꿈이 있습니다. 언젠가 조지아 주의 붉은 언덕에서 노예의 후손과 노예 주인의 후손이 형제애라는 식탁 앞에 나란히 앉을 수 있는 날이 오리라는 꿈입니다.

나에게는 꿈이 있습니다. 부당함과 억압의 뜨거운 열기로 신음하는 미시시피 주도 언젠가 자유와 정의가 샘솟는 오아시스가 되리라는 꿈입니다.

나에게는 꿈이 있습니다. 언젠가 내 아이들이 자신의 피부색이 아니라 인격으로 평가받는 나라에서 살게 되리라는 꿈입니다.

지금 나에게는 꿈이 있습니다!

나에게는 꿈이 있습니다. 지독한 인종 차별주의자들이 들끓는 앨라배마, 주지사가 '주권 우위²'라느니, '연방 법령 실시 거부³'라느니 같은 말만 떠벌리는 저기 앨라배마에서도 언젠가 흑인 소년, 소녀 들이 백인 소년, 소녀 들과 형제자매처럼 손을 마주 잡게 되리라는 꿈입니다.

이것이 우리의 희망입니다. 저는 이러한 믿음을 안고 남부로 돌아갈 것입니다.

이러한 믿음이 있으면 우리는 절망이라는 산을 깎아 희망이라는 돌을 만들 수 있을 것입니다. 이러한 믿음이 있으면 우리는 이 시끄러운 불협화음을 형제애라는 아름다운 교향곡으로 바꿀 수 있을 것입니다. 이러한 믿음이 있으면 우리는 언젠가 자유로워지리라는 사실을 알면서 함께 일하고 함께 투쟁하며 함께 감옥에 갈 것이요, 함께 자유를 옹호할 것입니다.

2 주권 우위_ 미국에서 각 주(州)의 권리가 연방 정부의 법령보다 우위에 있다는 주장.

3 연방 법령 실시 거부_ 미국에서 주(州)가 연방 정부에서 통과된 법령의 실시를 거부하는 것.

고영근(1999), 『텍스트이론』, 아르케.

고재필(2017), 「의료 담화에 나타난 완화를 위한 담화 전략」, 『텍스트언어학』 43, 35~55쪽.

교육부(2015), 『국어과 교육과정』(교육부 고시 제2015-74호).

김규훈(2018), 「비판적 담화분석의 국어교육적 적용」, 『문법교육』 33, 1~30쪽.

김누리(2015), 「비판적 담화분석을 활용한 읽기 전략과 텍스트 분석」, 『독서연구』 35, 319~342쪽.

김대희(2015), 「매체 언어 교육의 한계와 변화 방향성」, 『독서연구』 37, 67~84쪽.

김병건(2015), 「메르스 보도에 대한 신문 사설의 비판적 담화 분석」, 『한말연구』 38, 47~76쪽.

김병건(2016가), 「한국 신문 보도문의 개입 표현에 대한 연구」, 『한말연구』 40, 33~61쪽.

김병건(2016나), 「어휘적 피동의 담화 기능 연구」, 『한말연구』 42, 5~31쪽.

김병건(2017), 「담화분석 연구 동향 분석」, 『어문론총』 73, 31~62쪽.

김수업(1997), 『국어교육의 길』, 나라말.

김수업(2002), 『배달말꽃의 갈래와 속살』, 지식산업사.

김유미(2013), 「연관 텍스트를 활용한 읽기의 맥락 이해 지도 방안 연구」, 『우리어문』 46, 205~234쪽.

김유미(2014), 「비판적 담화분석을 활용한 읽기 교육 연구」, 『독서연구』 33, 421~457쪽.

김은성(2005), 「비판적 언어인식에 대한 연구」, 『국어교육연구』 15, 323~355쪽.

김은성(2013), 「비판적 언어인식과 국어교육」, 『국어교육학연구』 46, 138~181쪽.

김지선·이근모(2015), 「Fairclough의 비판적 담론분석 관점으로 본 학교체육진흥법 제정 과정」, 『한국스포츠사회학회지』 28(3), 45~63쪽.

김지홍(2009), 『언어의 심층과 언어교육』, 경진출판.

김지홍(2015), 『언어 산출 과정에 대한 학제적 접근』, 경진출판.

김해연(2013), 「언론 담화에 나타나는 '사회 지도층 인사'에 대한 비판 담화분석적 연구」, 『텍스트언어학』 34, 33~62쪽.

김해연(2017), 「신문 보도 기사 텍스트의 전달 구문 분석」, 『텍스트언어학』 42, 1~29쪽.

김현강(2015), 「한국 사회의 이주민 담론에 대한 논증적 이해」, 『어문론총』 66, 9~36쪽.

김혜정(2008), 「비판적 사고력 신장을 위한 읽기 지도 방향」, 『독서연구』 20, 47~81쪽.

맹강(2017), 「한·중 신문 사설의 개입 대조 연구」, 『국어교육연구』 40, 서울대학교 국어교육연구소, 119~151쪽.

박병선(2013), 「비판적 담화분석과 한국어 교육: 신문 사설 분석을 중심으로」, 『Journal of Korean Culture』 22, 293~317쪽.

박영민(2008), 「비판적 이해에 대한 국어교사의 인식 분석」, 『독서연구』 20, 9~45쪽.

배수아(2000), 『나는 이제 니가 지겨워』, 이룸.

심영택(2013), 「비판적 언어인식 교육방법 연구」, 『국어교육학연구』 46, 45~
75쪽.

원진숙(2015), 「국어교육과 한국어교육의 소통」, 『국어교육』 151, 141~174쪽.

유시민(2017), 『국가란 무엇인가』, 돌베개.

이성만(2005), 「페어클러프(N. Fairclough)의 비판적 담화분석: 언어학적 텍
스트분석의 또 다른 대안인가?」, 『독일어문학』 28, 389~409쪽.

이소영(2006), 「의료 커뮤니케이션에서의 담화 전략」, 『독일독문학』 98, 99~
115쪽.

이소영(2009), 「의료 커뮤니케이션 담화에 나타난 발화연쇄 분석」, 『독어학』
19, 1~23쪽.

이승연(2016), 「사회과 텍스분석을 위한 비판적 담화 분석 방법의 이용: 체계
기능언어학적 분석을 중심으로」, 『시민교육연구』 48(4), 173~224쪽.

장대익(2017), 『울트라 소셜』, 휴머니스트 출판그룹.

장성아(2015), 「비판적 담화분석(CDA)을 활용한 국어 교육 내용 연구」, 『국
어교육연구』 59, 213~244쪽.

정희모(2017), 「비판적 담화 분석의 문제점과 국어교육에의 적용」, 『작문연
구』 35, 161~194쪽.

한연희(2014), 「고등학생의 비판적 이해 양상: 뉴스 듣기를 중심으로」, 『화법
연구』 26, 143~175쪽.

허선익(2009), 「읽기와 어휘 지도에서 어휘사슬 활용방안」, 『배달말교육』 29,
131~163쪽.

허선익(2013), 『국어교육을 위한 말하기의 기본 개념』, 경진출판.

허선익(2014), 「Positioning of Discourse in Korean Education」, 『국어교육학연
구』 49(4), 59~85쪽.

Burk, P. (2015), *What is the History of Knowledge?*; 이상원 옮김(2017), 『지식은 어떻게 탄생하고 진화하는가』, 생각의날개.

Clark, H. (1996), *Using Language*; 김지홍 뒤침(2009), 『언어사용 밑바닥에 깔린 원리』, 경진출판.

de Beaugrande and Dressler (1980), *Introduction to Text Linguistics*; 김태옥·이현호 옮김(1990), 『담화·텍스트 언어학 입문』, 養英閣.

Fairclough, N. (1992), *Discourse and Social Change*; 김지홍 뒤침(2017), 『담화와 사회변화』, 경진출판.

Fairclough, N. (1995), *Media Discourse*; 이원표 옮김(2004), 『대중매체 담화 분석』, 한국문화사.

Fairclough, N. (1989/2001), *Language and Power*; 김지홍 뒤침(2011), 『언어와 권력』, 경진출판.

Fairclough, N. (2003), *Analyzing Discourse*; 김지홍 뒤침(2012가), 『담화 분석 방법』, 경진출판.

Foucault, M. (1971), *L'orde du Discours*; 이정우 옮김(2012), 『담론의 질서』, 중원문화.

Foucault, M. (1980), *El nombre de La Rosa*; 이윤기 옮김(2009), 『장미의 이름』, 열린책들.

Habermas, J. (1973), *Legitimationsprobleme im Spatkapitalismus*; 임재진 옮김(1983), 『후기 자본주의 사회의 정당성 문제』, 종로출판사.

Kintsch, W. (1998), *Comprehension*; 김지홍·문선모 뒤침(2010), 『이해 I·II』, 나남출판.

Kuhn, T. (1962), *The Structure of Scientific Revolutions*; 김명자·홍성욱 옮김(2013), 『과학혁명의 구조』, 까치글방.

Lakoff(2004), *Don't Think of an Elephant!*; 유나영 옮김(2015), 『코끼리는 생

각하지 마』, 와이즈베리.

Lakoff(2006), *The Thinking points: Communication Our American Values and Vision*; 나익주 옮김(2007), 『프레임 전쟁』, 창비.

Lakoff & Johnson(1980/2003), *Metaphors We live by*; 노양진·나익주 옮김(2006), 『삶으로서의 은유』, 박이정.

Lakoff & Wehling(2016), *Your Brain's Policits: How the Science of Mind Explains the Political Devide*; 나익주 옮김(2018), 『나는 진보인데 왜 보수의 말에 끌리는가?』, 생각정원.

McCarthy, M. (1998), *Spoken Language and Applied Linguistics*; 김지홍 뒤침(2012나), 『입말, 그리고 담화 중심의 언어교육』, 경진출판.

Pinker, S. (2011), *The Better Angels of Our Nature*; 김명남 옮김(2016), 『우리 본성의 선한 천사』, 사이언스북스.

Said, E. W. (1978), *Orientalism*; 박홍규 옮김(2015), 『오리엔탈리즘』

van Dijk, T. (1980), *Macrostructures: An Interdisciplinary Study of Gloabal Structures in Discourse, Interaction and Cognition*; 서종훈 옮김(2017), 『거시구조』, 경진출판.

Widdowson, H. G. (1975), *Stylistics and the Teaching of Literature*; 최상규 역(1999), 『문체학과 문학교육』, 예림기획.

Widdowson, H. G. (2004), *Text, Context, Pretext*; 김지홍 뒤침(2018), 『텍스트, 상황 맥락, 숨겨진 의도』, 경진출판.

Atkinson, J. M., and Heritage, J. (eds.) (1984), *Structures of Social Action: Studies in Conversation Analysis*, Cambridge University Press.

Austin, J. L. (1962), *How to do Things with Words*, Harvard University Press.

Billig, M. (1987), *Arguing and Thinking: A Rhetorical Approach to Social*

Psychology, Cambridge University Press.

Billig, M., et al. (1988), *Ideological Dilemmas: A Social Psychology of Everyday Thinking*, Sage Publication.

Brown, G., and Yule, G. (1983), *Discourse Analysis*, Cambridge University Press.

Brown, P., and Levinson, S. (1987), *Politeness: Some Universals in Language Usage*, Cambridge University Press.

Carter, R. (1995), *Keywords in Language and Literacy*, London and New York: Routeledge.

Conway, A. (ed.) (2007), *Variation in Working Memory*, Oxford University Press.

de Beaugrande, R. (1999), "Discourse Studies and Ideology of Liberalism", In van Dijk (ed.), *Discourse Studies*, Sage Publications Ltd., pp. 21~58.

Drew, P., and Heritage, J. (eds.) (1992), *Talk at Work, International Settings*, Cambridge University Press.

Duranti, A. (2001), *Linguistic Anthropology*, Blackwell.

Edwards, D. (1997), *Discourse and Cognition*, Sage Publication.

Erivin-Tripp, S. (1972), "On Sociolinguistic Rules: Alternation and Co-occurrence", In J. J. Gumperz and D. Hymes (eds.), *Directions in Sociolinguistics: The Ethnography of Communication*, pp. 213~250.

Fairclough, I., and Fairclough, N. (2012), *Political Discourse Analysis*, Routledge.

Fairclough, N., & Wodak, R. (1997), "Critical discourse analysis", In van Dijk, T. (ed.), *Discourse as Social Interaction*, Sage, pp. 258~284.

Fowler, R., Hodge, B., Kress, G. and Trew, T. (1979), *Language and Control*, Routledge and Kegan Paul.

Garfinkel, H. (1967), *Studies in Ethnomethodology*, Prentice-Hall, Inc.

Gee, J. P. (1990), *Social linguistics and literacies: Ideology in discourse*, Falmer.

Goffman, E. (1959), *The Presentation of Self in Everyday Life*, Doubleday.

Goffman, E. (1981), *Forms of Talk*, University of Pennsylvania Press.

Goffman, E. (1983), "The Interaction order", *American Sociological Review* 48, pp. 1~17.

Grice, H. P. (1975), "Logic and Conversation", In P. Cole and J. Morgan (eds.), *Syntax and Semantics*, Vol. 3, Academic Press, pp. 41~58.

Gumperz, J. J. and Hymes, D. (eds.) (1972), *Directions in Sociolinguistics: The Ethnography of Communication*, Holt, Rinehart and Winston.

Halliday, F. (1988), "Hidden from International Relations", *Journal of International Studies* 17(3), pp. 419~428.

Halliday, M. A. K. (2004), *Introduction to Functional Grammar*, Hodder Arnold.

Halliday, M. A. K., and Matthiessen, C. (2014), *Halliday's Introduction to Functional Grammar* (4th), Routledge.

Hoey, M. (1991), *Patterns of Lexis in Text*, Oxford University Press.

Hudson, R. A. (1980), *Sociolinguistics*, Cambridge University Press.

Hymes, D. (1966), "On Anthropological Linguistics: and Congeres", *American Anthropology* 68(1), pp. 143~153.

Hymes, D. (1972), "Models of the Interaction of Language and Social Life", In J. J. Gumperz and D. Hymes (eds.), *Directions in Sociolinguistics*, Holt, Reinhart and Winston.

Johnson-Laird, P. N. (1983/2008), *Mental Models*, Cambridge University Press.

Kamp, H. (1981), "A Theory of Truth and Semantic Representation", In G. Groenendijk, T. Janssen, and M. Stokhof (eds.), *Formal Methods in the*

Study of Language, pp. 277~322.

Kintsch, W. (1972), "Notes on the structure of semantic memory", In E. Tulving and W. Donaldson (eds.), *Organization of Memory*, Academic Press.

Kintsch, W. (1993), "Information accretion and reduction in text processing: Inferences", *Discourse Processes* 16, pp. 193~202.

Kress, G., and van Leeuwen, T. (1990), *Reading Images*, Deakin University Press.

Labov, W. (1966), *The Social Stratification of (r) English in New York City*, Cambridge University Press, pp. 40~57.

Labov, W. (1972), *Sociolinguistic Patterns*, University of Pennsylvania Press.

Larsen-Freeman, D. (2004), *Techniques and Principles in Language Teaching*, Oxford University Press.

Martin, J. R., and White, P. R. P. (2005), *The Language Evaluation*, http://community.hciresearch.org/sites/community.hciresearch.org/files/LanguageofEvaluationBook.pdf(2018.8.9.검색)

Mey, J. (1985), *Whose Language? A Study in Linguistic Pragmatics*, J. Benjamins Pub. Co.

Mey, J. (1989), *Whose Language?*, John Benjamins Publishing Company.

Petöfi, S. (1971), "Text-grammars, text-theory and the theory of literature", *Poetics* 2(3), pp. 36~76.

Potter, J. (1996), *Representing Reality: Discourse, Rhetoric and Social Construction*, Sage.

Potter, J., & Wetherell, M. (1987), *Discourse and Social Psychology: Beyond Attitudes and Behaviour*, Sage Publications.

Sacks, H., Schegloff, E. A., and Jefferson, G. (1974), "A Simplest Systematics for the Organization of Turn Taking for Conversation", *Language* 50(4), pp. 696~735.

Sapir, E. (1929), "A Study in Phonetic Symbolism", *Experimental Psychology* 12(3), pp. 225~239.

Schank, R., and Adelson, R. (1977), *Scripts, Plans, Goals and Understanding: an Inquiry into Human Knowledge Structures*, L. Erlbaum, Hillsdale.

van Dijk, T. A. (1972), *Some Aspects of Text Grammars*, Study in Theoretical Linguistics and Poetics, Mouton.

van Dijk, T. A. (1977), *Text and Context*, Explorations in the Semantics and Pragmatics of Discourse, Longman.

van Dijk, T. A. (1993), "Principles of Critical Discourse Analysis", *Discourse and Society* 4(2), Sage, pp. 249~283.

van Dijk, T. A. (1998), *Ideology: A Multidisciplinary Approach*, Sage Publications Ltd.

van Dijk, T. A. (2014), *Discourse and Knowledge*, Cambridge University Press.

van Dijk, T. (ed.) (2007), "Editor's Introduction", *Discourse Studies* I~IV, Sage Publications Ltd.

van Dijk, T., and Kintsch, W. (1983), *Strategies of Discourse Comprehension*, Academic Press.

van Leeuwen, T. (2005), *Introducing Social Semiotics*, Routledge.

Wodak, R. (2008), "Introduction: Discourse Studies-Important Concepts and Terms", In Wodak, R., and Krzyzanowski, M. (eds.), *Qualitative Discourse Analysis in the Social Sciences*, Palgrave Macmillan.

Wodak, R. (ed.) (1989), *Language, power, and ideology*, John Benjamins Publishing Company.

Wodak, R., & Meyer, M. (2001/2009), "Critical discourse analysis: history, agenda, theory, and methodology", In Wodak, R., & Meyer, M. (eds.) (2nd)., *Methods of Critical Discourse Analysis*, Sage Publications, pp. 1~34.

Wodak, R., and Meyer, M. (eds.) (2001/2009), *Methods of Critical Discourse Analysis*, Sage Publications.

Wodak, R., and van Dijk, T. A. (eds.) (2000), *Racism at the Top; Parliamentary Discourses on Ethnic Issues in Six European States*. Klagenfurt, Austria: Drava Verlag.

Wodak. R. (1996), *Disorders of Discourse*, Longman.

찾아보기

[내용]

[인명]

지은이 **허선익**

경남 합천에서 태어나 경상대학교 국어교육과를 졸업하고, 그곳 대학원에서 국어교육학을 전공하여 박사학위를 받았다. 30여 년 동안 중등교육에 몸담아 오면서 웅양중학교를 시작으로 하여 지금은 경상대학교 사범대학 부설고등학교에 근무하고 있다.

「논설문의 요약 과정에 관련되는 변인 분석」, 「읽기와 어휘 지도에서 어휘사슬 활용 방안」, 「설명문 쓰기에서 다른 덩잇글 활용 양상」, 「듣고 이해하기에서 청자의 상황 모형 구성 분석」 등 20여 편에 이르는 국어교육 현장 실천 논문을 발표하였다. 그동안 지은 책으로는 『국어교육을 위한 말하기의 기본 개념』(2013), 『비판적 담화 분석과 국어교육』(2019), 『국어교육을 위한 현장조사연구 방법론』(2019)이 있고, 뒤친 책으로는 『쓰기 이론과 실천사례』(2008), 『듣기교육과 현장조사연구』(2014), 『읽기교육과 현장조사연구』(2014), 『담화와 지식』(2020)이 있다.

비판적 담화 분석과 국어교육

© 허선익, 2019

1판 1쇄 발행__2019년 07월 20일
1판 2쇄 발행__2019년 08월 05일

지은이__허선익
펴낸이__양정섭

펴낸곳__도서출판 경진
　　　등록__제2010-000004호
　　　이메일__mykyungjin@daum.net
　　　사업장주소__서울특별시 금천구 시흥대로 57길(시흥동) 영광빌딩 203호
　　　전화__070-7550-7776　**팩스**__02-806-7282

값 17,000원
ISBN 978-89-5996-278-5 93370